Tendencias del teatro actual en
Iberoamérica y Argentina Nº 2

LA DRAMATURGIA EN IBEROAMERICA:
Teoría y Práctica Teatral

Colección Tendencias del Teatro Actual en Iberoaméricana y Argentina

Directores:
Osvaldo Pellettieri (UBA-CONICET)
Eduardo Rovner (CITI)

Consejo Asesor:

Mirta Arlt (Universidad de Buenos Aires)
Ileana Azor (Instituto Superior de Arte, La Habana)
Leonardo Azparren Giménez (Universidad Central de Venezuela)
Ricardo Bartís (Sportivo Teatral)
Rosa Ileana Boudet (Revista Conjunto)
Yana Elsa Brugal (Revista Tablas)
Andre Carreira (Universidad del Estado de Santa Catalina)
Marco De Marinis (Universidad digli Studi di Bologna)
Nel Diago (Universidad de Valencia)
David William Foster (Arizona State University)
Griselda Gambaro
Juan Carlos Gené (CELCIT)
Guillermo Heras (Centro Nacional de Nuevas Tendencias Escénicas)
María de la Luz Hurtado (Pontificia Universidad Católica de Chile)
Roger Mirza (Universidad de la República)
Ricardo Monti
Magaly Muguercia (Casa de las Américas)
Beatriz Rizk (ATINT)
Rubén Szuchmacher
Beatriz Trastoy (Universidad de Buenos Aires)
Jorge Urrutia (Universidad de Carlos III)
Juan Villegas (University of California, Irvine)
George Woodyard (University of Kansas)

Coordinadora: Delfina Fernández Frade (Universidad de Buenos Aires)

Osvaldo Pellettieri y Eduardo Rovner
Editores

LA DRAMATURGIA EN IBEROAMERICA:
Teoría y Práctica Teatral

Galerna

Diseño de Tapa: Juan Balaguer

Foto de Tapa: Federico Zipce

Motivo de Tapa: Remanente de Invierno de Rafael Spregelburd, sala E.T.C. del Centro Cultural San Martín, año 1995, bajo la dirección de Rafael Spregelburd, actuación de Mónica Raiola.

I.S.B.N.: 950-556-379-5

© 1998 by Galerna S.R.L.
Charcas 3741, Buenos Aires, Argentina.
Derechos reservados para todos los países e idiomas.
Prohibida la reproducción total o parcial sin autorización de los editores.
Queda hecho el depósito que dispone la ley 11.723.
Impreso en Argentina. Printed in Argentina.

FACULTAD DE FILOSOFIA Y LETRAS DE LA UNIVERSIDAD DE BUENOS AIRES

Decano: *Dr. Luis Yanes*
Vicedecano: *Dr. José Emilio Burucúa*
Secretario Académico: *Lic. Ricardo P. Graziano*
Secretario de Investigación y Postgrado: *Dr. Félix Schuster*
Secretaría de Extensión Universitaria y Bienestar Estudiantil:
Prof. Gladys Palau

Director del Instituto de Historia del Arte Argentino y Latinoamericano:
Dr. Osvaldo Pellettieri
Director del Area de Investigación Teatral:
Dr. Osvaldo Pellettieri

GETEA
(GRUPO DE ESTUDIOS DE TEATRO ARGENTINO E IBEROAMERICANO)

Director: *Osvaldo Pellettieri*

Secretaria: *Marina F. Sikora*
Coordinadora General: *Laura Mogliani*
Coordinadora Interna: *María de los Angeles Sanz*
Coordinadoras de Publicaciones: *Alicia Aisemberg, Delfina Fernández Frade y María de los Angeles Sanz*
Coordinadores de Investigaciones Históricas: *Jorge Dubatti, Liliana B. López y Marina F. Sikora*

Consejo Asesor

Domingo Adame (México)
Mirta Arlt (Argentina)
Ileana Azor (Cuba)
Leonardo Azparren Giménez (Venezuela)
Alejandra Boero (Argentina)
Rosa Ileana Boudet (Cuba)
Yana Elsa Brugal (Cuba)
Gastón Breyer (Argentina)
Osvaldo Calatayud (Argentina)
Magda Castellví deMoor (Estados Unidos)
Roberto Cossa (Argentina)
Frank Dauster (Estados Unidos)
Guillermo de la Torre (Argentina)
Edda de los Ríos (Paraguay)
Marco De Marinis (Italia)
Nel Diago (España)
Nicolás Jorge Dornhein (Argentina)
David William Foster (Estados Unidos)
Osvaldo Dragún (Argentina)
Juan Carlos Gené (Argentina)
Miguel Angel Giella (Canadá)
Enrique Giordano (Estados Unidos)
Eva Golluscio de Montoya (Francia)
Guillermo Heras (España)
Noé Jitrik (Argentina)
Karl Kohut (Alemania)
Wladimir Krysinski (Canadá)
David Lagmanovich (Argentina)

Onofre Lovero (Argentina)
Sharon Magnarelli (Estados Unidos)
José Marial (Argentina) (+)
Vivian Martínez Tabares (Cuba)
Roger Mirza (Uruguay)
Luis Molina (España)
José Monleón (España)
Magaly Muguercia (Cuba)
Kirsten Nigro (Estados Unidos)
Osvaldo Obregón (Francia)
César Oliva (España)
Luis Ordaz (Argentina)
Fernando Peixoto (Brasil)
Jorge Pignataro Calero (Uruguay)
Mario Rojas (Estados Unidos)
Eduardo Rovner (Argentina)
Peter Roster (Canadá)
Ricard Salvat (España)
Rodolfo Santana (Venezuela)
Ernesto Schóo (Argentina)
Kive Staiff (Argentina)
José Varela (Canadá)
Juan Villegas (Estados Unidos)
George Woodyard (Estados Unidos)
Perla Zayas de Lima (Argentina)

Investigadores del GETEA

Alicia Aisemberg
Eugenia Benvenuto
Mónica Berman
Armida María Córdoba
Mónica D'Amato Marucci
Delfina Fernández Frade
María Infante
Yanina Leonardi
Adriana Libonatti
Susana Alcira Llahí
Ana Laura Lusnich
Gisela Manusovich
Alejandra Markman
Laura Mogliani
Adriana Nabel
Cristina Quiroga
Martín Rodríguez
María Lorena Santander

María de los Angeles Sanz
Ariela Schnirmajer
Marina F. Sikora

Investigadores Independientes del GETEA

Ignacio Apolo
Mirta Arlt
María Esther Badín
Patricio Esteve +
Jorge Hacker
Cecilia Hopkins
Amalia Iniesta Cámara
Liliana Iriondo
Lucía Laragione
José Marial +
Lidia Martínez Landa
Cristina Piña
Ana Cecilia Prenz
Eduardo Rovner
Adriana Scheinin
Halima Tahan
Beatriz Trastoy
Lilia Vietti
Patricia Zangaro

Miembros correspondientes del GETEA

Graciela Balestrino de Adamo (Salta)
Alberto Alvarez (Mar del Plata)
Sara Bonnardel (Francia)
Mabel Brizuela (Córdoba)
Nidia Burgos (Bahía Blanca)
Gabriel Cabrejas (Mar del Plata)
Carlos Catalano (Tandil)
María Cristina Castro (San Juan)
Eduardo Chiaramonti (Mar del Plata)
Laura Cilento (UNLZ)
Juana María Cordones Cook (Estados Unidos)
María Eugenia Correas (Chubut)
Viviana Da Re (UNLZ)
Nel Diago (España)
Nicolás Luis Fabiani (Mar del Plata)
Cecilia Fasola (Canadá)
Gabriela Fernández (UNLZ)
Elsa Fiadino (Mar del Plata)

Alejandro Finzi (Neuquén)
Silvana García (Brasil)
Miguel Angel Giella (Canadá)
Graciela González de Díaz Araujo (Mendoza)
Ana Goutman (México)
Flora Guzmán (Jujuy)
Martina Guzmán Pinedo (Salta)
Viveca Hedegren (Finlandia)
Begoña Huerta Tebas (España)
Liliana Iriondo (Tandil)
Berta Kleingut de Abner (San Juan)
Cristina Landó (Uruguay)
Oscar Macotinsky (Suecia)
Guillermo Meresman (Entre Ríos)
Roger Mirza (Uruguay)
Adriana Molina (España)
Beatriz Molinari (Córdoba)
José Francisco Navarrete (Mendoza)
Nora Parola Leconte (Francia)
Armando Partida (México)
Silvia Pelarollo (Estados Unidos)
Carmen Perilli de Rush (Tucumán)
Estela Pflütke (Alemania)
Jorge Pignataro Calero (Uruguay)
Mónica del M. Plaza (Salta)
Lola Proaño Gómez (Estados Unidos)
Carlos Pronzato (Brasil)
Guillermo Quiroga Yanzi (Mendoza)
Rosita Ribas (Córdoba)
Jorge Ricci (Santa Fe)
José Andrés Rivas (Santiago del Estero)
Alicia Romero de Cutropia (Mendoza)
Liliana Rossi (Canadá)
Beatriz Salas (Mendoza)
Marcela Beatriz Sosa (Salta)
Alicia Sánchez Distacio (Mar del Plata)
Clyde Tello (Rosario)
Nelly Beatriz Thamer (Santiago del Estero)
Alicia de Thiele (Venezuela)
Juan Antonio Tríbulo (Tucumán)
Marta Villarino (Mar del Plata)
Victor Viviescas (Colombia)
Bélgica Watts (Chile)

Centro de Investigación de Teatro Iberoamericano (C.I.T.I.)

Directores
Osvaldo Pellettieri y Eduardo Rovner

Consejo Asesor
Mirta Arlt (Argentina)
Alejandra Boero (Argentina)
Gastón Breyer (Argentina)
Osvaldo Calatayud (Argentina)
Roberto Cossa (Argentina)
Frank Dauster (Estados Unidos)
Guillermo de la Torre (Argentina)
Patricio Esteve (Argentina) (+)
Miguel Angel Giella (Canadá)
Ricardo Halac (Argentina)
María de la Luz Hurtado (Chile)
Onofre Lovero (Argentina)
Juan Margallo (España)
José Marial (Argentina) (+)
José Monleón (España)
Luis Ordaz (Argentina)
Fernando Peixoto (Brasil)
Moisés Pérez Coterillo (España) (+)
Walter Rela (Uruguay)
Sergio Renán (Argentina)
Peter Roster (Canadá)
Ricard Salvat (España)
Ernesto Schóo (Argentina)
Kive Staiff (Argentina)
Juan Villegas (Estados Unidos)

ESTA COLECCION

Esta serie que presentamos GETEA, CITI y Editorial Galerna, se denomina *Tendencias del Teatro Actual en Iberoamérica y Argentina* porque propone, mediante entregas monográficas, la mostración de las más importantes variantes teatrales de esta parte del mundo. Al hablar de "teatro actual" lo hacemos en un sentido amplio, entendiendo que la colección cubrirá lo que podríamos denominar "teatro vigente" en nuestro medio. No creemos que sólo las "nuevas tendencias" o el "teatro joven" o el "teatro de resistencia" o el "teatro de la desintegración" sean teatro actual, sino que este concepto engloba al teatro dominante y remanente.

En esta segunda entrega pretendemos dar un panorama de la dramaturgia en la Argentina (Buenos Aires y el interior del país), Brasil, Centroamérica, Cuba, Chile, España, México, Puerto Rico y Uruguay, además de dar a conocer aportes teóricos para la dramaturgia.

Esperamos aportar noticias valiosas sobre la evolución de nuestro teatro, pero somos conscientes de que estamos lejos de dar un panorama totalizador de la puesta en escena actual en Iberoamérica. Estas notas son sólo parte de los comienzos de estudios que hasta hace poco tiempo eran ajenos a nuestros países.

Como podrá comprobar el lector, en los trabajos que damos a conocer y en los que vendrán, se marcan los caracteres de nuestra unidad teatral y cultural –como producto de una región que reconoce una historia y una cultura comunes–, pero también se evidencia nuestra diversidad y la heterogeneidad de nuestro teatro, que son el mejor reaseguro de su vigencia y de su fuerza expresiva.

Cada sociedad propone determinadas características culturales que le son propias, y la problemática que plantea la puesta en escena deviene de esa cultura y de esa sociedad que la origina y en la que participa. Si logramos desplegar aunque sea parcialmente esta variedad cultural, nuestra función crítica estará justificada.

Osvaldo Pellettieri

INTRODUCCION

El renacimiento de la importancia del texto dramático en el circuito teatral resulta un hecho incontrovertible, importancia que, naturalmente, se traslada a su estudio tanto a nivel teórico como histórico. Esta circunstancia hace que la publicación de *La dramaturgia en Iberoamérica: teoría y práctica teatral* se preste para un análisis del fenómeno.

La dramaturgia se problematiza y renace. Y con ella el dramaturgo. Los autores emergentes publican sus textos aún antes de que los mismos suban a escena, y en las revistas dedicadas a nuestro teatro es cada vez más importante el espacio que se le dedica al drama y al dramaturgo. Este se puede observar en publicaciones como *Conjunto, Latin American Theatre Review, Teatro XXI, CELCIT, Gestos, ADE Teatro, Primer Acto, Gestus*, y desde 1996 los *Cuadernos de Dramatología Contemporánea*, dirigidos por Guillermo Heras.

Los viejos y los nuevos problemas de la dramaturgia se plantean con incitante fluidez: ¿el drama debe reproducir la imagen de la realidad social o debe abandonar esa pretensión? ¿el drama se renueva por el reclamo ideológico de los públicos? ¿o al revés? ¿cuál es el papel de dramaturgo hoy y aquí? ¿cuál es el estatuto del texto dramático entre nosotros? ¿existe una dramaturgia femenina? ¿cómo unir sin violencia nuestra tradición teatral y la dramaturgia contemporánea? ¿existe en Iberoamérica una dramaturgia posmoderna?

Lo cierto es que también en la investigación teatral es posible observar una transformación en la forma de profundizar en el estudio de la dramaturgia en los últimos años. Entre nosotros, hasta los ochenta, el investigador teatral era un "pariente pobre" del crítico y el investigador literario. Nuestras "historias de teatro", más que historias de nuestra escena son historias de la literatura dramática.

Gracias a la productividad de la recepción de Patrice Pavis, Anne Ubersfeld, Marco De Marinis y otros importantes teóricos, comenzamos a estudiar el espectáculo teatral y observamos con claridad que el texto es un elemento importante del espectáculo. Trabajosamente, hemos tratado de superar el "textocentrismo", pero, al mismo tiempo, defendemos el drama como texto literario. Hoy valoramos el texto dramático con mayor intensidad que en los años cuarenta o cincuenta precisamente porque salimos de la crisis que atravesó en los setenta y los ochenta y nos encontramos consolidados en nuestras apreciaciones.

De Marinis (1996: 4-8) ha señado con justeza que: "Hoy el texto dramático puede volverse a poner en el centro de interés de los estudiosos teatrales sin ningún temor de hacerlos retroceder. Esto es así porque en el intervalo han sido planteados algunos providenciales e intraspasables 'hitos' teórico metodológicos que representan, en mi opinión, verdaderos puntos de partida".

Estos puntos de partida son los siguientes:

"1. El texto *no es lo que más cuenta* en el teatro, es lo que más perdura.

"2. Es indispensable distinguir entre el texto dramático como 'obra literaria' y el texto dramático como 'material de espectáculo'.

"3. Entre texto y espectáculo hay que postular una relación de recíproca autonomía (o si se prefiere de relativa independencia): por un lado, el espectáculo no es en absoluto el único e inevitable destino del texto dramático como tal. Por el otro, el texto dramático no es en absoluto el único, inevitable punto de partida del espectáculo teatral.

"4. La relación texto dramático/espectáculo no agota el complejo de las relaciones literatura/teatro en nuestra cultura.

"5. Para captar de manera más adecuada (o sea, en su riqueza y complejidad) la verdadera dinámica de las relaciones entre texto y espectáculo en el teatro occidental moderno, es necesario pasar de un punto de vista centrado en el 'producto', en el resultado, a un punto de vista preferentemente centrado en el 'proceso', o mejor, en los procesos de composición dramática y composición escénica".

De las consecuencias que extrae De Marinis en su esclarecedor artículo, nos interesa rescatar para esta introducción el pasaje de lo que Ferrone (1985-1992) denomina una dramaturgia "preventiva" (a priori) a una dramaturgia "consuntiva" en su relación con la puesta en escena. Para De Marinis —y estamos de acuerdo con este punto de vista— estaríamos viviendo en pleno cuestionamiento del "autor literario" que tuvo su origen en el novecientos con el advenimiento del directo escénico. Del autor alejado, desvinculado de los problemas de la puesta, del "textocentrismo" que limita la autonomía creativa del actor, del típico "teatro de texto", "hecho antes", que diera comienzo con Diderot y su concepto de que el actor ideal es el que sabe acercar claramente el discurso del autor al público. Del actor como "mediador invisible" que encuentra su definición más cabal en Copeau: la puesta única está en el mismo texto dramático.

Estaríamos observando una suerte de "reimplantación" de la dramaturgia "consuntiva", o a posteriori de la puesta en escena, que tuvo vigencia en el teatro europeo entre los siglos XVII y XIX: el autor involucrado en el ensayo, en la vida teatral, cercano a los actores de su texto, que se concreta definitivamente luego de la representación. En este trabajo de equipo, el actor colabora en la creación del sentido: estaríamos en la etapa "escenocéntrica" basada en técnicas combinatorias.

Sin llegar a la dicotomía que plantea De Marinis, advertimos que el dramaturgo actual participa más cercanamente del hecho teatral, se involucra en el proceso creador de la escena y en su contacto con ella se enriquece y enriquece su textualidad.

De esta manera, teatro, autor y texto ocupan hoy, nuevamente, un lugar importante, y pensamos que se han ganado su sitio por la persistencia en su trabajo pero también porque se han adaptado a los nuevos tiempos del teatro.

Osvaldo Pellettieri - Eduardo Rovner

Bibliografía

De Marinis, Marco, 1996, "Repensar el texto dramático", Conjunto, N° 102 (junio) 4-8.
Ferrone, Siro, 1985, "Introduzione" a la Commedia dell'Arte, Milán: Mursia.
Ferrone, Siro, 1992, "Drammaturgia consuntiva", AA.VV. Non cala il sipario, Bari: Laterza.

LA DRAMATURGIA EN
BUENOS AIRES (1985-1998)[1]

Osvaldo Pellettieri*

En los últimos años del teatro porteño la dramaturgia es sólo comprensible si se la encuadra dentro del campo intelectual (la situación política, la entrada de nuevos textos de los campos intelectuales centrales, el reciclaje de las textualidades preexistentes, la situación del artista dentro de la sociedad). Tomando este punto de partida metodológico se podrá observar el choque entre el proyecto creador y las necesidades del campo intelectual. Veremos cómo el sistema teatral determina qué temas, qué textos, qué autores, qué ideología, se incluyen en el discurso de nuestra dramaturgia de estos últimos quince años. Apreciaremos que el contexto sociopolítico atravesó por distintos períodos, pero mantuvo una serie de constantes en cuanto a sus formaciones e instituciones legitimantes y lugares de producción de recepción de textos.

Durante la época, en su primera parte, se desarrolló el gobierno del radical Raúl Alfonsín cuyo momento de auge llegó hasta 1986 en el que comenzó su declinación y la década terminó con el advenimiento de Carlos Menem, que continúa en el ejercicio del poder hasta el presente. A pesar de las diferencias políticas e ideológicas, en ninguno de los dos gobiernos, se advirtió el manejo de una clara política cultural para los teatros oficiales y tampoco de un presupuesto adecuado para el funcionamiento de los mismos. La excepción que confirma la regla fue la de Kive Staiff al frente del Teatro Municipal General San Martín que se desarrolló entre 1971 y 1973 y de 1976 a 1989. El director creó un verdadero sistema teatral dentro del circuito dominante, con un repertorio —en el que se destacaron los textos de la primera modernidad europea y norteamericana y los de la modernidad argentina— sus formas de actuación —un elenco estable, que en todos los casos, lo dirigiera quien lo dirigiera mostró decoro interpretativo y tendencia al medio tono—, su público —

que asistía, se diera lo que se diera, ya que para un sector "intelectualizado" de la clase media el San Martín terminó siendo sinónimo de calidad teatral– (Pellettieri, 1993a: 18-19).

Durante el período menemista, asistimos a la muy buena gestión del dramaturgo Eduardo Rovner (1991-1994) al frente del Teatro Municipal General San Martín, en un caso extraño dentro de nuestro sistema teatral: fue elegido para ocupar ese cargo por la comunidad escénica en acuerdo con las autoridades de la Intendencia de la ciudad.

Por otro lado se puede decir que, y más adelante lo explicaremos, Menen y su "política cultural" fue un emergente de nuestra posmodernidad indigente (Dotti, 1993) lo mismo que nuestro teatro de intertexto posmoderno (Pellettieri, 1998).

Asimismo, continuó la remanencia del circuito del denominado "teatro independiente". Las únicas salas que siguen la tradición de esta ideología estética, el Teatro de la Campana, ahora ha pasado a denominarse Teatro del Pueblo –impulsado por la fundación SOMI– y Andamio 90, dirigido por Alejandra Boero, trabajan con un repertorio y un nivel de jerarquía dentro de la tendencia.

Siguieron desapareciendo, por demolición o abandono, gran cantidad de salas teatrales.

Se produjo una intensificación de la distancia entre la institución teatral y los sectores mayoritarios de la población, con el correspondiente achicamiento del campo intelectual correspondiente al teatro. Para nosotros, este achicamiento está ligado a factores extrínsecos al teatro –la decadencia económica de la clase media, la competencia de la televisión por cable, entre otros factores– pero se explica cabalmente por causas intrínsecas, como la crisis de lo que denominamos "teatro comunitario". Es decir, el teatro que "tiene en cuenta" al público, que trata sus problemas, sus miedos, sus limitaciones, sin demagogia pero a través de un franco intento de identificación simpática. Un emergente de esta ideología estética es el "Ciclo Teatro Nuestro 1997" –con textos de Roberto Cossa, Carlos Gorostiza y Mauricio Kartun–, que se presentó con limitada repercusión en el Teatro Carlos Carella. Al mismo tiempo, han advenido tendencias elitistas muy cerradas que no sólo son antagónicas al público sino que se jactan de querer instalarlo en el caos, rechazando la preocupación básica de la vanguardia y la neovanguardia, la de crear un arte nuevo en una sociedad alternativa.

Se observó una amplificación de la distancia –un corte casi absoluto– entre los teatristas, y los intelectuales que ocupaban el centro del campo intelectual, los "autores faro" de la literatura, la plástica y la música, con la correspondiente marginación de los primeros. Se evidenció una mayor preocupación por lo teórico y por la investigación teatral en general, luego de la llegada de la democracia. Se crearon entidades como la Asociación de Críticos e Investigadores Teatrales de la Argentina (ACITA), que organizó jornadas de la especialidad, y a su disolución la formación de AITEA (Asociación de Investigadores Teatrales de la Argentina) que ha organizado jornadas y la publicación *Breviarios de Investigación Teatral* (Anuario de la Asociación de Investigadores Teatrales de la Argentina) y CRITEA (Círculo de Críticos de las Artes Escénicas de la Argentina). De la misma manera, GETEA (Grupo de Estudios de Teatro Argentino e Iberoamericano) de la Facultad de Filosofía y Letras, ha publicado tres colecciones de textos y realiza cada año un Congreso Internacional de Teatro Iberoamericano y Argentino. Se realizaron además numerosos festivales como el de Buenos Aires, el de Córdoba, La Movida del CELCIT, etc.

A fines de la década anterior comenzó la epigonización del sistema teatral abierto en los sesenta que había tenido su apogeo en Teatro Abierto '81. Esta epigonización ha seguido su cauce y llega a la actualidad.

A comienzos del período aparecieron una serie de experiencias formalizadoras de un nuevo sistema teatral a partir de lo que denominamos teatro de resistencia a la modernidad domesticada (cuyo paradigma es *Postales argentinas*, 1988, puesta en escena de Ricardo Bartís) y el teatro de parodia y cuestionamiento (que llevaron adelante grupos como Los Melli, Los Macocos, Las Gambas al Ajillo, La Banda de la Risa, El clu del claun. Estos espectáculos se representaron en locales como el Centro Cultural Ricardo Rojas, Cemento, El Parakultural, entre otros. Estas tendencias no entran en el presente estudio por no considerarlas dentro de la dramaturgia. Las incluimos entre los espectáculos de creación colectiva. Son experiencias que no tienen un texto literario –una obra dramática– como punto de partida para la puesta en escena. Utilizan la palabra como metalenguaje y no como un fin en sí misma. Son guiones, que no pueden registrar todas las palabras o las acciones de los personajes –que a veces son inaudibles, otras improvisadas y variables de una función a otra–. Este guión se elabora durante los ensayos y es un reflejo poco fiel de la representación. Asimismo, la lectura del guión es incapaz de restituir la dimensión plástica del teatro y su cualidad de fragmento repetitivo. Lo define su carácter provisional, es una forma elemental utilizada sólo para describir el espectáculo.[2]

Al mismo tiempo, a partir de 1990 se produce la aparición de lo que denominamos la dramaturgia emergente, con una serie de autores como Daniel Veronese, Rafael Spregelburd, Javier Daulte, Sergio Bizzio, Daniel Guebel, Pedro Sedlinsky, Alejandro Tantanian, entre otros. Algunos de ellos están protagonizando "una nueva entrada al mundo" del teatro argentino. En un ambiente limitado durante años a "vivir con lo nuestro" teatralmente, ellos han realizado una recepción productiva y hecho circular en nuestro sistema teatral el intertexto de una serie de autores fundamentales en la escena de hoy, como Heiner Müller, Philippe Minyana, Valere Novarina y el poeta Raymond Carver, entre otros. El teatro de autores como Veronese o Spregeldburg es el resultado de una mezcla muy productiva de estos intertextos con el teatro neovanguardista del absurdo, cuyo último exponente "moderno" tardío apareció en los sesenta y entre cuyos militantes se contaban Griselda Gambaro, Eduardo Pavlovsky y Jorge Petraglia.

Encuadrados dentro del campo intelectual, estudiaremos la dramaturgia porteña actual a través de sus textos paradigmáticos, aclarando que no pretendemos, ni se podría en este espacio, hacer un inventario de texto por texto y de autor por autor. Estas piezas, que consideramos paradigmáticas las incluiremos en uno de los tres subsistemas: el dominante, el remanente y el emergente (Williams, 1981:189-191).

En el concepto de residual o remanente se incluyen aquellos textos que aún cuando su composición pueda ser actual, están reglados por convenciones que son el resultado de otros momentos históricos, especialmente de los modelos de los cincuenta y los sesenta. Su sentido es todavía aceptable y significativo para amplios sectores del público medio que asiste al teatro en Buenos Aires.

Un caso paradigmático presenta *El frac rojo* (1988), de Carlos Gorostiza, un texto puesto en escena por su autor. A nivel de la intriga, se pueden advertir en esta pieza procedimientos propios de los cincuenta y los sesenta no refuncionalizados: la antinomia personaje positivo-personaje negativo; la voz del autor integrada a uno o varios personajes encargados de dar el mensaje de la obra, conformando una verdadera entelequia; la utilización de recursos melodramáticos. Asimismo, la práctica sin limitaciones del didactismo, la apelación —aún con procedimientos teatralistas— al "teatro de ideas" de tan larga vida en nuestra escena.

La estética residual en los textos del denominado "teatro de arte" incluyen una serie de piezas, algunas de las cuales fueron éxitos de público: *Made in Lanús*, de Nelly Fernández Tiscornia, *Poder, apogeo y escándalos de Martín Dorrego*, de David Viñas y *La perla del Plata* de Ricardo Halac (1986); *¡Arriba, Corazón!*, de Osvaldo Dragún y *El sur y después* de Roberto Cossa (1987); *Volver a La Habana*, de Osvaldo Dragún y *Aeroplanos* de Carlos Gorostiza (1990); *Locos de contentos* (1991) de Jacobo Langsner; *El delirio*, de Osvaldo Dragún y *Rodolfo Walsh y Gardel* de David Viñas (1992); *Mil años, un día* (1993) de Ricardo Halac; *El patio de atrás* (1994); *Otros papeles* (1996) y *A propósito del tiempo* (1997) de Carlos Gorostiza; *Otros paraísos* (1996) de Jacobo Langsner.

En el subsistema dominante se inscriben los textos que se encuentran en el centro del campo intelectual correspondiente al teatro. No hay que confundirlo con las formas políticas y de poder dominantes en la sociedad. Son fórmulas teatrales que aunque compuestas en los ochenta y los noventa, siguen los modelos canónicos de los setenta; es decir, son piezas que han adoptado la poética de los intercambios textuales producidos entre realistas reflexivos y neovanguardistas. Han sido canonizadas como "teatro de calidad" por las instituciones mediadoras –los críticos, los premios, el repertorio de los teatros oficiales–. En este sentido, el canon estético fundamental en cuanto a legitimación de los textos en los ochenta en Buenos Aires, se concreta en el ya mencionado espacio privilegiado del Teatro Municipal General San Martín y su director Kive Staiff. Su ideología estética "universalista" fijó los límites del concepto de "teatro" en ese momento.

Este teatro dominante se volvió comunitario con Teatro Abierto '81 –momento canónico del sistema teatral abierto en los sesenta–. Su intertexto llega a la tercera fase [3] de ese sistema teatral en los noventa. En los ochenta implicó la concreción de la utopía fundacional: modernización creciente, intercambio de procedimientos entre realistas y neovanguardistas, e incremento de la politización que se intensificó en los setenta. Hoy, en plena "posmodernidad indigente", estos textos resisten como pueden el embate del relativismo más radical, y la caída de las utopías sociales e individuales. Su poética choca contra la concepción del mundo vigente en la sociedad, entienden el arte como compromiso, cuestionan su autonomía con relación a la realidad social y política, piensan el teatro como una forma de conocimiento. Para ellos, la escena es un hecho didáctico, enderezado a promover el progreso del hombre, detestan "la diversión", privilegian la comunicación por sobre la expresión.

Las textualidades dominantes viven un proceso de remanencia muy intenso desde fines de la década anterior. Su agotamiento se advierte porque comienzan a reiterar procedimientos con la misma funcionalidad, índice de una creatividad extenuada. Paralelamente, dejan de ser percibidos como "teatro" por parte de los receptores, especialmente por los jóvenes. Incluso, desde el aspecto semántico, en muchos de estos textos puede observarse una limitación de elementos distintivos del teatro de la modernidad argentina, ya enunciados, que aparecen sólo como campos semánticos secundarios, frente a una creciente subjetividad, que, a veces roza el romanticismo.

Textos importantes como *Yepeto* (1987), de Roberto Cossa, *Morgan* (1989) y *Penas sin importancia* (1990), de Griselda Gambaro, militan en los bordes del subsistema dominante, cerca de los textos remanente o residuales. Esto no es nuevo en nuestro sistema teatral, estéticamente conservador: generalmente lo dominante se mantiene por largo tiempo en su dominancia y siempre tiene un matiz remanente.

Entre 1985 y 1997, aparecen una serie de textos que responde todavía a una ideología cercana a la de Teatro Abierto: cuestionamiento del poder –oblicuo o directo–, utilización de artificios teatralistas con el fin de probar una tesis realista, que generalmente parodiza al poder y sus múltiples proyecciones dentro de la sociedad. Los procedimientos teatralistas tienen su origen en el sainete y el grotesco criollos, en el expresionismo, en el absurdo y son refuncionalizados para servir a fines contextuales. Semánticamente connotan en algunos casos el empequeñecimiento del protagonista, pero en la mayoría predomina una rebelión módica contra la "vida sensata". Concretan así una metáfora de la realidad que termina siendo transparente para el público que tiene un mismo o parecido referente.

Para superar una lectura meramente horizontal, es decir ensimismada, ingenua, atenta únicamente a la fábula y penetrar en una lectura "transversal" (Demarcy, 1973) de los distintos estratos estéticos dentro de la dominancia dramática porteña, estableceremos un polo dominante cercano a la remanencia y un polo dominante cercano a la emergencia, con sus consiguientes estados intermedios.

1. El polo dominante cercano a la remanencia: se incluye dentro de la segunda y tercera fase del realismo reflexivo. Presenta elementos de creación, pero se mantiene referido a su modelo. Da a conocer su propio verosímil distanciado del concepto de verdad, propone sus propias leyes de organización, pero dicha autonomía es limitada por la realidad. Semióticamente se presenta como índice de la realidad, es decir, que la imagen remite al objeto, a la realidad social e histórica y empírica tal como la percibimos. Hay, a la vez fidelidad y distancia respecto al objeto sobre el que se construye la imagen. Se propone liberarse de lo netamente aparencial, pero queda todavía una fuerte relación con el objeto. El dramaturgo ordena, "marca" la realidad pero dentro de sus límites.

Entre otros, podemos señalar los siguientes textos dentro de esta tendencia: *El último virrey* (1993), de Juan Carlos Cernadas Lamadrid, *Memorial del cordero asesinado* (1990), *Ritorno a Corallina* (1993), de Juan Carlos Gené : *Verde oliva* (1996), de Norman Briski; *Palomitas blancas* (1992), de Manuel Cruz; *El bizco* (1992), de Marta Degracia; *Cuesta abajo* (1988), de Gabriela Fiore; *Compañero del alma* (1988), de Adriana Genta y Villanueva Cosse; *Brilla por ausencia* (1995); *Anclado en Madrid* (1993), *Mil millones de pájaros* (1994) de Roberto Ibañez; *El hombrecito* (1993) de Carlos Pais y Américo Torchelli; *Extrañas figuras* (1992) y *Noche de parias* (1994) de Carlos Pais; *La conversadora* (1994) y *Landrú, asesino de mujeres* (1996), de Roberto Perinelli; *Luna de miel en Hiroshima* (1994) de Víctor Winer.

El artista individual más importante de esta tendencia y quizá de los últimos cincuenta años del teatro argentino, Roberto Cossa ha estrenado en el período varios textos dentro de la tercera fase del realismo reflexivo. Se trata de *Viejos conocidos* (1994) y *Años difíciles* (1997) y con Mauricio Kartun, *Lejos de aquí* (1993). De las tres, la más alejada de la remanencia, *Lejos de aquí*, es absolutamente intertextual con el sainete del autoengaño [*Giacomo* (1924), de Armando Discépolo y De Rosa o *El movimiento continuo* (1916) de Discépolo, Folco y De Rosa], con alternancia de lo cómico y lo patético, los protagonistas se enfrentan a lo que los rodea no advirtiendo que los problemas están en ellos mismos. Es una vuelta de tuerca realista, contenidista, de *Babilonia* (1925) de Discépolo. *Años difíciles*, resemantiza con enorme productividad, una alternancia de absurdo y sainete. En este híbrido vuelven a aparecer los elementos con los que Cossa sabe moverse mejor: el barrio, lo tenebroso de la supuesta "vida simple", lo patético de las conductas cotidianas. *Viejos conocidos* se ubica dentro de la textualidad más limitada en aciertos estéticos, pero más ambiciosa de Cossa (junto a textos como *De pies y manos*, 1984), como un híbrido de intertexto moderno, simbólico, expresionista. Es una meditación sobre la memoria y el olvido nacionales, en la que se metaforiza el hecho de la dualidad del argentino y de lo mucho que le cuesta recordar un pasado que lo cuestiona.

2. Cercano al polo realista reflexivo se encuentra la tendencia realista crítica: *Es necesario entender un poco* (1995), de Griselda Gambaro; *Botánico* (1997) de Elío Gallipoli; *Cartas a Moreno* (1987) y *Krinsky* (1998), de Jorge Goldenberg, entre otros.

El caso más interesante de esta tendencia es *Rojos globos rojos* (1994) de Eduardo Pavlovsky. El autor intenta crear a partir de ella una tercera versión, barroca, "renovadora" de su teatro, frente a la remanente que representaban textos como *Paso de dos* (1990), (Pellettieri, 1991), con alguna "incrustación" de jerga posmoderna como la palabra "simulacro", que a veces se cuela en la factura del texto. *Rojo globos rojos*, entonces, está de acuerdo con la "actualización" que promueve Pavlovsky en cada una de las fases de su teatro: no cambia demasiado el sentido de su tesis realista, mezcla lo moderno con lo popular con el fin de "comprometerse". No hay deconstrucción de lo popular en su pieza, no crea otra estética, se queda en el "unipersonal" cuestionador de la posmodernidad. Por otra parte, el "mundo abierto" de la actuación, la situación de enfrentamiento "no garantizado" con el espectador tiene elementos nuevos para su poética: los populares. Sin embargo, reunían gran parte de esas características sus piezas de la tercera fase otoñal, como *Paso de dos*: textos fragmentados, estructurados por medio de ideas que llevan a sus personajes a "actuar" su propia realidad. Por supuesto que la diferencia consiste en que en *Rojos globos rojos*, el autor quiere acercarse al espectador mediante su "identificación simpática" a través del actor nacional y sus técnicas, pero aún así el texto se mantiene dentro del realismo crítico. Lo fundamental no cambió: la tendencia al autoanálisis del texto, a "verse vivir", a probar mediante el desarrollo dramático la tesis realista ("hay que resistir frente a esta cultura y sociedad 'débiles'") a actualizar la situación escénica como "prolongación de la vida".

3. Dentro del realismo crítico a veces y otras dentro del realismo reflexivo de la segunda versión se encuentra el teatro de autoras que buscan la expresión femenina. Esta tendencia, que podemos reconocer ya como dominante, por los trabajos críticos que se le dedican en el país y en el extranjero, tiene su

origen en el teatro de Griselda Gambaro de la década de los setenta *Cuatro ejercicio para actrices* (1970), *Sucede lo que pasa* (1975), se afirma en los ochenta con *Real envido, La malasangre* (1981) y hace sistema en el período que nos ocupa con *Antígona furiosa* (1986) y *Penas sin importancia* (1990). Estos textos implican por parte de Gambaro la búsqueda de una transparencia absoluta que a partir de una clara tesis realista se verifica en el desarrollo dramático de los textos. Delatan, además, su necesidad de aproximarse a los personajes femeninos e identificarse con ellos. Son voces cercanas a la autora contra la irracionalidad del poder.

En estos textos, el absurdo no nace, como en la primera fase del teatro de Gambaro, de la pura forma. Ahora la autora parece querer decirnos que es algo que forma parte de nuestras conductas diarias. Por otra parte, el desenlace de estos textos propone una superación del horror. Lo hace diferenciándose de piezas como *El campo*, que eran la mostración misma de ese horror. "Los textos de los noventa de Gambaro, tienen la voluntad de la transparencia: quieren explicarse a sí mismos y a las restantes piezas de la autor. *Penas sin importancia*, por ejemplo, es una glosa, un comentario esclarecedor de su teatro anterior" (Pellettieri, 1993b: 19).

Dentro de esta tendencia en la que

> ...algunas obras llaman la atención sobre el sistema de representación de la mujer dentro del canon social y apuntan a la desmitificación de los roles sociales establecidos, otras se dirigen al desmantelamiento de las máscaras. También figura en la agenda estética y temática la subversión de la masculinidad. Sea cual sea la orientación, todas estas direcciones convergen en el propósito común de indagar, modificar y definir la posición de la mujer dentro de los patrones sociales. (Castellví de-Moor, 1998)

encontramos, entre otras piezas a *Té de tías* (1985); *Solas en la madriguera* (1988); *Nunca usarás medias de seda* (1990); *Señoritas en concierto* (1992), *Las que aman hasta morir* (1996) de Cristina Escofet; *La irredenta* (1989), de Beatriz Mosquera; *Eva y Victoria* (1995), de Mónica Ottino; *Casa matriz* (1988); *Máquinas divinas* (1996), de Diana Raznovich; *Amantissima* (1988), de Susana Torres Molina.

Hasta aquí podemos decir que los textos mencionados que pertenecen a la remanencia y la dominancia se incluyen dentro de la modernidad teatral argentina y su ideología estética podría considerarse como antiposmoderna.[4]

4. Finalmente, ubicamos al polo dominante cercano a la emergencia. Lo integran textos que, aunque funcionan a partir de procedimientos convencionalizados en los setenta, poseen también artificios y una semántica que difieren, y por lo tanto relativizan, el modelo canónico. Así rescatan del sistema teatral

realista cierto número de rasgos fundamentales de los distintos niveles de texto, que consideran importantes para sus fines singulares, sin cambiarle su ideología estética. No hay transgresión al modelo, pero sí intensificaciones. [5] Es un intento de concretar una tercera fase renovadora del realismo reflexivo.

Hay una serie de textos que relacionan al realismo reflexivo con el expresionismo subjetivo. Escenifican la conciencia del protagonista. En el centro de su sistema de personajes se encuentra el soñador y los otros personajes emanan directamente de él, pero el desarrollo dramático sigue probando una tesis realista; se trata de textos como *Tinieblas de un escritor enamorado* (1994), de Eduardo Rovner; *Tres mañanas* (1985), de Mario Cura y *Bar Ada* (1997), de Jorge Leyes.

Una piezas de interés dentro de estas estilizaciones es *Cocinando con Elisa* (1997), de Lucía Laragione, un texto que "mezcla lo social con lo antropológico" y "explora y pone en cuestión los límites entre naturaleza, mito y cultura" (Rodríguez, 1998).

Otros textos se incluyen en la comedia, un género que había sido prácticamente olvidado por el teatro de arte en los últimos años. Son piezas que muestran los vicios, las frustraciones de la clase media, propiciando un efecto de identificación compasiva en el público, pero mantienen los niveles de prehistoria, la escena y extraescena realista y los personajes referenciales y el encuentro personal, aunque transgredido, a veces desenmascara con risas las limitaciones de los personajes: *Camas separadas* (1991), *Salven al cómico* (1992) y *Siempre que llovió paró* (1996) de Marcelo Ramos y *Volvió una noche* (1994) y *Compañía* (1996) de Eduardo Rovner. Estos textos de Rovner se incluyen en la farsa cómica y connotan un cuestionamiento social simpático (Pellettieri, 1993) . Los procedimientos de la comedia satírica y de su transgresión, la farsa cómica, expresan el entusiasmo, la simpatía por los vínculos humanos, por la búsqueda de los verdaderos afectos y la crítica a la costumbre como forma de vida. Este teatro de Rovner es un "mundo sentimental" en el que se critica con gracia conductas sociales, y nada más adecuado que la comedia y su transgresión para sintetizar esta semántica vital e inmediata.

Una productiva tendencia dominante pero cercana a soluciones nuevas es la que utiliza intertextos de la dramaturgia nacional del pasado (el sainete, la gauchesca, el nativismo).

> ... como pura continuidad, como inclusión voluntaria del nuevo texto en la textualidad vieja con el fin de continuarla, de resemantizarla, de recrearla pero sin variar fundamentalmente su sentido aunque en algún caso producen limitados amagues de parodia. En esta apropiación como pura continuidad se mantiene con el paratexto un tipo de relación afectiva, se la piensa como algo propio. Estos textos entran en polémica abierta con la modernidad teatral argentina poniendo nuevamente en

circulación artificios y una semántica que ya habían sido rechazados por la crítica en las primeras décadas del siglo (Pellettieri, 1992).

Se orientan en este sentido piezas como *Florita, la niña perseguida* (1991), *Mate amargo* (1994) de Bernardo Carey; *El partener* (1988), *Como un puñal en las carnes* (1996) y *Desde la lona* (1997) de Mauricio Kartum; *Y el mundo vendrá* (1989), de Eduardo Rovner y *Hoy debuta la finada* (1988) *Pascua rea* (1991), *Por un reino* (1993), de Patricio Zangaro. Quien más ha insistido en esta tendencia es Mauricio Kartun, destacándose la tenebrosa metáfora del país, del menemismo y de nuestra posmodernidad indigente que connota *Desde la lona*. Como en *El partener*, reaparece el personaje marginal, el derrotado en el presente proceso, con su voluntarismo y su honestidad que no admite resignación, enfrentado, degradado como diferente, por un contexto social que reemplaza bibliotecas por mesas de pool sin preocuparse por las consecuencias.

En el período que nos ocupa un caso aislado es el de los textos de Ricardo Monti. En efecto, *Una pasión sudamericana* (1989), *Asunción* (1993) y *La oscuridad de la razón* (1994), son obras de un artista individual muy personal, fundamentalmente "antimoderno". La visión de mundo de Monti es esencialista, puesto que para su teatro actual el hombre no es materia transitoria, no está ajeno a la idea de salvación eterna. De allí que sus protagonistas sean arquetipos, imágenes trascendentales, paradigmas en contacto con una realidad superior. Al concebir al hombre como una esencia, se opone a la noción moderna que sostiene a casi todo el teatro argentino de los cincuenta en adelante. Esta idea postula, a partir de Sartre, al hombre como pura existencia. El universo del teatro de los sesenta se "comprende" a través de las acciones de los personajes. El "mundo" es un artefacto humano, un objeto que el hombre ha creado. En cambio, como Guénon (1946), nuestro autor cree que "La verdad no es un producto del espíritu humano, existe independientemente de nosotros". Es por ello que sus textos se burlan del materialismo y realismo filosófico. Porque para su ideología, la esencia precede a la existencia y aquella no puede ser conocida a través del racionalismo. El absoluto no es construido por el hombre sino por alguien existente y eterno y hacia el que se encaminan sus protagonistas. La textualidad de Monti se opone al fragmentarismo moderno y posmoderno. Su visión, por lo tanto, es optimista. Cree en la salvación del hombre, como lo demuestran las miradas finales de sus últimos textos (Pellettieri, 1995b).

La dramaturgia emergente comprende los textos que aportan variantes novedosas al subsistema dominante. Estos textos señalan una manera diferente de hacer teatro que la vigente desde los sesenta hasta los ochenta. Marcan un cambio dentro del sistema teatral: "Intentan avanzar –y a veces lo logran–

más allá de las formas dominantes y de sus relaciones socio-formales" (Williams, 1981: 190).

En cuanto a la aparición de textos emergentes, se puede decir que hasta fines de los ochenta se estableció una relación cercana al modelo canónico de los sesenta. Recién a partir de esa fecha comienzan a aparecer las dramaturgias de lo "particular" que cuestionan lo que denominamos las dramaturgias de lo "general" (Pavis, 1978: 158). Los textos remanentes y dominantes que hemos descripto se pueden incluir dentro de esta última clase, interpretan la realidad, proponiendo una imagen global, unificada del mundo, creen en una sola dramaturgia que agrupa una ideología "coherente" y una "forma adecuada". El espectáculo y el texto persiguen una identificación compasiva o irónica. En cambio, los textos emergentes de los noventa donde predomina la dramaturgia particular, entregan al lector-espectador imágenes en bruto, ambiguas. No proponen una representación global y unificada de la realidad, que perciben fragmentaria. No pretenden elaborar una sola dramaturgia que implique una ideología estética "coherente". Puede ocurrir también que la misma representación recurra a varias dramaturgias. Pavis (1983:158) prefiere hablar más que de dramaturgia de "opciones dramatúrgicas", ya que este término explica mejor la situación actual del teatro que "una dramaturgia considerada como conjunto global y estructurado de principio estético-ideológicos homogéneos".

La mayor parte de los textos emergentes podría incluirse –con variantes– dentro de lo que podríamos denominar dramaturgia de intertexto posmoderno: una textualidad en general pesimista, que gusta de la ironía y elude la denuncia. Reigadas (1988) con gran perspicacia crítica, ha observado sociopolíticamente este momento, que va de 1985 a la actualidad, como un período nacional posproceso "de arrepentimiento y desencanto –pero también desde el temor y el horror por lo vivido– se ha sustituido la toma de partido por el hombre nuevo, la revolución y el Tercer Mundo, por el neoilusionismo democrático o por la creciente despolitización de tonos posmodernos".

A este clima nos referimos en dos trabajos anteriores (Pellettieri, 1995a y 1998) en los que citábamos a Dotti (1993), quién señala varios hechos: en la Argentina la vida está incluida en la posmodernidad, que califica de "indigente" porque "denota el atraso y la marginalidad respecto de la condición del primer mundo". Y agrega: "en ella, lo hegemónico es lo mercantil porque está en los núcleos semánticos básicos que conforman la convivencia social o el imaginario colectivo y configuran formas de vida". Es decir, lo mercantil cumple una función estructurante; porque desde lo mercantil "descienden" los criterios de comportamiento juzgados como "deseables", "racionales" y "transmisibles". Como conclusión, Dotti señala un hecho con el que coincidimos:

> El éxito relativo del plan económico neoliberal no es la causa sino el efecto de un cambio profundo de los criterios de sociabilidad con que el

sentido común, la opinión pública generalizada, entiende su propia realidad. Cambio que se sustenta en lo que se ha llamado la función hegemónica de lo mercantil en el imaginario social de los argentinos (8).

Se podría decir entonces, que así como la segunda modernidad aparece en Buenos Aires con el desarrollismo frondizista, las nuevas posibilidades de la tecnología, el ascenso al gobierno de la clase media individualista, el desarrollo de las ciencias sociales, la afirmación del cine-arte, en fin, con la aparición de una nueva metáfora del país y la relación de sus habitantes con el mundo, el teatro de intertexto posmoderno se da a conocer de la mano de la función hegemónica de lo mercantil, del menemismo, del libre mercado, de la desintegración de la sociedad, de la proletarización de la clase media, de la lumpenización del proletariado, de la limitación del estado de bienestar, de la "crisis" de la sociedad de trabajo, del advenimiento de una intensa instrumentalización cultural desde el poder económico que maneja a discreción el mensaje informativo dirigido al público.

De manera no abierta, pero con claridad, la dramaturgia emergente rechaza la palabra moderna realista, mostrando en sus textos que ella ha dejado de ser "verosímil" y "teatral". Utiliza algunos procedimientos del posmodernismo europeo y norteamericano, pero, fundamentalmente, coincide con él en la semántica de sus textos.

La tendencia de intertexto posmoderno tiene, para nosotros, dos corrientes: el teatro de resistencia y la dramaturgia emergente. La primera, que tiene como paradigmas los espectáculos de Ricardo Bartís, queda fuera de nuestro análisis en esta oportunidad por los motivos ya señalados y para su estudio nos atenemos a nuestro trabajo (Pellettieri: 1998).

El teatro emergente tiene, por supuesto, distintas variantes y tal como hicimos con el caso de la dramaturgia dominante, estableceremos un polo emergente cercano al texto posmoderno y un polo emergente en el que lo posmoderno se incluye en un discurso moderno. En este último caso, lo posmoderno se aprecia casi exclusivamente en lo semántico. Por supuesto, entre estas dos posiciones se encuentran, y hablaremos de ellos, estados intermedios.

1. El polo emergente cercano al texto posmoderno: se incluyen en él, entre otras, las siguientes piezas: *Destino de dos cosas o de tres* (1993), *Cucha de almas* (1992), *Remanente de invierno* (1995), *La tiniebla* (1994), *Raspando la cruz* (1995) de Rafael Spregelburd: *Crónica de la caída de uno de los hombres de ella* (1990), *Cámara Gesell* (1993), *Circonegro* (1996) de Daniel Veronese.

Esta tendencia que denominaremos teatro de la desintegración es, a nuestro juicio, dentro del sistema teatral porteño, la continuidad estético-ideológica del absurdo, como éste, a su vez, fue la continuidad de la tradición irracionalista-pesimista, del grotesco y el expresionismo. La diferencia estriba en que el absurdo pretendía demostrar la arbitrariedad de la existencia humana en sociedad. Todavía creía en la noción de sentido, exigía una interpretación, fortalecía aún la significación.

El teatro de la desintegración de Veronese y Spregelburd toma del absurdo, entre otros préstamos, lo abstracto del lenguaje teatral y la disolución del personaje como ente sicológico [6]. Pero no pretende demostrar nada, cree que el sentido del texto es absolutamente arreferencial, lo debe aportar casi en forma exclusiva el espectador [7]. El personaje sólo "dice" el discurso, está deconstruido y sicológicamente desintegrado. El universo de estas piezas es un universo no sólo sin ilusión (en el caso de Veronese), sino que también se nos aparece como poseído por una mengua vertical de los afectos, de las pasiones. Los personajes son pasajeros de una pesadilla. Todo esto dentro de lo fragmentario de la intriga, que contrasta con la ilusión de totalidad de los textos de la neovanguardia y que repercute en la concepción de la puesta en escena.

El pesimismo de este tipo de teatro es grande. Se podría decir que estos autores, especialmente Veronese [8], trabajan con una estética del nihilismo. Estas obras muestran la desintegración textual y social, la incomunicación familiar, el feroz consumismo, la violencia gratuita, la ausencia de amor de la "convivencia posmoderna".

La respuesta a la "posmodernidad indigente" es el simulacro estético: eclecticismo combinado con antiestética e ilusiones modernas que se observan en los textos y en los metatextos en el sentido de considerarse a sí mismos como radicalmente innovadores. Estos textos son contradictorios, conscientemente contradictorios. Son antivanguardistas porque rechazan la preocupación básica de la vanguardia, la de crear un arte nuevo en una sociedad alternativa, pero negando la vanguardia pretenden para sí ser el centro de la experimentación.

Sintetizando, esta tendencia extrema del teatro de intertexto posmoderno no está preocupada "por recuperar" aspectos del teatro moderno. Es evidente que para estos autores estamos en un momento de cambio total dentro del sistema teatral: la modernidad teatral argentina "ya fue" y, por supuesto, no se puede espera de ella ningún "proyecto incumplido". Es por ello que no les preocupa criticar la realidad, puesto que para su concepción el "teatro popular", al igual que el llamado "teatro culto", sólo es útil para la mezcla. No lo desechan, sino que se disuelve en la deconstrucción de estilos, sirve para hacer "otra cosa".

Estos textos se ubican cerca del monólogo ya los personajes mantienen escasa o nula conexión entre sí. El texto semeja un cascarón vacío, es atemporal con pocas referencias espaciales. Es autorreferencial, es decir, utiliza el artificio "de la plenitud verbal de un lenguaje autónomo, en cuanto que permite sistemáticamente lo imposible" (Krysinski, 1989).

2. Una variante interesante, cercana al polo posmoderno, la integran las "op-

ciones dramatúrgicas" de *Obito* (1989), *Criminal* (1991), *Martha Stutz* (1997), *Casino* (1998), de Javier Daulte. Estos textos se presentan estructurados de manera convencional, pero transgreden los encuentros personales y existe un desarrollo dramático que no está destinado a probar una tesis realista. En realidad, se basan en el juego farsesco entre lo real y lo aparente, el humor, el kitsch (Moles y Wahl, 1977: 148) como "la reconciliación del ser humano conservador con el arte subversivo". Están destinados a lograr en el público el efecto de incertidumbre, a expresar una "débil denuncia" de las limitaciones humanas. Todo a partir de una "almodovariana" búsqueda de los sujetos y sus oponentes de una intensa persecución de la satisfacción del deseo. Su desenlace incluye el relativismo, el cuestionamiento del testimonio, de la "verdad", la postulación de una teoría del caos (Cfr. Nota 7) [9].

3. También en una línea de contaminación, de fragmentación textual de efecto fuertemente humorístico, podemos ubicar a *La China* (1995) y *El amor* (1996), de Sergio Bizzio y Daniel Guebel, pero con una poética que se aleja de los modelos del teatro emergente ya mencionados. Su inserción en el sistema teatral se a concretado desde el cuestionamiento y la parodia al teatro tradicional argentino, la gauchesca, el melodrama y el nativismo, mezclándolo, fusionándolo con procedimientos de la neovanguardia, como la postergación de la intriga y del diálogo, el desenlace patético, la falta de motivación lógica en los personajes y el empleo del chiste verbal. Es un teatro intertextual, un híbrido que en el caso de *La China* transgrede la estructura de *Esperando a Godot*, de Samuel Beckett, desde el gestus social del marginado. Así, sus personajes funcionaron a través de las notas fundamentales del sigilo y el desparpajo. La "parodia desde el sur" a Godot, se concreta a partir de su deconstrucción, mostrando desde la gauchesca, su "forma oculta" desde nuestros márgenes.

En el caso de *El amor*, la parodia se concreta sobre el melodrama transgrediendo sus procedimientos desde lo pornográfico. Como en Daulte, el deseo rige las acciones de los personajes hasta lo deliberadamente obsceno y escatológico.

A pesar de las diferencias, hay que concluir que existe un aspecto en que coincide con los restantes textos de intertexto posmoderno y es "una deliciosa y perversa superficialidad que vacía de sus contenidos originales a los géneros y discursos incorporados, produciendo nuevos sentidos, renovando las dispositivos de representación teatral, combinando lo popular y lo culto en su carácter lúdico" (Rodríguez, 1995).

4. En el polo cercano al discurso moderno, en el que la aparición de lo posmoderno se da casi exclusivamente en lo semántico, encontramos a *Dibujo de un vidrio empañado* (1997), de Pedro Sedlinsky. El clima de este texto es el propio del expresionismo subjetivo, con personajes de motivaciones opacas, fusionado con algunos procedimientos pinterianos y gambarianos como la situación de amenaza exterior a la habitación o la apariencia visible de ciertos

personajes que luego, a lo largo de la trama, revelan "otra realidad", sus grandes contradicciones y la omisión deliberada de los motivos de su accionar. De esta mezcla moderna surgen algunos contenidos posmodernos: personajes que buscan su identidad en un universo cerrado, tenebroso. El lector-espectador advierte que ella es inalcanzable, como ocurría con los textos de Veronese. Así , su semántica no se puede reducir a lo referenciable, pretende no ser cuantificable ni clasificable.

Más cerca aún del paradigma moderno se encuentra *Tenesy* (1998), de Jorge Leyes. En todos los niveles de texto, la pieza se adapta a una retórica realista reflexiva: la búsqueda de la identidad, el carácter social del destinador y el destinatario de la acción, el diseño tradicional de la intriga, y los procedimientos (los encuentros personales no transgredidos, el paralelismo en la presentación de personajes, la gradación de conflictos, la presencia de Tenesy como personaje embrague y el moderado simbolismo de los personajes). Sin embargo, el desenlace refuncionaliza la poética realista hacia la ideología estética posmoderna [10] Esto se concreta a partir de una reflexión sobre la creación artística, sobre la identidad y sobre las relaciones arte y vida. Tenesy concreta su identidad en la escritura en otra lengua, es, según nos dice el personaje embrague del texto, "un animal que aúlla su dolor en una lengua extraña". Llega de este modo a una conclusión similar a la de Spregelburd en *Remanente de invierno*: el protagonista alcanza su identidad en la"otredad".

A pesar de estas diferencias textuales, las piezas enumeradas dentro de lo que denominamos intertexto posmoderno participan de un proceso de cambio fundamental dentro de nuestro sistema teatral a través de una serie de coincidencias en su ideología estética:

1. la obra dramática, el fenómeno teatral como simulacro. Los textos no adhieren a la oposición verdadero/falso propia de la modernidad teatral;

2. el texto dramático busca la deconstrucción del lenguaje y de la razón y, por lo tanto, de la certidumbre. Indaga en la trama de diferencias de un texto hasta llegar a su deconstrucción;

3. la conclusión es que estas "opciones dramáticas" se oponen al dogmatismo de la razón. Infieren que en los textos hay varios sentidos y que el interrogante debe permanecer abierto. En este caso hay una notoria limitación de la evidencia del sentido;

4. esta situación hace que los textos se presenten como fragmentarios, inconclusos, complejos;

5. el texto es intertextual. Y esa relación intertextual no se establece con un texto individual, como ocurría con la intertextualidad moderna, sino con un género o tendencia;

6. no se persigue la originalidad, se escribe lo viejo (una farsa, un vodevil, un melodrama) pero de una manera nueva. La vieja textualidad adquiere nue-

vo sentido gracias al nuevo texto.

Es evidente que esta reseña de materiales no alcanza a describir totalmente las textualidades emergentes. Porque es evidente que hay un tipo de pieza emergente que no es de intertexto posmoderno; los ejemplos podrían ser amplios, pero es paradigmático el caso de *Un cuento alemán* (1997) y *Juego de damas crueles* (1997), de Alejandro Tantanian. Son textos que se incluyen dentro de la poética del expresionismo subjetivo recreando procedimientos tales como el desdoblamiento, el lenguaje metafórico, el aislamiento de los personajes, las relaciones especulares. También aparecen artificios de la tragedia y el intertexto del psicoanálisis. *Juego de damas crueles*, especialmente, se desarrolla dentro del sistema de convenciones que se afirmaron en nuestro teatro a partir de *Una noche con el Sr. Magnus & hijos* (1979), de Ricardo Monti.

Para finalizar, podríamos preguntarnos qué significan estos últimos quince años de dramaturgia porteña. Lo primero que podemos señalar es que en este tiempo se han intensificado los cambios que proponen las poéticas emergentes y, por otro lado, la vigencia de algunos autores dominantes y remanentes: Carlos Gorostiza, Roberto Cossa, Griselda Gambaro, Eduardo Rovner, Ricardo Monti, Mauricio Kartun.

De la primera conclusión pueden desprenderse otras: la aparición de las dramaturgias emergentes ha permitido que, como en todo momento de cambio, se produzca un paréntesis en el cual la escena se propone pensarse a sí misma. Por otra parte, el teatro de intertexto posmoderno nos ha permitido observar de "otra manera", críticamente, las textualidades modernas que hasta ayer nos satisfacían. Hoy podemos señalar sus limitaciones y adquirimos mayor perspectiva frente a ellas. El sistema nuevo nos ha facilitado, en de un sistema teatral tan prejuicioso y maligno con lo popular como el nuestro, advertir que la distancia entre este teatro y el "teatro de arte" ya no alcanza la relevancia que tuvo en el pasado.

Hay, además, entre nosotros, investigadores o no de nuestro teatro, otra percepción de su historia: se ha superado la concepción lineal "progresista", única y cronológica "asentada en la verdad". La posmodernidad nos ha permitido ver que cada uno puede hacer "su" historia sin supuestos únicos, sin metas utópicas que nos induzcan a creer –como alguna vez lo hicimos–, que "el teatro va a salvar al país". Estamos superando los determinismos, asumiendo las limitaciones de la función del teatrista, del crítico, del historiador.

* Colaboró Martín Rodríguez.

Notas

1. El presente artículo es continuación de otra ya publicado (Pellettieri, 1993, 3-12)
2. Es el caso de *Postales argentinas* "guión" de Ricardo Bartís en Dubatti (1990), que no tiene cualidad poética en sí mismo: no remite nunca a sí mismo. Se aproxima a un libro de instrucciones, indicaciones para llevar adelante un proyecto. Es un texto sólo de carácter performativo e ilocutorio.
3. Para periodizar hemos adoptado (Pellettieri: 1997a, 13-37) un modelo paradigmático que nos permite captar el cambio dentro de nuestro sistema teatral, un modelo cuya secuencia dialéctica señalan los trabajos de Fowler (1971), Frye (1977), Kuhn (1962) y Masterman (1970), que replantea el modelo de Kuhn.
4. Expresión que usamos por primera vez en el programa "Problemas de la sociocrítica en el teatro latinoamericano y argentino (1950-1990)" de nuestra cátedra de Historia del Teatro Latinoamericano y Argentino, de la Carrera de Artes de la Facultad de Filosofía y Letras de la UBA, en agosto de 1992. La utilizamos a partir de las definiciones de Jameson (1991).
5. Bajtin (1986,170) "La concepción del autor utiliza la palabra ajena en el mismo sentido de sus propósitos artísticos, tan sólo volviéndolos convencionales... Al penetrar en la palabra ajena y al alojarse en ella, el pensamiento del autor no entra en conflicto con dicha palabra, sino que la sigue en la misma dirección".
6. En complementariedad con el absurdo pinteriano-gambariano, siguiendo su derrotero estético ideológico, estos autores tomaron del absurdo la causalidad implícita, la transgresión e inversión de los procedimientos realistas, la ausencia de tesis realista, la postergación de la acción, los personajes-amenaza provenientes de la extraescena realista, el personaje inefable a nivel de los procedimientos de la intriga. Y a nivel verbal, el uso no convencional del lenguaje, la falta de cohesión y de coherencia en los diálogos y el humor verbal
7. Si tomamos dos piezas paradigmáticas de estos autores, como *Cámara Gesell* y *Remanente de invierno*, podemos observar coincidencias interesantes en los distintos niveles de texto. Ambas implican en bloque una cercanía con la estética posmoderna y una intensificación de los procedimientos del absurdo: a nivel de la acción, la discontinuidad y arbitrariedad de la misma, el conflicto estático. En el plano de la intriga, el principio constructivo de la contaminación textual: la fragmentación en la estructuración de la intriga, la reiteración de procedimientos y el cruce de poéticas. En el aspecto verbal, la parodia de los discursos sociales y científicos y el relato, creador de pausas, elipción, resúmenes, juegos en el tiempo. La semántica de estos textos intensifica el relativismo y el nihilismo absurdista, la autorreferencia, la metatextualidad, concretando una deliberada ininteligibilidad. En lugar de la mostración de la "verdad", el desenlace es la exposición de una módica versión del caos: la admisión de la pluralidad de sentidos, la confusión, la contradicción de las poéticas que participan en los textos como pura mezcla. Todo esto implica un enigma al que enfrenta al espectador.
8. Continuando la comparación de *Cámara Gesell* y *Remanente de invierno*, podemos señalar que en Veronese nos encontramos con un pesimismo absoluto, que se relativiza en el caso de Spregelburd. En Veronese la imposibilidad de conocer de los personajes y sus espectadores/lectores se refuerza en el desenlace: es imposible

acceder a las motivaciones que impulsan a Tomás al crimen. El relativismo pretende ser "integral o radical". Expliquemos esto: el sujeto, Tomás, tiene por objeto el crimen, ya que aparentemente éste le dará una identidad. Pero no puede acceder a ella porque el conocimiento está siempre más allá de lo inteligible. Pese a su gran actividad, no logra que se cumplan los pactos que concreta y cada nueva separación de la familia de turno implica, cíclicamente, nuevos y tenebrosos reencuentros. Es interesante observar que en la base ideológica de la acción las actancias del destinador y destinatario están vacías. También esta incapacidad para conocer se puede apreciar en la voz del narrador, es un personaje embrague parodiado: no puede explicar nada de lo que pasa en escena.

En el caso de Spregelbrud, como dijimos, se limita, se relativiza en el desenlace. En él asistimos a lo que podríamos denominar un didactismo posmoderno. Spregelgurd parece decir: "hay que demoler todo para hacerlo de nuevo". Deconstruir el lenguaje pasa a ser un instrumento de cambio. La fase que construye el autor tiene una pretensión, aunque limitada, de acercarse al referente y "una predilección por las imágenes violentas" (Bentley, 1971:205). Como en el caso del protagonista de *Cámara Gesell*, el sujeto de *Remanente de invierno*, Silvita tiene por objeto la identidad. La diferencia estriba en que logra parcialmente el objetivo, ya que el personaje está en un proceso de cambio constante. Además las actancias de destinador y destinatario están cubiertas por la propia Silvita. Hay, también, una mayor relación con el referente e incluso se la podría interpretar como una parodia a la sociedad de consumo. Además, las didascalias proporcionan indicios de la ideología del texto.

9. *Martha Stutz* (Pellettieri, 1997b) puede ser el paradigma de esta textualidad. En realidad, es una parodia (que incluye la exposición, la inversión y la transgresión) al teatro documental. Daulte recurre a este procedimiento en sus textos, trabajando sobre otros géneros: la ciencia ficción en *Obito*, el teatro policial en *Criminal*, el melodrama en *Casino*. Concreta de este modo una lectura pesimista del modelo: todo es relativo, no hay manera de saber qué pasó con *Martha Stutz*. Como en los otros textos, Daulte se ocupa más de la intertextualidad estética que de lo social. Utiliza los procedimientos del teatro documental: personajes estereotipados y simbólicos, artificios realistas (como la gradación de conflictos y el paralelismo en la presentación de los personajes, abundantes niveles de prehistoria). Luego de esta exposición del texto parodiado, lo invierte con la amplificación de los rasgos distintivos de los personajes que se relacionan con el juicio y su transgresión, como el desdoblamiento del supuesto culpable. Todo esto está destinado a mostrarle al espectador que está en el teatro y no en un juicio; aparecen entonces la farsa, lo ridículo y lo irónico.

También como en otros textos, Daulte quiere pasar de un teatro como testimonio, de un "teatro para pensar", a otro que muestre esos mismos problemas de manera individual y limitadamente referencial, abandonando la vieja pretensión del teatro moderno de considerar a la escena como una práctica social. Textos como los de Daulte ya mencionados predisponen a la ruptura de la inercia con relación a la función que el sistema teatral le había reservado al drama. El texto va hacia el acaso. El enigma termina poseyéndolo. Es interesante observar la relación de *Martha Stutz* con el teatro de Pinter: la apariencia engañosa de los personajes que luego, a lo largo de la trama revelan "otra realidad", la motivación opaca de los mismos, sus grandes contradicciones, la omisión deliberada de los motivos de su accionar, su debilidad de carácter, su falta de atención en sus problemas, producen en el lector/espectador un efecto de incertidumbre. Es la famosa "comedia horripilante", a mitad de camino entre el humor y el horror: en su universo, a cada afirmación de determinado personaje se le opone otra del mismo actor, de sentido contrario. Martha Stutz se presenta como simulacro, como "otra cosa", como un territorio estético regido por sus propias leyes y proponiendo un desarrollo paralelo a la denominada realidad. Se apropia y contamina de procedimientos de los pretendidos textos documentales del teatro de los setenta y también de sus subproductos, las películas y los programas de televisión testimoniales cuya finalidad quiere ser la de "una narración fidedigna" de los hechos históricos y policiales, reproduciendo los signos de ese mundo. Lo que hace, en realidad, es "jugar", crear imágenes cuestionadoras del realismo sicológico, deconstruir los procesos de representación, de dramatización de los testimonios. Así, éstos cambian su sentido según los deseos y la ideología de quienes los enuncian. Resulta evidente que este teatro se propone como un punto de vista más y cree que para cada lector/espectador hay un caso Martha Stutz diferente.

10. Este hecho no es nuevo en nuestro sistema teatral. Los textos del realismo reflexivo de los años sesenta eran modernos especialmente por su semántica, ya que muchos de sus procedimientos se adaptaban perfectamente al teatro tradicional. Los casos de *Soledad para cuatro* (1961), de Ricardo Halac y de *Nuestro fin de semana* (1964), de Roberto Cossa, nos eximen de todo comentario (Pellettieri, 1997)

Bibliografía

BAJTIN, Mijail 1986. *Problemas de la poética de Dostoievski.* México: FCE.
BENTLEY, Eric, 1971, *La vida del drama.* Buenos Aries: Paidós.
CASTELLVI deMOOR, Magda, 1998. "Dramaturgas argentinas de los '80: teatro, política y género", *Teatro iberoamericano de los 80. Cambio, unidad y diversidad.* O.Pellettieri (ed) Buenos Aires: Corregidor (en prensa).
DEMARCY, Richard, 1973. *Eléments d'une sociologie du spetacle.* Paris: UGE.
DOTTI, Jorge, 1993. "Nuestra posmodernidad indigente", *Espacios de Crítica y Producción,* 12 (junio-julio) 3-8.
DUBATTI, Jorge, 1990. *Otro teatro.* Buenos Aires: Libros del Quirquincho, 5-23.
FOWLER, Alastair, 1971. "The Life and Death of Literary Forms", *New Literary History,* II (Winter) 201-231.
FRYE, Northon, 1977. *Anatomía de la crítica.* Caracas: Monte Avila.
GUENON, 1946. *La crise du monde moderne.* Paris: Gallimard.
JAMESON, Fredric, 1991. "Las políticas de la teoría. Posiciones ideológicas en el debate posmodernista", *Ensayos sobre el posmodernismo.* Buenos Aires: Imagomundi, 93-101.
KRYSINSKI, Wladimir, 1989. "La manipulación referencial en el drama moderno", *Gestos,* 7 (abril) 9-31.
KUHN, T.S. 1962. *The Structure of Scientific Revolutions.* University of Chicago

Press. Edición castellana: *Estructura de las revoluciones científicas.* México: FCE, 1975.
MASTERMAN, M. 1970. "The Nature of the Pradign", I. Lakatos y A. Musgrave, *Criticism and the Growth of Knowldge.* Cambridge: Cambridge University Press. Edición castellana: *La crítica y el desarrollo del conocimiento.* Barcelona: Grijalvo, 1975, 58-89.
MOLES, Abraham y Eberhard WAHL, 1977. "Kitsch y objeto", AA.VV. *El análisis estructural.* Buenos Aires: Ceal.
PAVIS, Patrice, 1983. *Diccionario del teatro.* Barcelona: Paidós.
PELLETTIERI, Osvaldo, 1991. "Paso de dos, de Eduardo Pavlovsky. Un texto dramático remanente y una puesta eficaz", *La Escena Latinoamericana,* n° 7 (Ottawa, diciembre) 12-18.
———, 1992a. "El sonido y la furia: panorama del teatro de los '80 en la Argentina". *Latin American Theatre Review,* 25/2 (Kansas, Spring) 3-12.
———, 1992b. "Los modelos del teatro popular en las primeras décadas del siglo y su productividad en el sistema teatral abierto en los '60", P. Roster y M. Rojas (eds), *De la colonia de la posmodernidad.* Buenos Aires: Galerna, 119-134.
———, 1993a. "El perfil del Teatro Municipal General San Martín", *Theatron,* 2 n° 4 (Caracas, IUDET), 18-19.
———, 1993b. "Griselda Gambaro: de la neovanguardia al realismo crítico", en Griselda Gambaro, *La malasangre.* Buenos Aires: Huemul, 5-45.
———, 1993c. "Compañía o el cuestionamiento simpático", *Primer Acto,* n° 248 (Madrid, marzo-noviembre) 86-88.
———, 1994. *Teatro argentino contemporáneo (1980-1990).* Buenos Aires: Galerna.
———, 1995a. "Posmodernidad y tradición en el teatro actual en Buenos Aires", *Gestos,* 10, 19 (California, abril) 57-70.
———, 1995b. "El teatro de Ricardo Monti (1989-1994): la resistencia a la modernidad marginal", Ricardo Monti, *Teatro,* vol.I Buenos Aires: Corregidor, 9-60.
———, 1997a. *Una historia interrumpida. Teatro argentino moderno (1949-1976).* Buenos Aires: Galerna.
———, 1997b. "Del teatro testimonial al teatro como simulacro", *Teatro,* Tercera época, 3, 6 (setiembre) 12-14.
———, 1998. "Modernidad y posmodernidad en el teatro argentino actual (1985-1997)", *Escritos,* (Puebla, en prensa).
REIGADAS, María Cristina, 1988. "Neomodernidad y posmodernidad preguntando dese América Latina", AA.VV. *¿Posmodernidad?* Buenos Aires: Biblos, 116-145.
RODRIGUEZ, Martín, 1995. "Dos obras ordinarias", *Teatro XXI,* I, 1 (primavera) 94-95.
———, 1998. "*Cocinando con Elisa*", *Teatro XXI,* n° 6 (otoño).
WILLIAMS, Raymond, 1981. *Sociología de la comunicación y del arte.* Barcelona: Paidós.

UNA MIRADA NORTEAMERICANA A LA DRAMATURGIA ARGENTINA

George Woodyard

No queda nada claro que "una mirada norteamericana" pueda ofrecer una focalización especial sobre el teatro argentino de la década 1985-95, pero lo que se puede decir con seguridad es que, con la óptica actual, el teatro argentino sigue siendo uno de los más fuertes y prolíficos del hemisferio durante los años mencionados. Esto se debe, en parte, a la estabilización política después de los años del Proceso y al esfuerzo por recobrar la dignidad nacional dañada durante una época de represalias contra los derechos humanos y civiles. A pesar de la presuposición de que el mejor teatro se escribe durante las épocas de represión más fuerte, obviamente porque el dramaturgo tiene que ser más hábil y sutil para evitar la censura, resulta que el dramaturgo argentino se muestra igualmente capaz de escribir piezas de alta calidad durante períodos de relativa estabilidad política y económica.

Desde Estados Unidos, el teatro argentino, francamente, parece remoto para la mayor parte de los estudiosos de teatro latinoamericano, a pesar del nivel de actividad. Es mucho más fácil que un profesor vaya a México, por ejemplo, para hacer sus investigaciones en vez de comprometerse con un viaje tan largo y costoso como lo es a Buenos Aires. Sin embargo, basándome en el contenido de *Latin American Theatre Review*, una revista que conozco relativamente bien, resulta que entre los años 1985 y 1995 (inclusive), no hay ni un solo número de los 22 publicados que no contenga alguna nota sobre el teatro argentino, y en muchos hay varios artículos o comentarios. En Spring 1991 (24/2), además, se dedicó un número entero al teatro argentino con Osvaldo Pellettieri como editor especial. Hasta en los números especiales de *LATR* dedicados a otro país (Venezuela, por ejemplo), se encuentran informes sobre el teatro argentino. Si podemos aceptar a *Latin American Theatre Review* como barómetro del nivel de interés en el teatro argentino, sin considerar la nacionalidad del autor (aunque la mayor parte o son norteamericanos o argentinos), las reacciones siguientes reflejan ciertas actitudes del interés en este campo de estudio. No parece oportuno establecer el espacio dedicado al teatro argentino como porcentaje de la revista total, pero fácilmente podía llegar a un veinte por ciento, lo cual da una idea de la influencia, el poder y la importancia del teatro argentino. Al considerar estos aspectos, hay que recordar que lo siguiente no es un estudio hecho con rigor científico. Es, más bien, una serie de impresiones humanísticas en que dos atributos parecen importantes: 1) que *LATR* es una revista con un sistema de "peer review" (evaluación de manuscritos por colegas del Consejo Editorial); y 2) que algunas de las observaciones siguientes dependen de los trabajos publicados sin considerar los rechazados durante la evaluación.

Cualquier investigador norteamericano del teatro latinoamericano en general va a conocer los textos de los nombres sagrados, por ejemplo, Roberto Cossa, Osvaldo Dragún, Griselda Gambaro, Ricardo Halac, Ricardo Monti, Eduardo Pavlovsky. Además de ser los más conocidos en Buenos Aires, son conocidos en Estados Unidos en programas de literatura hispanoamericana donde existe especialización. Sus aportaciones al teatro durante la década son impresionantes: mantienen su rigor como dramaturgos comprometidos con su ambiente socio-político si son autores de la vena "realista" o "absurdista." De estos seis autores, no sorprende que Griselda Gambaro haya despertado más interés que los otros. Karen Laughlin (20/1) compara su uso de un "diálogo de la crueldad" con el de Harold Pinter, no sólo para crear efectos escénicos sino para asaltar la conciencia de su público. Becky Boling (20/2) estudia su pieza *El despojamiento* desde una perspectiva semiótica para enfocar la imagen de la mujer en la sociedad actual. Mirta Arlt (24/2) señala las aportaciones de Gambaro y Monti y propone, de una manera polémica, la necesidad de una nueva orientación. Enid Valerie (26/1) encuentra en *Las paredes* las raíces de la destrucción individual si uno no toma control de su vida; Sharon Magnarelli (27/2) hace hincapié en la función de la mujer en *La malasangre* y Nieves Martínez de Olcoz (28/2) estudia, bajo un título provocativo: "El cuerpo femenino como figura de resistencia en el último teatro de Griselda Gambaro", dos piezas (*Del sol naciente* y *Antígona furiosa*) que parecen abarcar la totalidad del discurso femenino que se ve desarrollando en el teatro de Gambaro durante la década, lo cual es, sin duda, una de las razones por la que las estudiosas del teatro, o en Estados Unidos o Argentina, la encuentran tan atractiva. El mero hecho de que los seis trabajos publicados sobre Gambaro sean escritos por mujeres subraya el interés en el desarrollo de la crítica femenina y feminista en la década, a la vez que muestra, tal vez, cómo Gambaro, sintiendo algo de lo que sugiere Mirta Arlt, adopta una nueva orientación en sus piezas para exaltar la voz femenina en su discurso dramático.

Los cinco hombres de la generación reciente reciben menos atención en las páginas de *LATR*. Roberto Cossa es el sujeto de una entrevista de Sharon Magnarelli (20/2) y Ana Seoane lo incluye como parte de sus reportajes (24/2). A pesar del valor intrínseco de piezas como *Los compadritos* (1985), *El sur y después* (1987) o *Yepeto* (1987), es sorprendente que no hayamos logrado publicar ni un solo artículo sobre sus textos. Si bien aparecen artículos sobre Agustín Cuzzani (Alyce de Kuehne), Osvaldo Dragún (Donald L. Schmidt) y Carlos Gorostiza (Merlin H. Forster) en *Dramatists en Revolt: The New Latin American Theater*, editada por Leon Lyday y yo en 1976, ya obviamente muy pasados, siguen faltando estudios completos sobre estos autores. No es hasta mi estudio titulado "The Theatre of Roberto Cossa: A World of Broken Dreams" que el teatro de Cossa llega a estudiarse de una manera panorámica en Estados Unidos.

Osvaldo Dragún, mientras tanto, pasa muchos años de la década en el exilio, primero en Cuba como director del Instituto de Machacurrutu y después en México donde trabaja con Vicente Leñero y Víctor Hugo Rascón Banda en el proyecto de "teatro clandestino". *Las historias para ser contadas* siguen siendo obras conocidas y montadas en Estados Unidos, a veces, por grupos estudiantiles por su sabor grotesco. Dragún es representado en Buenos Aires durante la época (¡*Arriba, corazón!*, 1987) y en *LATR* figura en tres artículos: Frank Dauster (22/1) estudia *Los hijos del terremoto* (el título anterior de esta pieza) como obra no lineal sino como una serie de imágenes desconectadas de la memoria de Dragún antes de su regreso a Buenos Aires; Fernando Reati (22/2) encuentra en *Y nos dijeron que éramos inmortales* los códigos y ritos de una experiencia iniciática y militar en la época pos-peronista; y Amalia Gladhart (26/2) muestra cómo la "ostentación narrativa" en sus piezas subraya las inquietudes temáticas de Dragún en cuanto a la identidad individual. Los tres estudios ponen en evidencia la presencia duradera de Dragún, a pesar de su relativa ausencia, en la concepción del teatro argentino.

Ricardo Halac es tal vez el menos estudiado, pero Pellettieri (20/2) examina los valores persistentes del realismo reflexivo lanzado por Halac en 1961 en ocasión de los 25 años del aniversario de *Soledad para cuatro*. Nora Glickman, interesada en los atributos judíos, lo entrevista sobre el montaje de *La cabala y la cruz*, después conocido como *Mil años, un día*. Las aportaciones de Halac, como iniciador de la orientación de su generación de autores realistas, inspirados en Arthur Miller, no se aprecian todavía, ni tampoco la importancia de su incorporación de las Madres de Plaza de Mayo en la pieza escrita para Teatro Abierto 1981, *Lejana tierra mía*. El estudio de su dramaturgia completa, en Estados Unidos, queda por hacerse.

Aunque Ricardo Monti puede ser considerado uno de los escritores más talentosos de los años recientes, su escasa producción ha afectado su visibilidad en Estados Unidos. Virginia Ramos Foster reconoció su talento en un artículo que publicamos en *LATR* en Spring 1971 con el título "Theatre of Dissent: Three Young Argentine Playwrights" (Teatro de protesta: tres dramaturgos jóvenes argentinos). De los tres, sólo Monti ha sostenido una carrera consistente a lo largo de más de 25 años. A Monti lo estudia Roberto Previdi Froelich (23/1) en la forma de *Una noche con el Sr. Magnus e hijos* como obra con técnicas metateatrales y el uso de un coro ritual que institucionaliza el poder opresivo. Mirta Arlt (24/2) lo considera, junto con Gambaro como ya se indicaba, un autor que necesitaba romper con su dinámica actual para buscar otras tendencias que la estructura trágica que dominaba en sus piezas.

En mi opinión, el dramaturgo argentino actual más conocido en Estados Unidos, después de Griselda Gambaro, es Eduardo Pavlovsky. Las posibles razones incluyen el hecho de que comparte la tendencia hacia la estética norealista, normalmente más apreciada entre la clase intelectual (y estamos hablando aquí no de un público general sino de una clase de élite), tal vez porque sus obras figuran en varias antologías y libros de plena circulación, tal vez por los esfuerzos de Paul Verdier y su teatro en Los Angeles que ha montado incluso un "Pavlovskyfest" de sus obras (ver *LATR* 30/1 y el artículo de Hilma Carter que documenta el *segundo* ciclo de obras de Pavlovsky en Stages Theatre Center de Hollywood), o tal vez por sus propios esfuerzos. Ha sido una visita frecuente en Estados Unidos, más, diría yo, que los otros comentados (menos Gambaro, que siempre es la excepción a todo). En *LATR* figuran varias entrevistas (Giella, 19/1 y 22/1) y un artículo de Jacqueline Bixler (28/1) en que, en base de tres obras, estudia el poderoso efecto de la ausencia de personajes y objetos para ostentar su importancia en estimular la memoria de los horrores pasados (del Proceso). En los años posteriores a la dictadura militar, se viene apreciando la importancia de *El señor Galíndez* como obra que anticipa los horrores de esa época, lo cual resalta el interés en sus obras posteriores. Los estudios completos de su teatro, como los de George Schanzer, por ejemplo, años atrás han aportado mucho a su importancia en Estados Unidos.

Aunque es cierto que el teatro de la época, desde 1960 en adelante ha atraído más interés en las páginas de *LATR*, es fructífero ver cómo las generaciones anteriores figuran en la conciencia como precursores, como modelos del desarrollo posterior. En particular se nota el interés en Roberto Arlt, indicación, sin duda, de la importancia que ha cobrado en años recientes como figura sobresaliente de los años 30 al experimentar con las técnicas más modernas a nivel global, su incorporación de las ideas y técnicas de Pirandello, y su colaboración en el Teatro del Pueblo de Barletta como autor comprometido con la realidad izquierdista de la época. James Troiano (19/1) estudia un fragmento "Escenas de un grotesco" por su importancia en anticipar los juegos de locura/cordura que pueblan sus obras posteriores, como *Saverio el cruel* y *El desierto entra en la ciudad*. Maria del Carmen Sillato de Gómez (22/2) también escoge *Saverio el cruel* para considerar la función de elementos antiguos de ritos y carnaval para establecer el conflicto entre ser y parecer dentro de una sociedad alienadora. Frank Dauster (24/1), el "decano" del estudio del teatro latinoamericano en Estados Unidos, estudia con intensidad un tema que me ha fascinado a mí también: el novelista como dramaturgo (ver mi antología con Marion Holt). Dauster estudia el teatro de Arlt (junto con el de Manuel Puig, José Donoso, Carlos Fuentes y Mario Vargas Llosa) para ver hasta que punto estos escritores sabían manejar las artes del diálogo y estructura para el escenario. (Concluye que hay muchas debilidades en las técnicas de Arlt.) David P. Russi también examina las complicaciones de los diferentes niveles de realidad en sus piezas, que logran confundir tanto al público como al personaje mismo. El fenómeno de Arlt en el teatro argentino siempre me parece análogo al de Valle-Inclán en el teatro español: figuras destacadas que desaparecen de la vista pública y son descubiertos más tarde, en los años 60 en los dos casos, como precursores de tendencias y orientaciones posteriores.

Otra figura de suma importancia en la segunda mitad del siglo es Carlos Gorostiza, famoso por haber cruzado el puente entre el teatro independiente y el teatro comercial con *El puente* (1949). Sharon Magnarelli (21/2) lo entrevista sobre sus técnicas (especialmente la incorporación del juego), sobre sus compromisos y sus críticas, en una forma provocativa. Gorostiza durante estos años sigue tan vital como siempre, estrenando nuevas obras exitosas como *Papi, Aeroplanos* y *El patio de atrás*, las que no han penetrado bien la conciencia norteamericana a pesar de un estreno ocasional. Miguel Angel Giella incluye a Gorostiza con Halac en sus comparaciones de influencias y técnicas, estudiando los paralelos entre dos obras de cada uno: *El puente* con *Soledad para cuatro* y luego para Teatro Abierto 1981, *El acompañamiento* y *Lejana tierra prometida*.

Florencio Sánchez, por otra parte, a pesar de ser el "abuelo" del teatro rioplatense del siglo XX (o tal vez ahora el "bisabuelo"), recibe poca atención en las páginas de *LATR*. Jorge Dubatti (29/1), interesado en las relaciones europeas, documenta muchos puntos de contacto con autores como Hauptmann, Ibsen, Dumas, Mirbeau y otros, y luego indaga en elementos que son compartidos por un texto de Sánchez y otro de Hermann Sudermann. A finales del siglo XX, resulta interesante que el pionero con una influencia duradera no sea Florencio Sánchez tanto como lo es Roberto Arlt, o tal vez Armando Discépolo, figura no muy apreciada todavía en Estados Unidos pese a su trascendencia en el teatro argentino contemporáneo.

Sin embargo, es interesante señalar el esfuerzo por rescatar el pasado, indagando en las raíces del teatro anterior para descubrir ciertos valores permanentes en el teatro. Está claro que los esfuerzos iniciados por la Universidad de Buenos Aires bajo el rótulo del GETEA (Grupo de Estudios de Teatro Argentino) son únicos por su compromiso con la investigación de las tradiciones y las actualidades teatrales en la Argentina. Este grupo dirigido por el

Dr. Osvaldo Pellettieri (con resonancias posteriores en el grupo organizado por Juan Villegas en Irvine para concentrarse como estudiosos en ciertas problemáticas teatrales) ha hecho maravillas para salvar del olvido muchos textos y documentos, y luego analizarlos bajo la óptica de nuevas metodologías críticas del teatro. En *LATR* las investigaciones en el siglo XIX incluyen el estudio de Abril Trigo (26/1) sobre el "teatro gauchesco primitivo" (26/1) y sus exploraciones sobre los orígenes – y la exterminación – del teatro gauchesco hasta su renacimiento a finales del siglo en la forma de *Juan Moreira* (1884). Es un tema que también ha interesado a Guido A. Podestá (25/1) en su estudio de *Juan Moreira* (25/1) en el que profundiza en las múltiples transformaciones del texto, desde folleto hasta texto montado, y el interés en la mutación en el código moral desde "drama criollo" hasta hacerse aceptable para los "letrados."

A comienzos del siglo, coincidiendo con la época de Florencio Sánchez, se encuentra el estudio de Eva Golluscio de Montoya, radicada en Toulouse, Francia (21/1), "Elementos para una teoría dramática libertaria", en el cual estudia los elementos fundamentales en los grupos anarquistas de la Argentina durante "La protesta" (1905-1906), y desarrolla las bases cruciales para una teoría dramática que explique las relaciones entre los grupos anarquistas y su público. Vale recordar la importancia de este movimiento, y una pieza reciente que lo dramatiza, *Viva la anarquía*, de Ricardo Halac (1992).

La generación posterior está representada por Armando Discépolo en el estudio de Osvaldo Pellettieri (22/1) en el cual se vale de las relaciones entre el grotesco italiano y el grotesco criollo, en base a dos textos, para probar la hipótesis de que Discépolo conocía bien las técnicas pirandellianas, que logró incorporarlas en sus obras posteriores, y que era consciente de que creaba una nueva forma con su pieza *Stéfano* (1928).

La tendencia a hacer estudios comparativos, especialmente con otras nacionalidades, da profundidad al análisis y es una característica ya notada, como en el caso del estudio de Karen McLaughlin (20/1) sobre Gambaro y Pinter. Sharon Magnarelli (22/2) hace algo parecido al estudiar *El pobre Franz* de Alicia Muñoz y compararla con *Falsa crónica de Juana la Loca* del mexicano Miguel Sabido, mostrando los puntos de semejanza y contraste en el teatro histórico que dependen, según Magnarelli, "en la ironía dramática por su calidad lírica". También cruzando fronteras nacionales está el estudio de Rosa Sarabia (21/1) que investiga los puntos de contacto entre dos poetas máximos del modernismo, Rubén Darío y Leopoldo Lugones, apenas sospechados de ser dramaturgos, y su interés escénico en la figura de Pierrot tomada de la commedia dell'arte.

Otra figura argentina de interés que aparece con frecuencia en las páginas de *LATR* durante la década es el novelista Manuel Puig, miembro de la famosa generación del "boom". Frank Dauster en el artículo ya citado analiza *El beso de la mujer araña* y concluye que la estructura original de la novela no sólo facilitó su adaptación al teatro sino que también la mejoró por los cambios introducidos en las escenas finales. Ane-Grethe Østergaard (19/1) explora, basándose en la semiótica, el poder de la ficción narrada para desarrollar relaciones interpersonales. Juan Manuel Marcos (20/1) se vale de Bajtín, Plutarco y Goethe para hacer hincapié en el "cronotopo" donde el tiempo y el espacio se combinan con el lenguaje y la técnica de una manera inseparable. El éxito enorme de esta obra de Puig –como novela, teatro, película y comedia musical en Broadway– la ha elevado a un nivel canónico en todos los medios de comunicación. Para muchos norteamericanos, sin embargo, de una cultura limitada, es una de las pocas obras que forman sus opiniones del mundo latino, junto con fenómenos como *West Side Story, Man of la Mancha* y *Evita*.

Dada la dificultad de conseguir textos y ver los montajes mismos, no sorprende la escasez de comentarios sobre la generación relativamente joven. Hasta ahora brilla por su ausencia en *LATR* Daniel Veronese, por ejemplo, y Ricardo Bartís aparece sólo como entrevistado (Seoane, 24/2). La única, ahora más conocida en Estados Unidos por sus obras, su beca Guggenheim y su participación activa en congresos y festivales, es Diana Raznovich, estudiada por sus aportaciones feministas en un trabajo detallado de Nora Glickman (28/1). Otras mujeres de la última promoción figuran escasamente, como Cristina Escofet o Susana Poujol.

En una escala menor de importancia como autores dramáticos, los estudios sobre Pacho O'Donnell y Jorge Goldenberg, sin embargo, ilustran su importancia para estudiosos norteamericanos, ya que Sharon Magnarelli (19/2) y David William Foster (24/2), respectivamente, estudian piezas de cada uno de ellos como reflejos de la cultura, arte, etnicidad y vida. (El teatro judío lo comentamos a continuación.) Otro caso aislado es la pieza *El avión negro,* curioso por su composición colectiva (Cossa, Rozenmacher, Somigliana y Talesnik), y analizado por Norma Woodward Batchelder (20/2) como pieza política que predice la incapacidad de Perón de unificar los elementos dispares de la sociedad si decide regresar del exilio. Tal vez los dos estudios más inesperados sean los de Ilan Stavans (22/1) alegando la teatralidad de Jorge Luis Borges en su cuento "La busca de Averoes," en el que el personaje principal está obligado a descifrar conceptos dramáticos que le son ajenos por sus orígenes musulmanes, y Beatriz Trastoy (26/1) que explora la adaptación teatral, realizada por Rolando Malié, del cuento de Julio Cortázar, "La salud de los enfermos." El hecho de que los escritores argentinos afiliados casi exclusivamente con formas narrativas figuren en *LATR* es una buena prueba del poder totalizante del teatro.

Lo demás durante la década es difícil de clasificar y no señala necesariamente tendencias de rango mayor. Las investigaciones de David William Foster (22/2) revelan la homosexualidad en *Los invertidos* de José González Castillo como manifestación perversa de la burguesía, una temática explorada por Gustavo Geirola (28/2) por sus implicaciones culturales. L. Howard Quackenbush (26/1) penetra el mundo algo exótico del boxeo, analizando múltiples manifestaciones latinoamericanas, y encuentra en varias obras de Pavlovsky los elementos metateatrales que reflejan "el salvajismo y el pathos" de su sociedad. A Miguel Angel Giella (26/2) le interesan las cuestiones de la inmigración y el exilio, factores importantes en la integración y desintegración de la sociedad argentina, y estudia la manera en que el uso o desuso del lenguaje se impone sobre el individuo.

En varios números de *LATR* de la década aparecen reportajes sobre congresos y festivales de teatro en Córdoba y Buenos Aires, los cuales son especialmente útiles para los estudios norteamericanos porque captan con gran eficiencia los sentidos más trascendentes del momento. El entusiasmo contagioso que se encuentra en los informes de Judith Bisssett y Beatriz Seibel (19/1) al presenciar el Primer Festival de Teatro Latinoamericano de Córdoba en 1984 es continuado en los congresos de teatro iberoamericano y argentino organizados por Osvaldo Pellettieri y el GETEA a partir de 1990. Respecto a las manifestaciones del teatro popular o alternativo, hay comentarios sobre *Facundina* de Carlos Espinosa Domínguez (21/1), la teatralidad popular estudiada por Beatriz Seibel (23/1) y el teatro callejero de Buenos Aires después de la dictadura militar, observado por André Carreira (27/2).

En parte, el estudio del teatro argentino en Estados Unidos puede atribuirse a la dedicación de argentinos ex-patriados como, por ejemplo, Nora Glickman, quien en colaboración con Gloria Waldman, acaba de publicar un libro sobre el teatro judío argentino. Pero otros norteamericanos, desde el veterano David William Foster hasta la joven Jean Graham-Jones, especialistas en el fenómeno argentino, hacen aportaciones extraordinarias. Muy reciente es la colección de ensayos sobre los autores judíos de la América latina preparada por Darrell Lockhart. Este "diccionario" valioso contiene reseñas amplias, con bibliografía de unos 20 dramaturgos latinoamericanos, de los cuales la gran mayoría es argentina: Aída Bortnik, Mario Diament, Osvaldo Dragún, Samuel Eichelbaum, Nora Glickman, Jorge Goldenberg, Ricardo Halac, Mauricio Kartun, Diana Raznovich, Eduardo Rovner, Germán Rozenmacher, Hebe Serebrisky, Ricardo Talesnik, César Tiempo y David Viñas.

Para no insistir en *Latin American Theatre Review* como la única fuente de información sobre el teatro argentino durante los años indicados, me apresuro a mencionar los servicios bibliográficos de la Modern Language Association (*PMLA*) que (teóricamente) documenta todas las publicaciones al respecto, y los servicios de *Handbook de Latin American Studies* (Manual de Estudios Latinoamericanos) organizados por la Biblioteca del Congreso de Estados Unidos con su colección fabulosa de 130 millones de tomos. Durante los diez años en que colaboré como comentarista para el *Handbook*, me fue posible reseñar cientos de libros, antologías, colecciones y artículos, muchos de los cuales tenían que ver con Argentina. Tampoco quiero pasar por alto la revista *Gestos:*

Teoría y Práctica del Teatro Hispánico, fundada por Juan Villegas en la Universidad de California, Irvine, en 1986, que ha publicado no sólo varios estudios muy valiosos sobre Gambaro (Giella, 3/87 y Scott, 15/93), Puig (Boling, 5/88 y Stavans 13/92), Florencio Sánchez (Golluscio de Montoya, 6/88), Pavlovsky (Bixler, 13/92), Halac y Torres Molina (Graham-Jones, 20/95), sino las perspectivas panorámicas de Hernán Vidal sobre el legado histórico del Teatro Abierto 1981, así como el comentario de Osvaldo Pellettieri sobre la postmodernidad y tradición en el teatro actual de Buenos Aires. Una política más amplia de *Gestos* (que no tiene *LATR*) es la publicación de textos originales, y durante estos años ha hecho conocer tres: *Los hijos del terremoto* de Osvaldo Dragún (2/86), *Triste golondrina macho*, una obra inconclusa en dos actos de Manuel Puig (13/92), y *Compañía* de Eduardo Rovner (9/90), siendo este autor el fenómeno de la promoción reciente que ha alcanzado fama internacional con *Volvió una noche*, pieza que no se conoce muy bien todavía en Estados Unidos a pesar de varios esfuerzos valientes para encontrar un productor.

Aunque sigue siendo deficiente el conocimiento del teatro argentino en Estados Unidos, hay cada vez más evidencia de actividades especializadas. El libro de Pellettieri y Woodyard estudia las relaciones entre el teatro norteamericano y el teatro argentino por medio de diez ensayos, cinco escritos por argentinos y otros cinco por norteamericanos, uno de los cuales considera el teatro argentino en las universidades norteamericanas. Para el número especial de *LATR* (27/1) dedicado a la pedagogía teatral en América, Roberto Perinelli explica la función de la Escuela Municipal de Arte Dramático de Buenos Aires, mientras Juan Carlos Gené toma una perspectiva más amplia de CELCIT en organizar y promover actividades teatrales.

En conclusión, se observa que el nivel de actividad ha quedado bien alto, y que la calidad de las piezas teatrales, los montajes, y la investigación y promoción de todas las actividades teatrales es igualmente fuerte y firme. Aunque las comparaciones son siempre odiosas, no es difícil observar que el teatro argentino, comparado con otros teatros nacionales, incluso con Estados Unidos, se mantiene en lugar prominente.

Bibliografía

Dauster, Frank, Leon F. Lyday and George Woodyard. 1981. *9 dramaturgos hispanoamericanos*. Ottawa: Girol (revised 1997).
Gestos: Teoría y Práctica del Teatro Hispánico. 1 (abril 1986) a 20 (noviembre 1995). Juan Villegas, director. Irvine: Department of Spanish and Portuguese, University of California.
Glickman, Nora y Gloria Waldman.1996. *Argentine Jewish Theatre: A Critical Anthology*. Lewisburg: Bucknell University Press.
Holt, Marion and George Woodyard. 1986. *Latin America: Drama Contemporary*. New

York: PAJ Publications. [Antología con traducciones al inglés de cuatro piezas, incluyendo *El beso de la mujer araña*].

Lockhart, Darrell B., (ed.) 1997. *Jewish Writers of Latin America: A Dictionary*. New York and London: Garland Publishing, Inc.

Latin American Theatre Review. 18/2 (Spring 1985) a 29/1 (Fall 1995). George Woodyard, editor. Lawrence: Center of Latin American Studies, University of Kansas.

Lyday, Leon F. and George W. Woodyard. 1976. *Dramatists in Revolt: The New Latin American Theater*. Austin: The University of Texas Press.

Pellettieri, Osvaldo y George Woodyard, editores. 1996. *De Eugene O'Neill al "Happening": Teatro norteamericano y teatro argentino 1930-1990*. Cuaderno del DE-TEA N° 6. Buenos Aires: Editorial Galerna.

Woodyard, George. 1996. "The Theater of Roberto Cossa: A World of Broken Dreams." *Perspectives on Contemporary Spanish American Theatre*, edited by Frank Dauster. Lewisburg: Bucknell University Press.

LA DRAMATURGIA DE LAS PROVINCIAS

Liliana Iriondo
(Coordinación)*

Introducción

Un artículo sobre la escritura dramática en las provincias presupone, desde un comienzo, que hablaremos de dramaturgia argentina. Sin embargo, e inevitablemente, impone situarse a cierta distancia de lo que produce Buenos Aires, referente ineludible del denominado "teatro argentino".

Mirar desde otro lugar el proceso artístico al que vamos a referirnos implica considerar algunas cuestiones que se convierten en insoslayables: una de ellas es la escasa vinculación interprovincial, la otra, es la marcada dependencia estética de la dramaturgia porteña. Esta relación estrecha desde el interior hacia la capital instituye una manera de centralización de la cultura, y por ende de la producción artística, que permite a la ciudad puerto operar como el lugar/espacio social donde se concentran y desde donde se distribuyen las innovaciones estéticas. Así, fuertes desequilibrios se presentan en las provincias, más alejadas entre sí por la distancia cultural que por el alejamiento geográfico.

Donde quiero detener la mirada es en la dimensión histórica-social que atraviesa y condiciona dicha producción. En este último sentido señalaremos que la realidad teatral de las provincias manifiesta una gran heterogeneidad en

---

* Colaboraron en la investigación: Nicolás Fabiani, Eduardo Chiaramonte, Teresita Fuentes, Mariana Gardey, Liliana Iriondo (Buenos Aires), Mabel Brizuela (Córdoba), Graciela González de Díaz Araujo, José F. Navarrete, Beatriz Salas (Mendoza), Graciela Balestrino de Adamo, Marcela B. Sosa (Salta), Juan A. Tríbulo, Susana Santos (Tucumán).

la utilización de criterios estéticos, la superposición de diferentes prácticas y la convivencia de variadas textualidades (dramáticas y espectaculares). Si bien Córdoba, Mendoza, Tucumán y Santa Fe expresan una fuerte tradición escénica, en cambio en la región patagónica o en el noreste, para dar dos ejemplos, se está consolidando dicho quehacer.

El presente artículo se propone como una mirada general y, a la vez, cercana sobre las propuestas estéticas de los dramaturgos de las provincias en los últimos diez años. Los autores y textos dramáticos provincianos serán considerados en estrecha relación: como elementos constitutivos del hecho teatral y como expresiones poéticas de una realidad que los vincula a su lugar y a su tiempo. Empero el intento de sistematizar la información recibida a través de investigadores de las respectivas regiones del país no debe eludir el enfrentamiento con ciertas limitaciones que abarcan cuestiones de orden teórico metodológico y se extienden hacia tópicos de naturaleza práctica.

Pese a las reservas enunciadas creemos que la diversidad implica riquezas siempre que no se pierda de vista un panorama general. Así, se han seleccionado los dramaturgos según su trayectoria, la continuidad de su producción, la obtención de premios y distinciones, la cantidad de representaciones de sus obras y, en algunos casos, hemos señalado el trazado de cambios en su proceso de creación; los alcances de tales rupturas formales sólo podrán ser evaluados en próximos estudios. Nos cabe en esta oportunidad la pretensión de armonizar el material enviado encontrando sus particularidades y algunas constantes. Buenos Aires, Córdoba, Mendoza, Salta y Tucumán estarán representadas; la dramaturgia de estas regiones constituye sólo una muestra, inacabada por cierto, pero significativa de un vasto espacio de creación que abarca a nuestro país.

Una lectura posible sobre la variada producción presentada nos plantea algunos interrogantes que intentaremos responder. ¿Se pueden esbozar tendencias poéticas en las búsquedas y utilización de procedimientos escriturarios por parte de los dramaturgos y los textos estudiados? La vinculación con el entorno más cercano ¿en qué medida aparece representada en ellos? Las alusiones hacia lo local o autóctono ¿nos induce exclusivamente a pensar en una dramática regional? ¿cuánto existe en ella de una visión de mundo sobre lo universal?

Buenos Aires

La dimensión geográfica de esta provincia, su compleja configuración en tanto conurbano bonaerense y la suma de numerosos núcleos urbanos con enormes diferencias culturales, nos plantea ciertas dificultades. El mayor obstáculo lo constituye la imposibilidad de aprehender la dramaturgia de toda la provincia. Pese a ello consideraremos la producción de reconocidos autores de las regiones del centro y del sudeste; Bolívar, Mar del Plata y Tandil.

Duilio Lanzoni (1962-Bolívar) tiene una nutrida actividad en el campo teatral bolivarense desde los años ochenta. Su heterogénea formación profesional reune el tránsito por la Escuela Municipal de Teatro (Bolívar), estudios en el Profesorado de Literatura (Tandil), y diversos cursos sobre escritura y dirección teatral en ámbitos como el Instituto de Profesorado de Azul y la Escuela Superior de Teatro de la Universidad Nacional del Centro de la Provincia de Buenos Aires. Como activo participante en su espacio cultural le pertenecen la idea, realización y coordinación general de los Encuentros de Teatro de Bolívar (desde 1987 hasta la actualidad). Su realización como actor y director ha sido prolífica.

En el rol de dramaturgo ha producido diecisiete textos hasta 1996, de los cuales, cuatro poseen temática infantil: *Las bondades de la gimnasia. Relato infantil mimado* (1982); *El país de la imaginación. Relato infantil mimado* (1983); *Había una vez una bruja. Relato infantil mimado* (1984); *y Osías en el reino del revés, historia y compaginación de canciones sobre personajes de María Elena Walsh* (1991), tres son versiones libres de obras de autores argentinos: *El huevo de Pascua* (versión libre sobre *El avión negro* de Cossa, Talesnik, Rozenmacher y Somigliana), en colaboración con Marcelo Valdés (1988), *Los indios estaban cabreros* (versión libre sobre la obra homónima de Agustín Cuzzani) (1989), *La fiaca* (versión libre sobre la obra homónima de Talesnik), en colaboración con Marcelo Valdés (1993).

De las restantes, han sido premiados: *Historias de irse siempre* (1989), Premio "Juan Moreira Especial del Jurado" del Tercer Encuentro de Teatro de Bolívar y Primer Premio en el "Concurso de Autores Regionales de Teatro Bonaerense de 1990: Nemesio Trejo", organizado por la Comedia de la Provincia de Buenos Aires; *Cuatro gatos locos* (1990) Premio a "Mejor Obra Regional" en la Sub-sede Bolívar del Festival Provincial de Teatro 1991 y *Pampa del infierno* (1994) Primer Premio en el "Certamen literario Provincial Dr. Alfredo Roggiano" de la Municipalidad de Chivilcoy, 1995, también el "Juan Moreira Especial del Jurado" en el Octavo Encuentro de Teatro de Bolívar - 1995- y una Mención Especial en el "Concurso de Dramaturgia" del VIII Encuentro de Teatro Marplatense.

Completan su producción dramática: *El fusil de madera* (1983), *Inevitable final de obra* (1984), *El círculo gris* (1986), *La culpa del chancho* (1988), *Metáforas* (1992), *ArteCon Música* (1995), *ArteCon Recuerdos* (1995), *ArteCon América* (1996).

Nos acercamos a dos de sus textos: *Historias de irse siempre* y *Pampa del infierno* pues creemos que nos permiten delinear algunos rasgos de la evolución de su poética. En *Historias de irse siempre* (1989) se presentan una serie de sketchs enlazados por un narrador, el Duende, junto a personajes representativos de cualquier pueblo del interior del país: el Cholo, el Negro, el mozo en la mesa del café, las vecinas, los notables, los profesionales, los miembros de una familia, etc. El desempeño de los mismos evidencia un deseo dual y contradictorio, la impaciencia por huir de la monotonía del lugar y al mismo tiempo la intención de quedarse en "su" lugar. El sujeto de la acción es un personaje simbólico: el Duende, quien busca recuperar, rescatar al pueblo de ser rematado, y lo logra a través del restablecimiento de la ilusión, de los sueños y de la imaginación como motor del progreso. El destinador es la visión de mundo del autor instalada en la idea del progreso socioeconómico y el destinatario es todo el pueblo. Funcionan como oponentes el rematador y el pueblo mismo, en el comienzo, que hacia el final se convierte en ayudante.

En el nivel de la intriga, la causalidad es implícita. Con respecto a los procedimientos observamos una interesante combinación de recursos provenientes de distintas poéticas. Desde el realismo se advierten los niveles de prehistoria, la escena y el encuentro personal que es transgredido a través del chiste. De la poética brechtiana la presencia de un personaje narrador, pero difiriendo de la función que le otorgaba Brecht; en este caso se trata de un movilizador del pueblo, cuyo discurso está cargado de sentimientos y emociones.

La utilización del discurso poético por parte del Trovador y el baile final con el texto "El país del interior" de Teresa Parodi cumplen una doble función: distanciar y, al mismo tiempo, involucrar afectivamente al receptor. En el texto, el Duende, como portavoz del autor, funciona como personaje embrague, y por él pasa el punto de vista de la obra. En el aspecto verbal y en el discurso mediato predominan las funciones apelativa, emotiva y referencial. Los parlamentos de los personajes presentan el código social de grupos populares y de clase media urbana, los obreros, las vecinas, los políticos, el profesional, entre otros. En ocasiones está presente la heterogeneidad del discurso, pero las funciones que cumple son diversas: distanciar, producir comicidad, darle un matiz poético al texto.

En *Pampa del infierno* (1994) un conjunto de diablos con caracteres gauchescos/rurales, en medio de la pampa reciben a un Finao, recién llegado, y mientras le presentan el infierno en el que viven, buscan convencerlo para que se quede con ellos. Aparecen en este tránsito otros personajes designados como el Aburrimiento I, II y III y la Mina que lo invitan a huir. Finalmente El Finao es convencido por los diablos y pasa a ser uno de ellos, cuando aparece un Finao Nuevo y se reitera la primer escena. Durante todo el desarrollo de la obra el personaje Crítica (la crítica de espectáculos) está presente y realiza acotaciones distanciadoras.

El sujeto es colectivo: son los diablos y el Finao que buscan quedarse y sentirse parte del lugar, primero por resignación y, por último, por elección. Las actancias de destinador y destinatario se presentan vacías, mientras que en la de ayudante encontramos hacia el final al Finao y como oponente, a los demás personajes, es decir, Aburrimiento I, II, III.

En el plano de la intriga casi desaparecen los procedimientos realistas y pasan a primer plano los recursos brechtianos: se proponen personajes distanciadores, tales como Crítica y Mina. Se presenta una historia circular como recurso apropiado del absurdo. El grupo de los diablos funciona como personaje embrague, y por ellos pasa el punto de vista de la obra.

En el aspecto verbal, en el discurso mediato predominan las funciones apelativa y emotiva. La función poética se presenta en los textos de una milonga, una chacarera y la canción del final. Ambientada en la pampa, los personajes de los diablos manejan la lengua rural, aunque por momentos su discurso se subjetiviza y en los parlamentos aparecen mensajes e ideas elaboradas para dejar pensando al espectador.

Entre las *Historias de irse siempre*, subtitulada "Tragicomedia en un éxodo" y *Pampa del Infierno*, "Historieta teatral", Duilio Lanzoni elabora y multiplica los procedimientos teatralistas en una búsqueda estética de mayor expresividad creativa. Sin embargo, la tesis realista no deja de incluirse en las propuestas. Una lectura desde el nivel semántico nos permite observar una fuerte revalorización del espacio compartido junto a los otros, la necesidad del refugio en los sueños, los recuerdos y los deseos, para hacer de la existencia en una pequeña ciudad del interior del país una aventura emocionante, productiva y beneficiosa.

Nos ocuparemos en este espacio de los dramaturgos de Mar del Plata —de acuerdo con las categorías que venimos utilizando en la investigación sobre el "Teatro Bonaerense"— de los "locales" y de los "emigrantes" (Fabbiani, 1995) en su condición de autores. Actividad en muchos casos compartida con la de director teatral. En esta entrega haremos referencia a dos de ellos, Marcelo Marán, quien responde a esta doble labor, en tanto que Beba Basso se identifica fundamentalmente como dramaturga.

En el caso de Beba Basso, nos encontramos con una autora nacida en Buenos Aires y emigrada en 1945, cuyo interés por el teatro es compartido por una formación cinematográfica en la Escuela Nacional de Cine de la Universidad Nacional del Litoral, en Santa Fe, junto a Fernando Birri.

Su producción arranca "a partir de la dictadura" y de "una necesidad personal muy intensa de guardar memoria". Y luego su participación en un extenso seminario que, a mediados de la década del 80, dictaron Ricardo Halac y Cernadas Lamadrid. Completa su formación con Roberto Vega (Teatro Popular y Animación de base), y con Jorge Laureti (Dirección teatral).

Entre sus primeras obras llevadas a escena, se destaca *Soltando amarras* (1988), con dirección de Eduardo Caracoche y escenografía de Ernesto Parisse. Con el trabajo en equipo se consiguió un efecto de "plexo solar", que no surgió de la mente. "El teatro de ideas me parece bien para Ibsen", declara. Intenta atraer al público "con cosas muy claras y sin explicaciones" porque sus ideas están en la acción y en lo que el público capta visualmente. Su estrategia es generar un espectáculo "interesante" y parte del concepto de que el espectáculo "es siempre entretenimiento".

En *Gardel... no te rindas* (1989, Teatro Auditorium), propone un grotesco actual en el que un afuera caótico, agresivo (poblado de juegos electrónicos, monitores de televisión, semáforos, reflectores y humo de recital) es el cerco de un *adentro* en el que se recrean el espacio y los personajes del sainete, parcialmente actualizados: un gallego emigrado a causa del "destape", un travesti, prostitutas, proxenetas, ladronzuelos, un abogado cruel y un médico exonerado y traficante de drogas, en el ámbito del patio de una pensión usurpada. La acción gira en torno al problema del desalojo y propone como temas principales la memoria del horror bajo la dictadura, el rescate de valores como la solidaridad, la autenticidad y la familia (con un Gardel-Jesús que resucita para redimir la sordidez de los habitantes de la pensión), en tanto que condena el poder de los medios de comunicación, la intolerancia y la discriminación sexual. El registro dialectal, caracterizado por el uso de un léxico proveniente del tango y del sainete ("mamúa", "turrita", "gayola", "zabeca", "sapa") produce una tensión con el desarrollo de tópicos como el auge gay, el travestismo, la droga, las divas de la televisión o Felipe González que, quizá, debiera ser resuelta con un tratamiento claramente apartado del realismo, que desde el texto sólo se vislumbra parcialmente.

Otras obras son: *Te recuerdo Azucena, Son cosas olvidadas, Abrojos azules*, además de algunos monólogos y obras breves, que completan una producción que apunta al futuro.

Marcelo Marán también responde a una influencia familiar, a algo así como una vocación profunda cuyos lazos le importa poner de relieve. Es bisnieto de Orfilia Rico, uno de cuyos hijos, su tío abuelo, estaba casado con María Esther Podestá.

De suma importancia para la experiencia teatral de Marán fueron, sin duda, los dos viajes al exterior, que le permitieron reconsiderar su propia actividad y marcar un término de comparación con la del medio local. En 1993 fue invitado por la Escuela Internacional de Teatro de Cuba y participó en los talleres de Carlos Cuevas. En 1994 asistió, en México, a los cursos de José Sanchis Sinisterra. Es, sin duda, el autor más prolífico. Entre sus obras destacamos: *Esponsales, El país de la cebolla* (Premio "Mejor Autor Regional", Comedia de la Provincia de Buenos Aires), *Si tocás Calcuta* (Premio "Estrella de Mar", 1989), *La salvación eterna* (presentada en 1994 en la sala Cunill Cabanellas del Teatro General San Martín de Buenos Aires), *Pesic* (performance con treinta actores), *El sacrificio* (ganadora regional de la Comedia de la Provincia de Buenos Aires), estas dos últimas con dirección a su cargo.

Se define a sí mismo como ecléctico. Cree en lo espectacular: "A la gente sí hay que darle espectáculo", nos dijo en una entrevista (1995). Pero esto debemos ubicarlo en el contexto en que fue expresado. Lo espectacular –en una ciudad como Mar del Plata– debe ser entendido como una manera de atraer a un público que difícilmente se moviliza en la temporada invernal para ver teatro que durante el verano puede asistir a las grandes producciones que proceden de la Capital Federal (sin que vaya en esto un juicio de valor). El propio Marán reconoce que en el medio marplatense muchas veces se ha ahuyentado al público con malas producciones. Claro está que existen razones que asume como propias de este mismo medio, y a las que él mismo no escapa: "No tenemos maestros acabados; hay mucha improvisación; no hay una producción; no hay público; no hay nadie que nos pague, ni colaboración del Estado" (Entrevista: 1995).

Un ejemplo del interés por el espectáculo puede constituirlo *La histórica histérica historia del teatro*, estrenada en Mar del Plata en abril de 1994. En ella la acción es jugada por sólo dos personajes que, a su vez, definen dos ámbitos (el teatral y el de la vida cotidiana) y dos niveles culturales. Esos personajes asumen sucesivamente diversos roles: desde los dos fingidos ciegos del comienzo (los personajes deben ser interpretados por dos actrices) y que definen un mundo de picaresca, pasando por dos actrices, luego por Marilín y Pichocha, más adelante por los personajes que propone la intertextualidad con los autores clásicos, para desembocar, finalmente, en Marilín y Pichocha. La confusión que provoca esta alternancia en el espectador es deliberada.

La intriga básica, cuya motivación central reactualiza la urgente necesidad de la picaresca (saciar el hambre), se entreteje (desde el encuentro inicial entre los fingidos ciegos) con la intertextualidad que se plantea en toda la obra, un aproximadamente "histórico" recorrido por fragmentos de los trágicos griegos hasta Shakespeare, pasando por Calderón, autos sacramentales, la Commedia dell'Arte, entremeses cervantinos, etc. Textos que se actualizan en función de la validez de su problemática. El texto propiamente dicho suma un aspecto verbal del que extrae rasgos humorísticos a partir de la mezcla y del enfrentamiento de los niveles de lengua tanto de los personajes como de los textos citados, a los que se suman barbarismos, lunfardismos, deformaciones sintácticas y fonéticas. Todo esto pone en evidencia esa búsqueda de un espectáculo variado a la que aludíamos y a la que el autor apunta con las continuas transformaciones de las actrices en sus distintos roles, más la constante aparición de los más diversos elementos (un pollo, un lavarropas, una cocina cuyas perillas de hornallas de pronto se convierten en las de una radio que reproduce un texto de Romeo y Julieta en inglés, una torta, morcillas, un sandwich, etc., etc.), elementos que contribuyen "histéricamente" a atraer la atención del espectador.

De este primer abordaje a los autores locales extraemos algunas conclusiones a modo de síntesis. Participan de una creencia común: adhieren a una postura ecléctica (entiéndase bien, no un *todo vale*). Pero se diría que lo hacen a partir de otras creencias más profundas: la necesidad de expresarse en libertad; la prioridad concedida a la satisfacción de una necesidad interior; la atención puesta en el público, el interés por atraerlo con la propuesta espectacular; quizá también, suponemos, la aceptación de un eclecticismo más general, al que se adhiere en este fin de siglo.

Por la producción artística en el área teatral y por considerarlos representativos del mundo cultural de Tandil destacaremos a Julio Varela y Raúl Echegaray.

La producción dramática de Julio Varela (1953) abarca un corpus compuesto por *Vida, Pasión y Muerte de Nuestro Señor de Todos los Días, Sociedad protectora de hombres* (1976), *Pasión de multitudes* (1980), *Circus* (en colabor.,1982), *Matineé* (1983), *Aldeas y Universos* (1985), *¡Qué cruz la de Sauce Tumbado!* (1985/1987), *Epopeya* (1987), *El bailongo* (1987), *Llévame volando a la tierra, Sube y baja* (1986), *Los santos segundones* (1991) y *Progreso y Arana* (1991), entre otros textos, la mayoría de ellos llevados a la escena. Nos interesa recuperar la evolución de su dramaturgia y reconocer las señales que la vinculan a lo social, en este caso representado por una comunidad de tipo intermedia, sin desconocer las inevitables proyecciones hacia ámbitos mayores.

Tomamos como textos representativos de su producción a *Matineé* (1983), *Epopeya* (1987) y *Los santos segundones* (1991).

Matineé nos presenta a un grupo de amigos, ya pasada la adolescencia, que se encuentran frente a la puerta de un cine y disfrutan con cierta nostalgia recorriendo tranquila pero dolorosamente los recuerdos de situaciones vividas en común. *Epopeya* reúne en escena a los personajes típicos de cualquier pueblo del interior que entre astiados e inquietos, buscan, porque lo necesitan, un héroe para la comunidad. *Los Santos Segundones* plantea el encuentro imaginario de una serie de individuos que transitaron sus vidas detrás de otras figuras ilustres de la cultura nacional y universal sin lograr tener un espacio propio.

Si consideramos el conjunto de las obras analizadas, se advierte desde el nivel de la acción o la estructura profunda que en todos los casos el sujeto es colectivo. El objeto de su deseo aparece expresado como la necesidad de encontrarse con los otros y recordar tiempos mejores, la construcción de la identidad para emprender un proyecto vital con los otros, encontrar la propia memoria perdida y crear héroes, obtener una reivindicación para los seres considerados de segunda categoría y encontrar la felicidad en el amor y los sueños. Las principales funciones del sujeto, que se reiteran permanentemente, son: esperar y aburrirse, reflexionar, recordar y soñar, amarse, acordar.

A nivel de la intriga, en todos los textos la causalidad es directa, lógica y temporal, a pesar de algunos raccontos que operan como activadores de los recuerdos. Es en este plano del análisis donde se encuentra la mayor variación y amplitud en los procedimientos escriturarios. De todos modos, el principio constructivo casi no se transforma: es el encuentro personal reformulado y transgredido a través del chiste verbal y lo sentimental que articulan la trama.

En *Matinée* el sistema de personajes reconstituye un conjunto de relaciones cercanas y reconocidas de un barrio cualquiera en un pueblo del interior: son personajes referenciales, remiten a los amigos de la infancia y la adolescencia, la novia de la juventud, entre otros. A partir de *Epopeya* encontramos algunos indicadores del cambio formal, por ej. el sistema de personajes está constituido por roles sociales y papeles simbólicos, abriendo el imaginario ficcional a los integrantes de una comunidad hipotética: el Alcalde, la Maestra, el Señor de Ramos Generales, el Filósofo, el Heladero, etc. junto al Trombonista, Papá Noel y María de los Angeles. Estamos, entonces, ante personajes tipos y estereotipos sociales que refieren a recursos apropiados del expresionismo de origen alemán (y de la cinematografía), combinados con personajes que expresan artísticamente ideas y convencionalmente estilizados.

En relación a *Los santos segundones*, en el sistema de personajes se observa que todos ellos envían su sentido hacia lo simbólico: lo conforman Alfredo Le Pera, un muerto ilustre pero no tan recordado; varios dibujos de historieta, Luisa Lane, Robin, el Coyote, el Gato Silvestre; un personaje de la literatura, Rocinante y uno simbólico, el Angel "enamorado"; todos ellos con características humanas y envueltos en la posibilidad de una reivindicación para su posición de seres de segunda condición.

En cada uno de estos textos, estos personajes funcionan como personajes embrague, y a la vez por ellos pasa el punto de vista de las obras. Hay numerosos recursos utilizados como la música, los bailes y el recitado de poesías, los que establecen, por un lado, distancia/adhesión emocional respecto del espectador y, por otro, conforman un ambiente de irrealidad/realidad entre lo que ofrecen las situaciones dramáticas y el planteo profundo del texto. Se advierte entonces, en la selección poética, en *Matinée* un texto realista que se combina con elementos del melodrama y de la parodia.

A partir de *Epopeya* y de la variación de los procedimientos mencionados, nos encontramos con un teatro que fusiona elementos expresionistas y avanza hacia el simbolismo (*Los santos segundones*), sin dejar en ningún momento de aludir a la realidad.

En el aspecto verbal encontramos, en el primer texto, el predominio de las funciones referencial, apelativa y la emotiva (discurso mediato); en *Epopeya* y *Los santos segundones* se pierde la función referencial en beneficio de las función emotiva en el primer caso y para acentuar la función poética en la segunda.

Si interpretamos lo analizado y exponemos el nivel semántico se advierten algunas tesis que pueden expresarse como sigue:

1. La necesidad de recordar pese a tener una vida por delante; la importancia de aferrarse a los afectos.
2. ¿Es posible lograr la identidad? ¿Ser feliz? Se debe intentar construir grupalmente la historia del pueblo y, a través de los afectos y el amor, lograr la recuperación de la memoria.
3. Es fundamental obtener éxito, para ello hay que dejar de ser individuos/ ciudadanos/ pueblos de segunda categoría, no fracasar. El éxito facilita ser reconocido, ser amado.

En interesante la relación que surge de la lectura de estas tesis y el momento histórico que se vivía en la comunidad tandilense y en el país: 1983 hasta 1992. La sensación de rapidez sobre lo vivido y la necesidad de recuperarse a través de los recuerdos puede interpretarse como una alusión a la realidad que implantó el proceso militar que cercenó una etapa de la vida (cuando no directamente la vida) de muchos compatriotas.

La búsqueda de la identidad, tan cara a los argentinos, el necesario compromiso asumido con los otros como manera de encontrar mayor fuerza para cambiar lo social, refieren, a nuestro entender, a la primera etapa del gobierno radical, plena de ilusiones y de proyectos por desarrollar. Las desilusiones aparecidas en el final de esta etapa vuelven a engendrar como en un ciclo inacabado nuevas ilusiones, el deseo de tener renovados héroes, tal vez, la necesidad de pasar a un primer lugar. Lo cierto es que hacia fines de la década retorna, y con reforzado vigor, la desilusión ante la realidad presente. Sin olvidar el lugar que ocupó en el mundo el derrumbamiento de las ideologías/las utopías, y la crisis que se plantea frente a la caída de un discurso único, quedan como únicos refugios: los afectos y los sueños.

Raúl Echegaray (1953) define su actividad vital como una militancia que conjuga por partes iguales lo artístico y lo político. Podemos señalar, una primera etapa de su trabajo durante la cual se relaciona con el circuito oficial, fundamentalmente como actor de la Comedia Tandilense, las Estampas de la Redención y el Teatro Estrada, y se forma como director teatral en la Universidad Nacional del Centro de la Provincia de Buenos Aires, en los cursos de Dirección dictados en el marco del Teatro Universitario. Paralelamente se inicia como dramaturgo con *Por qué te quiero Buenos Aires* (1978), *Y fue por este río* (1979), *Viaje al fondo del sábado* (en colaboración con J. Varela y Daniel Dicósimo), *Tute Cabrero* –adaptación de la obra homónima de Roberto Cossa-, y *Tierra posible* (1983).

Su segunda etapa nace con la creación del grupo "El Tablón" en 1985, dirigido por Echegaray y dependiente de la Unidad Básica de Villa Italia. Sus integrantes no tenían experiencia actoral. Este grupo no mezcló el discurso partidista con la propuesta artística, aunque nunca resignó su identidad política. Dicha propuesta estaba dirigida a los niños, el barrio y la familia. Escribe entonces obras infantiles circulan por los barrios, los partidos de la zona, hasta llegar a la Carpa de la Cultura en la ciudad de Buenos Aires. En 1987 escribe *El dotor a lonjazos* -adaptación de *El médico a palos* de Molière- que se estrena en 1994.

La tercera etapa del autor se inicia con *A Doña Tenia entre todos, rajémosla de algún modo* (1991), obra es llevada a escena por "El Tablón" cuando el grupo ya no pertenece a la institución política que lo cobijara en su origen.

La propuesta político-ideológica de Raúl Echegaray aparece expresada en la visión de mundo virtual de sus textos, coincidente con su visión de mundo real, que se fundamenta en los siguientes valores y creencias: el trabajo, la coherencia entre el decir y el hacer, la justicia social, la unión solidaria, la fe, la verdad, el grupo o clase de pertenencia (familia, trabajadores), la concepción integradora de la cultura (la unión de lo culto y lo popular), todo lo cual hará posible la construcción de un proyecto nacional comunitario a partir de la democracia. Estéticamente, los procedimientos que textualizan dicha ideología son recurrentes en sus obras:
a) en la construcción dramática, se produce la transformación desde un estado del mundo donde imperan los valores negativos hacia el planteo del posible triunfo del bien;
b) los personajes se organizan siempre en un sistema maniqueo que lleva a la victoria de los valores positivos encarnados en un "héroe colectivo", figura que involucra incluso al público;
c) en el tratamiento del espacio cobra gran importancia el paisaje costumbrista local y la contextualización con una fuerte marca ideológica;
d) hay una consideración épica del tiempo dramático: las obras son una "gesta" en la que los personajes aspiran a concretar un proyecto de liberación y crecimiento comunitario sin olvidar las tradiciones y la identidad nacional;
e) el lenguaje es coloquial, costumbrista, y si bien predomina la función apelativa, es en ocasiones poético. Se rechaza lo extranjerizante a través, por ejemplo, del idioma inglés. Abundan los procedimientos cómicos, como las exageraciones, ironías, equívocos;
f) los códigos espectaculares integran lo verbal con lo cinésico (bailes, murga) y lo sonoro (música, canto) en una fiesta de lo popular.

El didactismo típico de su teatro es coherente con las características de los destinatarios del mismo: los niños, la familia, el pueblo marginado del circuito oficial de la cultura. Esto convierte en central la voluntad itinerante del grupo "El Tablón", que con su "teatro de la calle" salió con urgencia a intentar llenar las necesidades de un olvidado espacio cultural.

Córdoba

La década 1985-1995 es, quizás, una de las más destacadas en la historia del teatro en Córdoba. Por esos años, la ciudad mediterránea se convirtió, todos los octubre, en escenario del teatro latinoamericano, cuando teatristas y público participamos de las diez ediciones de los Festivales Nacional y Latinoamericano de Teatro.

Por esos mismos años, tres autores mantenían la continuidad de su obra, afirmados como dramaturgos, con una producción que no tuvo paréntesis, y que arrancaba de la década anterior, Miguel Iriarte, Raúl Brambilla y Ricardo Sued son tres nombres involucrados con el teatro cordobés en todas sus facetas: actores, directores y autores. También los tres, creadores de grupos o elencos que dejaron su huella -con estéticas diversas- en la geografía teatral cordobesa: el "Teatro del Boulevard" (Iriarte), la Asociación Teatral "La Banda Trama" (Brambilla) y "Teatro Hoy" (Sued).

Sus propuestas y tendencias son muy diferentes y, pese a que los tres han recorrido escenarios del mundo con éxito y talento (Iriarte, el Actor's Studio de Nueva York; Brambilla, "Rajatabla" de Caracas; Sued, el Théâtre National de la Colline de París), han regresado a Córdoba, la ciudad que se instaura como su punto de perspectiva, el lugar desde el cual miran el mundo, su espacio dramático y escénico[2].

Miguel Iriarte (1935) comienza su actividad teatral como actor. Luego, confiesa, "la necesidad me hizo ser director y, más tarde, la necesidad me hizo ser autor. No quería repetir textos de otros". Destaca como lo principal en el teatro a los "actores que cuentan una historia". El 1975 crea el *Teatro del Boulevard*, un ámbito donde se concentra buena parte de la actividad teatral de Córdoba y donde estrena sus obras. Esta etapa de la producción de Iriarte se caracteriza por el realismo costumbrista. Sus historias tienen "color local", el barrio y sus habitantes, seres anónimos y marginales, transitan por el ámbito escénico de *San Vicente super star* (1975) como por la vida, con sus carencias y apetencias; el cabaret se expresa en las *15 caras bonitas 15* (1976) "con sus risas y su llanto". "Quería hacer un teatro total por medio del costumbrismo" y crea personajes pintorescos que producen humor en el público, pero que a él le producen compasión y dolor. Sin pretenderlo, tal vez, instala el teatro "cordobés" en el escenario del Boulevard, que luego se proyecta a toda la provincia y al resto del país. Pero la vigencia de su teatro no radica sólo en esas estampas de costumbres, sino que se funda en esa mirada compasiva y dolorosa, pero también crítica, sobre una realidad socio-cultural que le duele y necesita mostrarla, comunicarla.

Si comenzó a escribir para no repetir textos ajenos, tampoco acepta convertirse en un mero repetidor de los textos propios. Por eso, su última producción se centra en la imagen. "No quiero texto, quiero imágenes, no quiero historias ampulosas ni dramáticas ... Yo necesito otra cosa. Me interesa contar historias con imágenes ... (Iriarte, 1997). Traslada al teatro la imagen plástica, la luz y el color de la pintura, su otra pasión, sin menoscabar la estructura dramática que consiste, para él, en "una acción que produzca una reacción y,

como resultado, una situación".
Su última producción es variada en estilos y géneros. Las imágenes definen la nueva estética de Iriarte: sorpresivas siempre, a veces absurdas, musicales, alegóricas o surrealistas, y, también, costumbristas. De ellas surgieron *La roja* (1994) basada en un cuento suyo que convirtió en teatro-danza con la historia "de la mina que vive con remordimientos en un ambiente de misterio"; *El camino real* (1996) "opereta de los poetas del totoral, mezclada con los fantasmas de aquella colonización"; *El violinista cantor* (1996) absurdo que presenta "el momento actual", una "crítica a nosotros mismos" y *Black Tango* (1996) un "sainete cordobés" con el que vuelve al costumbrismo desde su nueva estética.

La síntesis expresiva del teatro de Iriarte intenta lograrse en la simbiosis de imagen y palabra. Todas las formas son válidas en la medida que "cuenten una historia", desde el subtexto más que desde el texto dicho. Su aspiración de un teatro total parece darse ahora por vía de la confluencia de formas y estilos: el teatro-danza, la opereta, el absurdo y el sainete le permiten desligarse de la "historia completa" para rescatar el instante de la imagen: la realidad que pasa, "como un video-clip".

Raúl Bambrilla (1956) inicia su labor autoral en la década del ochenta, luego de una experiencia actoral previa. *El corazón en una jaula* (1982) es la obra que tomamos como punto de partida, y que él mismo dirige con la Comedia Cordobesa en su estreno de 1983. Esta pieza marca también el estilo "cinematográfico" de Brambilla ya que, en su origen, fue un guión para cine.

Señala que "el teatro más teatral es principalmente metafórico", lo que logra con *Un corazón en una jaula*, una alucinada y mágica metáfora sobre la libertad de creación del artista.

Con *El gran Ferrucci* (1984) buscó la teatralidad "por la deliberada exageración del trazo de la obra ... lo que había sido un intento de novela negra irónica ... se transformaba en una especie de grotesco ('historieta urbana'); ese trazo de 'comic', creía yo, le daba su categoría teatral". *Tristes gatos* (1985), en cambio, fue una "experiencia distinta", ya que Brambilla trató de "respetar el trazo realista del guión y encontrar la teatralidad en la puesta y en la emoción", con personajes que eran como "caminantes de una pesadilla" y que, dentro de ella, "actuaban con absoluta normalidad". Con *Cómicos* (1986) Brambilla no parte ya de un guión cinematográfico sino "de un esquema de escenas que adquirieron, por primera vez, verdadera forma en el teatro, había una unidad de acción y una unidad de espacio aristotélicas, quizás, por primera vez", dice el autor.

Este despegue del guión de cine le permite escribir *Sueños* (1988) "directamente para el teatro". Paradójicamente, esta será la última obra que dirija con su grupo de teatro independiente, la Asociación Teatral "La Banda Trama", creado en 1984, que se disuelve en 1990 luego de un remontaje de *El corazón en una jaula*. Esta se constituye en la obra eje de la dramaturgia de Brambilla, con la que inicia su labor de creación escénica (autor y director) y la cierra, entre 1983 y 1990. Obra que revela, poéticamente, los azarosos caminos de toda creación artística en libertad.

Brambilla continúa su labor autoral con obras escritas para el teatro que no llega a estrenar, como *La clásica rascada* y *Estreno* de 1988, y *Una noche de amor, sexo, pasión fatal y un intento de asesinato en el Hotel Continental* (1995). En 1991 escribe, conjuntamente con el venezolano Marco Purroy, *Volver a Guayaquil*, sobre el encuentro de San Martín y Bolívar, con un particular proceso de reescritura, que no alcanzó el texto acabado. Paralelamente, continúa dirigiendo (actualmente a la Comedia Cordobesa) pero, esta vez, "textos ajenos".

La estética de la libertad se nos revela en la obra de Brambilla a través de esos guiones que alcanzan categoría teatral en un proceso natural de trasmutación formal que va surgiendo libremente, sin estructuras ni temas prefijados. Cuando logran la forma dramática sus obras quedan en el texto escrito, sin llegar a la escena. Brambilla ha iniciado un nuevo ciclo, y mucho hay en él de ese esperpéntico *Viejo mago ya sin fuerzas* (1985) como de la magia de luz y palabra de *El corazón en una jaula* (1982).

Ricardo Sued (1958) se inicia también como autor dramático en 1980 con *Hombres palomas*, que surgió de la unión de diversos poemas. Esta impronta lírica continúa en su producción posterior, combinada con otras formas expresivas que le permiten lograr una mayor teatralidad.

La idea original "intenta ser un canalizador de una determinada situación social" como en la ópera rock *El espectáculo va a comenzar* (1984), otras veces surge de la necesidad de "poder dar a luz mi propio diálogo interno" como en *Vamos niño* (1986), donde un observador imparcial desnuda a los personajes, y a él mismo, "sin juzgarlos ni analizarlos".

Al comenzar los noventa, Sued inicia la búsqueda de lo teatral desde la creación colectiva:

> Partir de un tema que por distintos motivos pulsa en el corazón: la oscuridad (*Caramelo de limón*, 1992), los sueños y la ausencia de espectador-actor (*Showquiatricoshock*, 1990), o la virtualidad de nuestra existencia (*El sonido en el espejo*, 1994).
>
> Un tema, un espacio vacío, los actores, el grupo técnico y la creación siguiendo ese impulso del corazón, siendo fiel a éste más allá de cualquier idea o predeterminación.

Su última producción -*Queen (una visión)* (1995), *Bonbon Acidule* (1996) estrenada en París en el Théâtre National de la Colline, *La muerte del ángel* (1997)- mantiene la vertiente poética de todo su teatro, la creación que surge libremente, sin ataduras formales, a instancias del corazón más que de la razón. Ricardo Sued escribe teatro con el pulso de su corazón pero también con la certeza de que hay un espacio que debe llenarse con la palabra o el silencio, con el sonido o la visión, en ese punto de encuentro con el espectador: la mágica y misteriosa "sabiduría oculta" que los une.

Mendoza

La dramaturgia mendocina de los últimos diez años destaca los nombres de un grupo importante de autores, entre los que se pueden señalar a Elvira Maure de Segovia, Susana Tampieri, Ramón Abdala, Alberto Atienza, Manuel Corominola, Roberto Torres, Fernando Lorenzo, Mary Sclar, Mariú Carreras y Sonnia de Monte. El presente trabajo se centra en los nombres de los autores cuyas obras han sido más representadas o han recibido premios o menciones especiales.

Fernando Lorenzo (1926) es autor teatral, actor, director, investigador, docente, poeta, narrador y crítico de arte. En colaboración con Alberto Rodríguez (h) publicó el drama *Nahuelquintún* (1963), estrenada por Walter Neira (1994), ilustrado por Enrique Sobish, basado en la novela *Matar la tierra*, del primer autor, abordando la temática indigenista. Posteriormente escribieron y representaron *Los establos de su majestad*, pieza histórica épico-brechtiana, dirigida por Carlos Owens en 1973.

Su obra permite la división en dos bloques. Uno de temática histórica, con una perspectiva crítica e ideológica definida, abarcador de *Nahuelquintún, Los establos de su majestad* y *Alice Moreau*, escrito con Silvia Ghilardi. Son textos sin acción real en los que la estructura de la obra depende de la elocución, del texto narrativo y poético que la reemplaza, con verbalización excesiva. Al segundo bloque pertenecen las obras publicadas en *Teatro 7*, innovadoras propuestas formales concebidas con miras al espectáculo, con criterios de "puesta en escena" del teatro del absurdo y de la crueldad. En *Cerrojo*, Ella se acerca a El (amante de su hermana muerta), pero no logra abrir el cerrojo real y simbólico que le impide salir a la calle o la vida y se condena al encierro. *Un lunes*, uno de los monólogos más logrados, sorprende con un mediocre hombrecillo que reflexiona en voz alta sobre la rutina de la oficina y los conflictos con el jefe. Plantea un insospechado final pleno de rebeldía, ironía y sarcasmo. *La conferencia* presenta un diálogo entre un disertante demente, enclaustrado y dos personajes femeninos, roles de enfermera y celadora, respectivamente. En la escena final, una de ellas, luciendo gorra militar lo estrangula por detrás, con una servilleta. El ambiente opresivo, ya sea cárcel de la represión u hospicio, o las cuatro paredes de un ámbito escénico cualquiera imaginado remite a la constante "alegoría de la prisión" reiterada en todas sus obras.

El concierto a fuego lento de la Señora Decroly presenta a una violinista ciega que prepara su éxodo a Canadá en busca de la fama y es sorprendida por una triste muerte, en el momento de partir. La obra coloca al descubierto las hipocresías de una sociedad determinada -la mendocina- y añade una reflexión mayor: la de un país doloroso, de sueños y realidades disímiles. Este monólogo satírico resulta el más extenso, agudo y entretenido. Los recursos de comicidad verbal, visual y de caracteres, la vacía repetición de formas lingüísticas, la reiteración de palabras remanidas y lugares comunes así como la transgresión de los procedimientos realistas mediante la parodia, lo acerca a lo absurdo. Fue dirigida por Walter Neira (1990) y obtuvo diversos premios.

Susana Tampieri de Estrella nació en Vicente López, Buenos Aires (1934) aunque por el ámbito en el que produjo y estrenó sus obras puede considerarse mendocina. Ha abordado las letras desde diversos ángulos: poesía, ensayo, narrativa, teatro y artículos periodísticos y varias de sus obras fueron publicadas. Entre las teatrales figuran *Cantando los cuarenta* y *La Formimaquia; Abzurdo; Pretérito imperfecto*. El corpus de obras estrenadas en Mendoza y el resto del país lo componen: *Esos muchachos revoltosos* (1965), *Las termitas y El pariente* (1967); *La imagen de Narciso* (1969); *Ante la puerta* (1975, en Buenos Aires); *Cantando los cuarenta* (1978); *A mi manera, El cumpleaños de Anna* (1979); *El sí de las abuelas* (1982); *Kaddish a cinco voces* (1983); *El rostro, Pretérito imperfecto, El sí de las abuelas* (1985); *El sí de las abuelas y Cantando los cuarenta* (1986, en Córdoba); *La Formimaquia* (1987, en Buenos Aires); *Para-Dojas* (1988); *Sólo para locos* (1989); *Ab-zurdo* (1990); *Cantando los cuarenta* (1991, en Tucumán y Buenos Aires y 1993 en Israel); *Una llave a las ocho* (1992).

En su producción dramática hay una gran diversidad de temas. *Esos muchachos revoltosos* muestra la oposición entre los ideales puros, permanentes y los que se transforman por conveniencia. *Una llave a las ocho* se inscribe en el llamado "teatro de tesis" y desarrolla una ferviente oposición a la pena de muerte. En *Cantando los cuarenta*, al igual que en las otras dos piezas, se evidencia su estética realista; aquí muestra –a través de la charla de tres amigas cuarentonas– sus fantasmas y cicatrices. En cambio, en casi todas sus otras obras Tampieri se expresa en un lenguaje de metáforas y estética absurda: *El rostro* presenta la represión y condena del que es distinto de los demás; en *La Formimaquia* se advierte una referencia velada a episodios de nuestra historia reciente; *El sí de las abuelas* trata de las dificultades del trasvasamiento generacional; en *Ab-zurdo* –Primer Premio Certamen Vendimia '90– se conforma una parodia de un país esquematizado por el poder y el miedo y en *Persona ¡je!* aparecen las dificultades de la creación teatral y los fantasmas-personajes que rodean al autor.

María Elvira Maure de Segovia (1929) ocupa un puesto relevante en la dramaturgia local por varios motivos: ha realizado una larga y eficiente labor de promoción y docencia del teatro, ha escrito y estrenado varias obras de diferentes tonos y géneros y, además, ha recibido distinciones y críticas favorables por su producción. ¿*Jugamos al gallo ciego?* (1975), *El casamiento de Mariana y Bajo llave* (1982) -premiada en Necochea y representada en Mendoza y Buenos Aires-, *Viento de otoño* (1984) conforman cuatro piezas de lenguaje y tono realista, se advierte la insistencia en la defensa del núcleo familiar, la relación de pareja, la necesidad de crecer sin condicionamientos para poder ser uno mismo, etc. *Tal cual soy o Un amor esdrújulo*, donde se vale del absurdo para expresar la necesidad del ser humano de mostrarse en profundidad frente al amor, fue representada en Buenos Aires en el ciclo Teatro Abierto '82 y también en Mendoza. En 1985 escribió el monólogo *Después del eclipse* y la pieza para niños *Galopes de madera*. También para niños son *El santo del naranjo* (sobre dos cuentos de Juan Draghi Lucero) y *La muela y los pasteles* (en colaboración), ambas estrenadas en Mendoza en 1979.

En su dramaturgia sobresalen: *El teorema* (1977) y *Alfonsina* (1989). En ambas expresa detalladamente los signos secundarios del texto, atenta a puestas de tono expresionista, casi épicos, suprime el telón de boca, sectoriza el escenario, se vale de tarimas en distintos planos, emplea luces cenitales para delimitar espacios, voces en "off" y sonidos de todo tipo como apoyatura de la acción, utiliza coro de figurantes, mimos, títeres, pancartas, estatismo de personajes, etc. Textualmente fragmenta el discurso en escenas aisladas o superpuestas y altera el orden temporal de los hechos. Además emplea el recurso del "teatro dentro del teatro" en vinculación directa con el conflicto del protagonista. Casi todos los personajes llevan nombres genéricos y se destaca la presencia del protagonista-narrador.

El teorema fue estrenada por el Elenco Universitario de Mendoza, resultó finalista del premio "Tirso de Molina" (Madrid) y mereció el premio Argentores 1977. A nivel de estructura profunda el protagonista trata de encontrar explicación —en los últimos minutos de su vida— a los hechos que marcaron su existencia, como si la vida fuera un teorema donde cada paso se apoya en el anterior. Dentro de la actancia oponente figura el plan de orden cósmico, superior, y no comprensible por nuestra pequeñez y fragilidad. Entre esos límites del nacer y del morir el héroe es destinatario de la traición de su esposa y de su amigo —que lo asesinan— y, por otra parte, de la severidad y castración de un padre "modelo". En cuanto a la intriga, no se puede hablar de principio-medio-fin, puesto que toda la pieza es una larga mirada hacia atrás a partir del momento final. No obstante, podemos aislar las escenas donde las causas —pequeñas o grandes— señalan el fin y lo acercan a él. Recibió el Primer Premio del certamen literario "Vendimia 1989" y se editó en Mendoza.

En colaboración con otros autores escribió y estrenó cuatro libros para otras tantas Fiestas Nacionales de la Vendimia; además, estrenó dos libretos para la Fiesta de los Reyes Magos. En 1997 fue designada como Profesora Honoraria de la Universidad Nacional de Cuyo.

Sonnia de Monte (1958) es la dramaturga más representada en los últimos años. Milita en y por el teatro desde distintos roles: también es actriz y, en estos momentos, se desempeña como funcionaria en el Instituto de la Cultura de la provincia, en el área teatral. En pocos años se ha convertido en referente reconocido de nuestra dramaturgia actual a través de una vasta producción: *Martínez* (1989); *Pastoral, Juan de la verdad*, adaptación de relatos de Juan Draghi Lucero, estrenada por Ernesto Suárez en 1989; *Bairoleto, el Pampero* dirigida por Ernesto Suárez (1993), por Rubén González Mayo (1994) en San Juan y por Manuel Chiesa (1996) en La Rioja; *Melescas*; *Fugitivos*, estrenada por Walter Neira y *Valde Bona*, estrenada por Rubén González Mayo, ambas en 1996.

Valde Bona es hasta el momento su obra más significativa. Está armada a partir del episodio bíblico que relata el martirio de San Juan. La historia bíblico legendaria de la especial relación que se establece entre Juan el Bautista, Herodes, Herodías y Salomé se resemantiza en la obra desde una perspectiva actual. La autora no sólo juega con la intertextualidad de los Evangelios sino también con la de *El Cantar de los Cantares*. Intercala los distintos fragmentos, alejándolos del sentido literal, en función de la trama que se va desenvolviendo; pero casi siempre en función de los personajes femeninos: Herodías, Salomé y la mujer de la época actual. Por el camino de la deconstrucción se inserta la parábola. Es la visión de la mujer en el discurso logocéntrico de la civilización occidental, lo que de Monte cuestiona en la obra, cuyos orígenes pueden retrotraerse a los tiempos bíblicos.

Por esta revisión, por este intento de ruptura del signo semiótico-mujer tradicional (por lo menos el de buena parte del teatro realista), la obra de Sonnia de Monte puede inscribirse en la línea feminista actual. Hay en la escritura teatral de la dramaturga un desplazamiento al discurso de la poesía y un potente entramado de imágenes, hábilmente enfatizado en la puesta. En *Valde Bona* la autora logra un acertado equilibrio entre la palabra poética y la imagen.

Melescas es una original propuesta que, nutrida en la mitología cuyana, recrea el ámbito de un aquelarre. Personajes nacidos de las leyendas populares de nuestra zona transitan agónicos en búsqueda de identidad. El mundo contemporáneo los ha relegado al olvido y ellos se resisten a esta condena a muerte. Sin embargo, están dispuestos a subyacer a este presente de olvido porque saben que viven la atemporalidad eterna de los mitos. La autora intenta rescatar personajes de nuestro folklore, y recrea con acertada técnica teatral la atemporalidad y el clima de irrealidad localizada que corresponde al tema elegido.

La producción total de la autora será editada por Ediciones Culturales de Mendoza.

Salta

La práctica teatral salteña comprendida en el período 1985-1995 ha generado un corpus de escritura dramática, en algunos casos publicada, genéricamente heterogénea y variada en sus propuestas estéticas y con densidad semántica. En esta oportunidad nos referiremos a la dramaturgia de Oscar Montenegro, Salo Lisé, Juan Ahuerma Salazar y Carlos Bonduri.

Oscar Montenegro nació en Centeno (Santa Fe) pero desde 1978 reside en Salta, donde ha producido gran parte de su escritura dramática. Paralelamente a su quehacer como dramaturgo se desempeña como profesor en Letras en la Universidad Nacional y como director en una escuela secundaria. También ha ejercido, aunque no en forma continuada, la dirección teatral de obras propias y ajenas. Su trayectoria de escritor se inicia con *Una trapisonda es una trapisonda* (1975) estrenada en Rosario y continúa con *Ni cinco de vuelto* (1976), *Un domingo de setiembre* (1979); tres años después se llevan a escena *Agua cae de las nubes* y *El desayuno tiene color azul*, seleccionada en Teatro Abierto Rosario '82. *Hoy llega Damián*, que se estrenó en 1983, es el texto de Montenegro con mayor éxito a nivel de recepción estudiantil, y fue representado por diversos grupos teatrales juveniles de nuestra provincia.

Lola Mora (1984) inicia una nueva etapa en la trayectoria dramática de Oscar Montenegro. Protagonizada por Eloisa Cañizares ha sido puesta en distintos escenarios del país y del extranjero con una excelente repercución en el público y en la crítica especializada.

Olor de hermanos estrenada en Salta en 1990 y protagonizada por Susana Freyre y Héctor Barreiros, que también asumió la dirección del espectáculo, es hasta hoy la última obra de nuestro dramaturgo. El texto, en dos cuadros, se inscribe como toda su producción dramática en la estética realista. El nivel de la intriga –que se desarrolla en unas diez horas– plantea una ambigua y conflictiva relación entre dos hermanos que viven juntos y que acaban de mudarse a un departamento. La conducta actual de Paula y Andrés y los recuerdos de adolescencia que ambos verbalizan, sugieren un larvado vínculo incestuoso entre ellos. El conflicto se instala por el visible autoritarismo de Paula, consentido por Andrés, que carece de voluntad para organizar su vida sentimental sin ocultamientos. El baúl cerrado con la llave que Andrés esconde celosamente, encierra recuerdos de su pasado y es el único baluarte que opone a la permanente inquisición de su hermana.

El principio constructivo de la acción dramática es el "encuentro personal" entre ambos al irse destapando los recuerdos de adolescencia y juventud, encuentro que culminará en la confesión de Paula sobre sus verdaderos sentimientos. El título del texto se convierte en una clave de sentidos: en primera instancia hace referencia a la película homónima protagonizada por Burt Lancaster e Ingrid Bergman, que exhibirá la televisión esa noche, después del noticioso. Las situaciones dramáticas mantienen el suspenso hasta el final (suspenso también alimentado por una acción secundaria de corte policial), porque Andrés, al mencionarle a Paula la película que ambos conocen de memoria, le recuerda que Burt Lancaster mata a su hermana y luego se suicida. Pero Andrés no matará a Paula; le hará creer que la ha envenenado para forzar la emergencia de sus sentimientos ahogados y el mutuo reencuentro.

Juan Ahuerma Salazar, también poeta y narrador, en coautoría con David Sorich, es autor de *El espión*, que fue estrenado antes de su edición en 1990. El texto está segmentado en cinco actos, de los cuales ya el primero plantea la traslación del año 1897 a mediados del siglo XX. El tema de la reencarnación se vincula con el orgullo de la prosapia, de cuño hispánico, muy arraigado en el imaginario social salteño y que se basa en el concepto de que el valor y las virtudes se heredan con la sangre. El coronel José Evaristo Lapiedra es atacado a traición en una fiesta y promete en su lecho de muerte que va a volver en uno de los hijos de sus hijos.

La mirada irónica del dramaturgo converge en dos descendientes del coronel: el Dr. José Evaristo Escalada, recientemente nombrado Secretario de Orden Público, y el opa de la familia, Jesús Mariano Castro, condenado a dormir en el gallinero por la servidumbre de la familia Escalada. El fantasma del coronel y las evocaciones de gestas heroicas sirven de contrapunto para la conformación de la figura de Escalada, el "héroe", retratado a través de sus pedestres labores de oficina, como realizar una redada en un prostíbulo. La inserción de poemas tradicionales, referentes a las montoneras de Felipe Varela, produce una sugestiva ruptura en el hilo cronológico de la acción dramática y marca un efectivo contraste con el antepasado.

El imaginario salteño se dibuja nítidamente con elementos de superstición, remembranzas de un mundo perdido (en las tías Agustina y Rosario) y disociación entre el decir y el hacer (discurso sobre criminalística de José Evaristo y vida infrahumana de Jesús Mariano). La predicción de las Harpías detenidas en la Secretaría del Orden Público se cumple pues ellas, al ver la foto de José Evaristo dictaminan "una brujería de amor y muerte": los amores clandestinos de José Evaristo y su prima terminan abruptamente con la muerte de Jesús Mariano y el encarcelamiento del "héroe". Su razón extraviada ya totalmente su identidad con la de su antepasado, mientras el sumariante nos informa que Jesús Mariano era el "último de los descendientes del heroico y triste, tristísimo, verdaderamente triste Coronel Lapiedra". *El espión* contituye un intento de autocrítica al mostrar la cara oculta de una sociedad que rehúsa mirarse -como diría Valle Inclán- en el espejo cóncavo del teatro.

La publicación reciente de las *Obras escogidas* (1996) de Salo Lisé incluye dos textos dramáticos: *Techos rojos para zapatitos blancos* (drama en un acto) y *Las tenebrosas orillas del pensamiento o el drama de Baruch Spinoza*, las cuales ponen de manifiesto la elección temática y genérica del autor. El primer texto fue estrenado en Buenos Aires en 1973 y en esa ocasión mereció opiniones favorables.

El segundo texto plantea el drama del filósofo judío holandés Baruch Spinoza. El dramaturgo rescata a quien fuera seguidor de los panteístas jónicos y perseguido como hereje por teólogos y filósofos durante siglo XVII, para exhibir la incomprensión y soledad a que son sometidos, más allá de tiempos y espacios determinados, los intelectuales que se atreven a transgredir las normas del contexto. Además se puede leer, por debajo de la acción dramática, la discriminación que padecen los miembros de una comunidad étnica y cultural minoritaria como la del pueblo judío.

Los dos actos vertebran el desarrollo de la acción, comenzando por el final, es decir, por la muerte del maestro y el remate de sus bienes para costear su sepelio, para remontarse a un tiempo atrás, cuando se desencadenan los tardíos amores del filósofo con Johanna van Enden en medio de un clima conspirativo y de persecución. El dramaturgo demuestra conocer con profundidad el pensamiento de Spinoza y se esfuerza por dotar al texto de cualidades escénicas, pues reconoce, en el paratexto de la pieza, los peligros de "naufragar en un dudoso ensayo de filosofía" (ibid.). El armazón de la intriga -donde se entrecruzan lo individual, ideológico y amoroso con lo social-, el tratamiento psicológico de la compleja personalidad del protagonista, la referencia intertextual al episodio de los refranes en el *Quijote*, los delicados poemas sefardíes insertados, hablan de un manejo seguro de la técnica de la construcción literaria, aunque esto ya en desmedro del dinamismo teatral.

El drama de Baruch Spinoza tiene concomitancias con isotopías semánticas de *El espión*: en ambos textos la acción se focaliza en figuras que son perseguidas y/o marginadas, mientras la contextualización en el pasado opera, como en el teatro histórico, como telón de fondo para exhibir una problemática actual.

Carlos Bonduri es un salteño que en 1994 fue galardonado por Argentores con el primer premio "a autores del interior" por su obra *Margarita Dumas y el escritor*, estrenada en nuestra ciudad por el grupo de "Taxi compartido", la puesta más exitosa de la temporada 1996.

Bonduri tiene once obras inéditas, entre las cuales mencionamos *Pequeños entremeses*, piezas humorísticas sobre situaciones cotidianas, *Un Quijote de esta Mancha*, estrenada en un ciclo de Teatro Breve 1987, *Te acuerdas de ..., El amor es cosa de hombres, Luna de miel para seis, Angeles en conflicto, Los júcaros*. Bonduri se ha inclinado decididamente por el género de la comedia y el humor es una cuerda frecuentemente pulsada en sus textos dramáticos.

Este rasgo también constituye el resorte fundamental en *A los palos en el mazo* (1994), subtitulada "Sátira socio-política en un acto y diecinueve cuadros".

El texto parodiza a los gobiernos autoritarios de cualquier país latinoamericano pero es obvia la referencia a la época del Proceso, que está muy viva en el imaginario colectivo de nuestro país. Pero la sátira no intenta producir un efecto de realidad, porque los personajes no son humanos. Rey Lelo ejerce un reinado dictatorial, en un mazo de cartas. Todos los personajes excepto Espejo, que es sólo un marco en el que asoman su rostro los demás personajes, van vestidos como una carta de un gran mazo de póquer. Las situaciones de cada cuadro son hilarantes y grotescas y el empleo del verso rimado otorga un ritmo ágil al texto. Aunque cada cuadro tiene relativa autonomía, el hilo conductor de la intriga es el golpe que planea Condestable, apoyado por los militares y por Libertad y Giliberto, respectivamente esposa e hijo de Rey Lelo. Como es previsible la asonada fracasa y todo vuelve a ser como al principio, porque los que jugaron al golpe se arriman nuevamente al poder.

En síntesis, los textos de los cuatro dramaturgos seleccionados –que por cierto no agotan la escritura dramática producida en el ámbito de Salta capital–, permiten configurar un panorama de la dramaturgia existente en nuestro medio.

Tucumán

Los dramaturgos tucumanos más destacados en las últimas décadas, tanto por el desarrollo de su producción a través del tiempo, como por cantidad de obras estrenadas son, por orden de aparición, Julio Ardiles Gray, Oscar Ramón Quiroga y Carlos María Alsina.

Ardiles Gray, novelista, periodista y crítico teatral, firma una importante producción dramática que comienza a desarrollar en su provincia natal y continúa en Buenos Aires, donde se radica en 1967. En el período que nos ocupa, estrena en Tucumán la comedia grotesca *Cambiemos los papeles* (1986). El hondo impacto en el público la mantiene en cartel varias temporadas. Será reestrenada en 1996 por el mismo director -Rolo Andrada- pero con un nuevo elenco. La Escuela de Teatro de la Universidad Nacional de Tucumán reestrena en 1987 su *Farsa del rico Tarugo y el doctor Gañote* (de 1954), incluyéndola en *De pícaros y tontos*, espectáculo compuesto por cuatro farsas, bajo la dirección de Juan A. Tríbulo. En 1992, Noé Andrade y Pablo Gigena, también en el ámbito de la Escuela, toman la situación y los personajes (el ventrílocuo y su muñeco) de su obra *La noche del crimen perfecto* y los recrean libremente en *De carne y trapo* y, finalmente, en 1995, tres egresadas de dicha Escuela forman el grupo "Diez en Arte" y montan *El oído*, una de las tres partes que conforman el grotesco *Los cinco sentidos*.

Por su parte Oscar Quiroga, pionero del teatro independiente, fundador y director de "Nuestro Teatro", escribe textos teatrales para niños y adultos para ser montados casi con exclusividad por su elenco, desde la década del 70 hasta la actualidad (*El guiso caliente*, *La María Súper Chou* y para niños, *El tesoro de Margarita*, entre muchas otras). En el período que analizamos se registran *Trago largo* (1992) que reúne textos anteriores, la reposición de *La Fiesta* (1993) y el estreno de *Peatones* (1994). Actor, director, docente de la Escuela de Teatro de la Universidad Nacional de Tucumán, es el autor más prolífico y conocido, no sólo en su provincia sino en el NOA, Chaco y Rosario, donde también se pusieron sus obras. Desde 1964 se desempeña como director de actores y de talleres.

Su estilo gira alrededor de dos ejes paradigmáticos: el grotesco y el brechtiano. Hunde sus raíces en la sociedad de su tiempo con la que se siente profundamente comprometido. Influído, como él mismo lo reconoce, por Brecht, Discépolo y Eichelbaum, refleja descarnadamente, cuando la ocasión lo permite, otras veladamente, la realidad del país. Por eso no se puede estudiar su obra por períodos sino por su temática. Así tenemos: a) las que pertenecen al grotesco, b) las de corte brechtiano, c) comedias dramáticas breves como *Sobrevivientes, Los rajapavas, Patear la calle*, d) obras infantiles: *El tesoro de Margarita, La gata Patacha, Los juegos de Pedro* y otras.

Quiroga llega al grotesco por auténtica convicción: a esta Argentina tan disparatada e ilógica sólo le cabe un teatro grotesco. *Los días nuestros*, su primer obra estrenada en 1972, denuncia el cierre de ingenios azucareros (que trae como consecuencia el éxodo de más de 250.000 tucumanos), la miseria, la guerrilla, el autoritarismo. *El inquilino* (1974) situada en Buenos Aires, es una crítica a la clase media argentina que ha ido fluctuando por los avatares políticos y se desintegra sola por su miedo a la realidad cambiante. En *El guiso caliente* (1979), a través de una metáfora, muestra la incertidumbre, la equivocación de la juventud impulsiva frente a la situación cruel del momento. En *La fiesta* (1980), el protagonista es un escritor amordazado en esa Argentina de horror y en la que sólo le cabe hablar con los fantasmas del teatro. Este ciclo se cierra con *La casa querida* (1987) donde reina la pobreza y la inestabilidad del gobierno reflejada en la sociedad.

Los elementos del grotesco son evidentes: 1) **La situación misma**, como el hecho de tener que compartir dos amigos el mismo terreno debido a su indigencia (*La casa querida*); el actor joven que mata por error al hombre más bueno del grupo (*El guiso caliente*); la presencia fantasmal de Don Juan y Caferata (*La fiesta*); 2) **El ámbito**, cerrado, opresivo, donde transcurren las historias: un cuartucho, un departamento de un solo ambiente; el sótano de un teatro que simboliza el mundo de abajo, que aparentemente es lo más sórdido pero en el que se da lo mejor del alma humana, y el escenario (que no se ve) es el "mundo de arriba", comunicados los dos por una escalera, el "puente" que une pero también separa; 3) **La máscara**, los contenidos fuertemente dramáticos no sólo revelan el interior concreto de los ámbitos sino lo íntimo de los personajes en que aparece una situación de alma, en un doble juego de apariencia y verdad; 4) **Lo tragicómico**, que generalmente se evidencia en los monólogos, recurso muy usado en sus piezas, donde el enunciado causa hilaridad, antítesis de un contenido terriblemente dramático, y en algunos casos el llanto silencioso del personaje funciona como recurso espectacular anáforico; 5) **Visión pesimista del mundo**, presente ya que fueron escritas en la época de la dictadura. El elemento trágico de la muerte, como lo es en Discépolo, sólo aparece en *El guiso caliente* pero más como refuerzo de una situación, como elemento efectista, que como una necesidad argumental.

De las piezas brechtianas las más importantes son *Crónica de la pasión de un pueblo* (1973) y *Los gritos de la memoria* (1984). La primera pieza, basada en un hecho real ocurrido en la época de la colonia, denuncia el sometimiento del indio (el proletariado actual). La otra se desarrolla en un club de barrio (el país) que tiene un presidente autoritario y demente. En cuanto a **lo formal brechtiano**: la estructura en cuadros, la epicidad, el relator en off, la intertextualidad (párrafos de discursos de Eva Perón en boca de la india), el distanciamiento temporal, canciones, máscaras. Pero es sobre todo el contenido ideológico lo que hace de estas obras un ejemplo de teatro brechtiano.

En cuanto a los ejes temáticos, tres son esenciales para Quiroga: la denuncia social, la soledad y la amistad. Estos no son excluyentes sino que aparecen entretejidos en la trama. El primero de ellos tiene sus orígenes en lo que el mismo dramaturgo reconoce: "la gloriosa JP, el peronismo combativo de antes". Los otros dos se dan en el desamparo del protagonista frente a un mundo convulsionado, dislocado, y el apoyo íntegro, incondicional del amigo, a veces su contrapartida, otras su complemento. Estos no aparecen como temas centrales ya que lo social es una necesidad visceral del autor. Como elemento recurrente se puede señalar cierto "extrañamiento" fantasmagórico como las apariciones de Don Juan y Caferata, únicos interlocutores del protagonista (*La fiesta*), o el "extrañamiento" de dos linyeras (un Quijote y un Sancho tucumanos de la última producción aún sin terminar) que no entienden este país que fluctúa "entre la cultura de la pavada y la cultura del exterminio".

Los días nuestros fue ambientada en Tucumán, con temática, personajes y lenguaje local. A partir de ella Quiroga tuvo claro el camino a seguir. A veces, como en la obra citada, es la crítica desde el punto de vista de un intelectual; otras, es la voz del pueblo encarnada en tres personajes que ya ocupan un lugar en la historia del teatro tucumano, el Gamuza, el Uñudo y la María. Es así que lo regional se canaliza a través de ellos, creados por su autor luego de incursionar en el estudio de la Comedia del Arte e inteligentemente adaptados al aquí y ahora, e hicieron su aparición en los setenta en Café-Teatrales y luego como protagonistas en *La María Súper Chou*, *El guiso caliente* y *La fiesta*. Son campesinos con una fuerte carga de viveza criolla que llegan a la ciudad en busca de mejores horizontes y ahí se "avivan", pero sin perder su simpatía y su candor. El Gamuza es Arlequín, pícaro, inteligente, astuto pero sin su doblez, eterno enamorado de la María. Debe su apodo a que "es fino como la gamuza", florido su lenguaje y hasta poético, atractivo y zalamero. El Uñudo es su compinche. Bautizado así porque "mete la uña", es decir, roba. Es la otra cara del Gamuza; representa lo material (vive comiendo, por ejemplo), lerdo de entendimiento, aprovechador, vago, pero siempre fiel a sus amigos. Completa el trío la María, que es la Colombina pero sin sus flirteos desleales, enamorada del Gamuza, tierna, dulce, inocente pero con un gran sentido común.

Oscar Quiroga denuncia todas las lacras de la sociedad desde el punto de vista humanista, por eso su teatro gana en calidad y se universaliza. Su estilo, entonces, es el realismo social en el que incluye elementos del naturalismo, siempre con una cuota de lirismo en sus personajes que desean, por eso mismo, un mundo mejor.

Por la década de los sesenta, años de consolidación de una dramaturgia propia, aparecen nombres como los de Ethel Gladys Zarlenga (*El arenero de los sueños y Por la calle*), Raúl Alberto Albarracín (*Hay un monstruo entre ustedes y El embaidor*) y Rubén Maccarini (*Thermidor y La grieta y el pozo*). Solo este último estrena una nueva producción en el período que analizamos: *Animaladas* (1996), con dirección de Hugo Gramajo.

En los ochenta aparece el nombre de Rafael Nofal, actor, docente y prolífico director teatral, quien, en sus comienzos, incursiona como autor: *Y ahora estoy aquí* (1982); *El tacho* (1983); *Teresinha* (1984) y en 1986, ya dentro de nuestro período, estrena *Cabaret Concert*, comedia musical regional, dirigida por Enrique Ponce, con gran despliegue técnico y artístico. En esa década se contabilizan otros estrenos como *Techos rojos para zapatos blancos* de Salo Lisé, y *Cero no ser*, unipersonal escrito y dirigido por Roberto Zerda, en 1988. Roberto Ibáñez, actor del Teatro Universitario de esta provincia en los años setenta, continúa su carrera en los escenarios de Buenos Aires. Pero es en su Tucumán natal que el "Teatro del Centro" le estrena *El carajillo*, en 1989, con dirección de Carlos Olivera. La puesta viaja a la Capital Federal representando la actividad teatral tucumana, en la Fiesta Nacional del Teatro realizada en el Teatro Cervantes. La obra sedujo a teatristas porteños, quienes al hacer su propia versión, le cambiaron el título por el de *Anclado en Madrid*.

Ubicado someramente el contexto teatral en el que escribe Carlos María Alsina, se profundizará sobre su trayectoria, extractando opiniones y datos de una entrevista que concediera en abril de 1996. Lo encomillado y hablado en primera persona, aunque abreviado, es textual.

En octubre de 1985 se organizó un ciclo similar al de **Teatro Abierto** de Buenos Aires, llamado en Tucumán **Teatro Libre**. Esta convocatoria movilizó la producción dramática local propiciando el estreno de *Limpieza* de Carlos Alsina, pieza que lo sitúa en ese momento como el más promisorio de los autores jóvenes. *De siete a ocho* escrita por Aldo Sayago, *El malevaje extrañao* de Quiroga, *Raza* de Débora Prchal, *La chispa del milagro* de Juan Carlos Bohorquez fueron las otras obras llevadas a escena. Antes de **Teatro Libre**, Alsina había escrito *Contrapunto y Un brindis bajo el reloj* en 1982, esta última en colaboración con Gustavo Geirola y en 1983 *Me caso o no me caso*, versión teatral del cuento *Noche terrible* de Roberto Arlt.

Limpieza toma como punto de partida un hecho histórico, y que podemos sintetizar: en 1977 se anunciaba en Tucumán la visita del general Jorge R. Videla. El gobernador Domingo Bussi mandó "limpiar" la ciudad para que el presidente no viera la miseria, razón por la cual se habían ya tapiado las villas de emergencia. El jefe de policía cumplió la orden con exceso de celo: recogió los mendigos que deambulaban por las calles de San Miguel de Tucumán y los diseminó en La Merced, Catamarca. El diario *La Unión*, de esa provincia denunció la aberrante operación y el gobernador le reprochó a su colega tucumano el haberle "tirado la basura". Bussi mandó a buscarlos "de vuelta a casa" en avión. La obra pretende convertirse en metáfora, por lo tanto, el desarrollo y el desenlace de los acontecimientos pertenecen exclusivamente a la ficción, aunque por ello presenta menor intensidad que lo macabro del hecho real. Los personajes de Alsina, su conducta y su comportamiento, han sido recreados al punto de independizarse de los protagonistas del incidente, pero manteniendo su fuerza dramática.

La acción comienza con diez mendigos, dementes y lisiados acurrucados en medio del campo con los ojos vendados. Acaban de ser desembarcados de un helicóptero que se escucha partir. La fuerza represora que finalmente terminará aniquilando al grupo no aparecerá en escena sino como voces y sonidos en off. La masacre final es un recurso poético de Alsina que potencia lo irracional de la anécdota y golpea al lector-espectador con preguntas. Unos pocos datos referenciales aluden a la época en que sucede.

Los personajes hablan el idiolecto correspondiente a su condición de marginados, promiscuos y analfabetos, cargados de humor corrosivo. Unos asumen la situación con resignación, otros sin conciencia real de lo que les sucede, lo que permite que emerja Pacheco como un líder natural. El más esclarecido propone caminar en busca de ayuda. El grupo se relaciona a través de la ironía, la agresión y hasta la violencia. La amenaza de aniquilamiento acelera el liderazgo de Pacheco, quien al ser desobedecido por uno de ellos lo mata a golpes y alerta a los otros sobre la intención de provocar divisiones internas por parte de los agresores. La cadena de muertes continúa con el propio Pacheco, a manos de otros tres compañeros, que a su vez sucumbirán bajo la metralla final. La metáfora que logra Alsina supera el hecho puntual. Se convierte en profunda reflexión sobre la condición humana.

Limpieza resonó en el público, testigo mudo de aquella historia, y se mantuvo en cartel por cinco temporadas. Obtuvo el Premio del Fondo Nacional de las Artes en 1987, que consistía en la edición de la obra. Representó a Tucumán en el Festival Nacional de Córdoba (1987), en el Festival de Teatro Independiente de Buenos Aires (1988) y en el Encuentro de Teatro Andino de Mendoza (1989).

En 1986 escribe *Entre trenes*, un mimodrama unipersonal para el actor Mauricio Sémelman. En los años que van desde 1986 a 1989 escribe tres obras con personajes totalmente desopilantes y satíricos: *Ay! D.I.U.; Ají pican-*

te y *El arca, é o Noé?* Toma situaciones absurdas como la de *Ay! D.I.U. (Epopeya Genética Prenatal)*, donde un espermatozoide no puede atravesar el dispositivo anticonceptivo (D.I.U). Es una sátira política, nada solemne, desenfadada, con canciones del autor y música original de Lucho Hoyos, Leopoldo Deza y Anselmo Lago.

Ají Picante es una sátira política unipersonal con canciones, escritas también por Alsina, con música de Ernesto Klass. En *El arca, é o Noé?* dos ángeles mormones, que viajan en bicicleta, presentan el espectáculo y Noé cuenta qué sucedió con los animales de su arca. Es muy local, con referencias políticas, como las anteriores. Se representó en El Galpón, tercer teatro del que Alsina fue impulsor y responsable material de la construcción. Planteado como Café Concert, en un espacio con mesas y sillas, donde los espectadores consumían empanadas y bebidas, atendidos por el propio autor y director.

Alsina reconoce en estas producciones la influencia de Oscar Quiroga, recibida en sus inicios como teatrista, cuando daba sus primeros pasos como actor en "Nuestro Teatro". Dice Alsina:

> Mis personajes no ocultan su origen como sucedió durante muchos años en el teatro de esta provincia. Aquí he visto actores preocupados por disimular su tonada y sus modismos al hablar. Quiroga y yo escribimos personajes que hablan como tucumanos, sobre cosas que nos pasan a los tucumanos. (Entrevista, 1997)

En 1991 estrenó *El pañuelo*, una obra corta que alude al momento histórico en el cual las Madres de Plaza de Mayo decidieron renunciar al hijo propio y asumir a todos los desaparecidos como sus hijos, en un ejemplo de inmensa humanidad.

Con *Esperando el lunes*, escrita en 1989, Alsina gana el concurso "Julio Sánchez Gardel" del Fondo Nacional de las Artes. La estrena en Milán, en 1993, con un elenco del Fontanateatro bajo su dirección, en el Festival Internacional Aventura en Europa. Simultáneamente en Tucumán la dirige Rolo Andrada con Nelson González y Jorge García en los dos únicos papeles. Con *Esperando el lunes* comienza una nueva fase en su producción teatral. Ya no escribe acerca de lo que está sucediendo circunstancialmente. Es un texto que puede ser representado en cualquier lugar del mundo y que se connotará más o menos igual. Es la relación entre un viejo y un joven, entre la verdad y la mentira. Es una tentativa de escritura poética, un texto más elaborado.

En Italia escribe una versión de *Moby Dick* de Melville: *En la posada de Peter Cofield*; otra de *Los músicos de Bremen*, que se estrena en Lugano, Suiza; y en Milán, *Dónde está Huckleberry Finn*, versión de las aventuras del personaje de Mark Twain.

En la Fiesta Nacional del Teatro realizada en 1993 en Mendoza acompañó al elenco que representó a Tucumán con *Esperando el lunes*, en la puesta de Andrada.

Con Ernesto Suárez comenzamos a pensar (...). Por qué no relacionarnos entre nosotros y programar una experiencia de producción sin contar con la Capital Federal. Así surgió embrionariamente el nombre de "Teatro de las Provincias". Yo tenía la idea de escribir algo del "Che" y del Quijote, y viéndolo, Suárez "era" el Quijote físicamente. Hablamos con otro amigo común, Víctor Arrojo, que se acercaba a las características de Guevara. Escribí la obra en tres meses porque la había madurado adentro. Así es que volví en 1994 a dirigir *Ladran, Che!*".

La puesta ganó el Certamen Provincial de Mendoza y representó a esa provincia en la Fiesta Nacional de Teatro, que ese año se realizó justamente en Tucumán, donde no se ha estrenado todavía ninguna versión local. En esta obra, Alsina plantea el encuentro del "Che" y Don Quijote en una especie de limbo indefinido, tal vez el no-lugar de las utopías. Están atados a sus propios mitos, cumpliendo acciones circulares, repetidas al infinito, que solo logran romper al encontrar la manera de crearse nuevos sueños. La intertextualidad temporoespacial de *Ladran, Che!* podemos encontrarla en *A puerta cerrada* de Jean Paul Sartre. Se separa de ésta por su final esperanzado, en el que Don Quijote y el Che logran romper el círculo infinito de repeticiones en el que se encuentran encerrados después de muertos. Los personajes mantienen, cercanamente, su personalidad, sus costumbres, sus ideales y su lenguaje. "El camarero" de Sartre es "Ella" en la obra de Alsina, una joven sin expresión en el rostro, sin texto, que cumple sus acciones -hasta su rol de rehén en un momento de aparente cambio de la secuencia cíclica- sin la menor emoción. Las diferencias de puntos de vista de los protagonistas se ponen de manifiesto a lo largo del primer acto, para coincidir sobre el final cuando deciden emprender juntos un viaje en "La Poderosa II", la moto de los viajes del Che. El desperfecto de la máquina, la imposibilidad de ponerla en marcha, modula las secuencias de repeticiones. El segundo acto desarrollará todas las posibilidades de arreglo por parte del Che. Don Quijote propondrá su bálsamo de Fierabrás. Ella cambia su función: de ayudante de los protagonistas a oponente de sus planes de partir. En realidad muestra su verdadera función: es ayudante del sistema en que se encuentran anclados para siempre Don Quijote y el Che.

Sólo cuando intenten escapar de sus propios mitos encontrarán la posibilidad de romper el círculo de repeticiones. Darán batalla de una manera diferente de la que conocen. Invierten el tablero y juegan con los colores cambiados, por primera vez. No aceptan el rey de repuesto cuando llegan al jaque mate y comienzan a despojarse de sus atributos: las botas, el peto de la armadura, la chaqueta; se toman el vino de los cueros que debe perforar Don Quijote; y dejan hasta las armas, espada y ametralladora. Encontrarán otras nuevas. Con la nueva estrategia logran poner en marcha la moto sobre la que parten los dos.

La metáfora que Alsina persigue en *Ladran, Che!* parece concretarse en toda su profundidad y poesía en *El sueño inmóvil*, obra ganadora del Premio Casa de las Américas 1996, que retoma viejos temas que preocupan y movilizan a su autor. Tres mitos dan estructura a la obra, escribir sobre ellos era rescatar un pasado, una época de oro perdida.

Uno de los dramas de nuestro país y de nuestra provincia en particular, es que no somos capaces de sacar conclusiones de nuestro pasado. Como si nunca hubiera sucedido, las cosas se repiten (...) *El sueño inmóvil* es un sueño que no pasa, que se repite. No hay memoria. La obra muestra la misma situación de esos sueños, en que uno quiere caminar o correr y no puede. Un sueño repetido hasta el infinito, como la falta de crecimiento de nuestra conciencia, de nuestra identidad como pueblo, de nuestros objetivos. Hay datos en la obra que son históricos: la fiebre amarilla que asoló a Tucumán a fines del siglo pasado, la llegada de indios mapuches que se trajeron desde el sur en los primeros trenes que llegaban a la provincia.

(...) Me interesó, desde el punto de vista estético, poner en el teatro nuestro realismo fantástico. Pertenecemos a un área cultural que tiene una riqueza impresionante y tenemos que expresarla. Aquí la gente cree en 'El Familiar' y por eso hay que darle una lectura no folklórica, calentita, social y artística. Me gustó trabajar el texto poéticamente, un texto que no es cotidiano, un texto cortado, casi duro, salvo el coro, que se concreta en 'El Olvidado'.(Entrevista, 1997)

Este premio destaca en Carlos María Alsina sus valores de dramaturgo original, creativo, con raíces en su paisaje social local y su esencia latinoamericana.

Conclusiones

La dramaturgia de las regiones estudiadas en el período 1985-1995 presenta algunas constantes en la utilización de recursos escriturarios, su vinculación con el espacio y su tiempo que queremos esbozar a modo de respuestas provisorias:

1.- La evolución desde una poética realista con rasgos del costumbrismo hacia el predominio de la utilización de procedimientos que denominaremos teatralistas provenientes del expresionismo, el sistema épico brechtiano y el absurdo.

2.- Sin embargo, a través de ellos aparece la necesidad de plantear tesis; la importancia de compartir con otros los recuerdos y los sueños, la valoración de la memoria colectiva, la búsqueda de la identidad, la crítica al sistema social, entre otras.

3.- La relación con su tiempo es trabajada a través de formas expresivas como el humor irónico (la parodia como principio constructivo), la poesía y la imagen, combinadas en no pocas ocasiones.
4.- Lo local/autóctono aparece representado a través de los mitos, las supersticiones, personajes de leyendas que son utilizados para plantear metáforas sobre la recuperación de la memoria y la resistencia contra el olvido.
5.- La utilización de intertextos con la dramática clásica y sus personajes les sirven para ampliar la metáfora hacia la problemática de la existencia humana.

La tarea de construir un escrito con diferentes supuestos teórico-metodológicos que versan sobre el mismo objeto de estudio resulta objetable a la luz de un análisis que intente buscar la homogeneidad y coherencia de la idea de totalidad.

En la pretensión de no caer en un relativismo que permita hacernos perder de vista las grandes vinculaciones con el todo aceptamos la realización de este artículo conscientes de que el mismo representa un inicio, un principio de acuerdo entre diferentes y parciales visiones sobre un tema. La necesidad de recuperar la riqueza de una diversidad sin perder de vista el contexto mayor en el que se está inserto requiere de la continuidad en el trabajo iniciado, encuentros y discusiones alentadoras para seguir diseñando un perfil más cercano al real sobre el "teatro argentino" que involucre a todo el país.

Citas

Alsina, Carlos María (1997) Entrevista con los autores. Tucumán.
Brambilla, Raúl (marzo-1997) Notas sobre su estética. Córdoba.
Echegaray, Raúl (1995/1996) Entrevistas con las autoras. Tandil, Buenos Aires.
Iriarte, Miguel (marzo-1997) Entrevista con la autora. Córdoba.
Lanzoni, Duilio (1996/1997) Entrevistas con las autoras. Bolívar, Buenos Aires.
Marán, Marcelo (1995) Entrevista con los autores. Mar del Plata, Buenos Aires.
Sued, Ricardo (marzo-1997) Notas sobre su estética. Córdoba.
Varela, Julio (1995/1996) Entrevistas con las autoras. Tandil, Buenos Aires.

Notas

1. De una entrevista realizada en abril de 1997.
2. Iriarte, Branbilla y Sued no son los únicos autores dramáticos en estos años. Los destacamos por la continuidad de su obra, en gran parte estrenada. Córdoba cuenta con excelentes autores de capital e interior, que requerirían un espacio mucho mayor que el de esta nota.

Bibliografía

Ahuerma Salazar, Juan, 1990. *El espión*. Salta: Grafiher.
Bonduri, Carlos, 1994. *A los palos en el mazo. Margarita Dumas y el escritor*. Inéditos.
Cattarossi Arana, Nelly, 1982. "Elvira Maure de Segovia" en *Literatura de Mendoza*

(1820-1932). Mendoza: Inca.
Echegaray, Raúl, 1995. Textos dramáticos. Mimeo. Tandil, Buenos Aires.
Fabiani, Nicolás, 1995. "Reflexiones acerca de un modelo de análisis para una historia y estética del teatro", en Anuario *La Escalera*.
Fuentes T.-Gardey M. 1995. "Raúl Echegaray: un teatro itinerante". Ponencia presentada en las Segundas Jornadas "Dramaturgos/as del Interior del País", Instituto de Artes del Espectáculo, Facultad de Filosofía y Letras, UBA.
González de Díaz Araujo, Graciela. "La dramaturgia de Fernando Lorenzo (1963-1994)" en *Antología Grupo Aleph*. Mendoza: Ed. Culturales de Mendoza.
Iriondo L.-Fuentes T.-Gardey, 1994. "Rasgos típicos del Teatro Tandilense (1980-1990): Julio Varela, lo universal desde la aldea". Ponencia presentada en el III Congreso Internacional de Teatro Iberoamericano y Argentino, GETEA, Facultad de Filosofía y Letras, UBA.
——,1995. "Teatro Bonaerense: circulación y legitimación", en *La Escalera* Anuario, Escuela Superior de Teatro, UNCPBA, Tandil.
Iriondo L.-Fuentes T. 1996. "Diálogos sobre Teatro y Cine", en *La Escalera* Anuario, Escuela Superior de Teatro, UNCPBA, Tandil.
——,1996. "Recuerdos de provincia en *¡Qué Cruz la de Sauce Tumbado!* de Julio Varela". Ponencia presentada en las Terceras Jornadas "Dramaturgos/as del Interior del País", Instituto de Artes del Espectáulo, Facultad de Filosofía y Letras, UBA.
——,1997. "*Grupo Teatro de la Aldea*. Propuesta artística y recepción periodística", en *La Escalera* Anuario, Escuela Superior de Teatro, UNCPBA, Tandil.
Lanzoni, Duilio, 1997. Textos dramáticos. Mimeo. Bolívar, Buenos Aires.
Lisé, Salo, 1996. *Obras escogidas*. Novela, teatro, poesía. Salta: Víctor Manuel Hanoe.
Lorenzo, Fernando, 1992. Teatro. Mendoza: Municipalidad de Mendoza.
Maure de Segovia, María Elvira (1990) *Alfonsina*.Mendoza: Ed. Culturales Mendoza.
Montenegro , Oscar, 1984. Hoy llega Damián. Salta: Asembal.
——,1992. Teatro para 2. Olor de hermanos. El desayuno tiene color azul. Salta: Biblioteca de textos universitarios.
Navarrete, José Francisco, 1996, "Aproximación al teatro de Susana Tampieri" en *El teatro y sus claves*. O. Pellettieri (ed.) Buenos Aires: Galerna/ Facultad de Filosofía y Letras. UBA.
——,1990. "La poesía como elemento de estructura dramática en Alfonsina" en *Latin American Theatre Review*. 24/1 (Fall).
——,1986. "Aproximación al teatro de María Elvira Maure de Segovia" en *Primeras y Segundas Jornadas de Investigación Teatral*. Actas, ACITA, Buenos Aires.
Rodríguez, Alberto (h) y Lorenzo, Fernando, 1963. Nahuelquintún. Mendoza: Voces.
Salas, Beatriz y Saint André, Estela, 1984. "*Nahuelquintún*: el indigenismo como vigencia universal" en *Primeras y Segundas Jornadas de Investigación Teatral*. Actas, ACITA, Vol 2, Buenos Aires.
——,1985. "La estructuración dramática por el elemento ausente", en *Primeras y Segundas jornadas de Investigación Teatral*. Actas, ACITA, Buenos Aires.
Tampieri de Estrella, Susana, 1990. Cantando los cuarenta, Mendoza: Municipalidad de Mendoza.
——,1990. *La Formimaquia*. Mendoza: Municipalidad de Mendoza.

———,1990. *Ab-zurdo*. Mendoza: Ed. Culturales Mendoza.
———,1990. "*Pretérito Imperfecto*" en *Antología SADE*. Mendoza.
Varela, Julio, 1987. *Aldeas & Universos, Obras de Teatro*. Tandil: UNCPBA-Honorable Concejo Deliberante.
———,1991. *Los santos segundones*. Mimeo. Tandil, Buenos Aires.
Zayas de Lima, Perla, 1981. "María Elvira Maure de Segovia" en *Diccionario de autores teatrales argentinos (1950-1980)*. Buenos Aires: Rodolfo Alonso.

LA DRAMATURGIA BRASILEÑA DE LA POS-DICTADURA*

David S. George

El escrutinio de la dramaturgia brasileña de la pos-dictadura ocasiona una larga serie de preguntas claves: ¿Cómo pudo el teatro, que pasó por una fase dinámica e innovadora en las décadas de los cincuenta y sesenta, sobrevivir al terror desencadenado por los generales a partir del golpe de 1964 y del estado de sitio instalado en 1968? ¿Qué pasó a partir de la apertura iniciada al final de los años setenta y de la institución de un gobierno civil en 1985? ¿Qué condiciones se crearon para un teatro nuevo? ¿Qué temas y estilos fueron adoptados por los dramaturgos y directores de la pos-dictadura? En un ensayo de este porte no será posible responder integralmente a todas estas preguntas, pero sí pretendo abordar algunas directamente y otras indirectamente.

La eliminación de la censura, por un lado, y de las exigencias de la protesta y de la pureza ideológica, por otra lado, han engendrado una variedad de modos y de actividades teatrales nunca experimentados anteriormente en el Brasil. Es cierto que la democratización ha apagado la voz de algunas figuras principales que escribieron contra la dictadura; por ejemplo, Augusto Boal y Gianfrancesco Guarnieri. No obstante, la ausencia de la doble persecución derechista y de su "doppelganger", la patrulla ideológica, ha permitido el florecimiento de múltiples formas teatrales, la experimentación desabrida y el intercambio de las más variadas perspectivas en el mercado de ideas artísticas. Liberada de la represión dictatorial y desvinculada del dogma populista, una nueva generación de artistas teatrales ya puede recurrir a todas las posibles fuentes de inspiración y temas otrora prohibidos por la censura, por un lado, o marginalizados –considerados "alienados"– por las necesidades ideológicas del momento. Se privilegian actualmente la participación de las mujeres como directoras dramaturgas, la homosexualidad y otras cuestiones de género, el tema del individuo en la sociedad, la experimentación formal, para citar algunos ejemplos.

Una cosa ha quedado clara: los dramaturgos brasileños siguen luchando por hacerse escuchar y ver; tanto que, actualmente, al echar una mirada a las carteleras teatrales de cualquier metrópoli se descubre que son nacionales por lo menos la mitad de las obras escenificadas. A la luz de estas premisas, yo propongo, en el breve espacio de este ensayo, una tipología de la dramaturgia brasileña de la pos-dictadura, destacándose el drama escrito por mujeres.

1) LA MEMORIA NACIONAL: Se trata de dramas retrospectivos sobre la dictadura, una tendencia breve que marcó los primeros años a partir de la redemocratización. De estas obras la más significativa fue *Feliz Ano Velho*, de 1984, del grupo Pessoal do Víctor, y que cuenta la historia del hijo de un político socialista desaparecido por los militares. La pieza se ocupa de un asunto raras veces discutido en el Brasil: los problemas de los inválidos (en este caso, un joven parapléjico). *Feliz Ano Velho* tuvo una larga y exitosa carrera en el Brasil, después de la cual hizo una gira internacional, participando en el Festival Latino de Nueva York (1985) y en el Festival Internacional de la Habana (1987). *Feliz Ano Velho* es la adaptación de la autobiografía –uno de los mayores best-sellers en la historia de la literatura brasileña– escrita por Marcelo Paiva, publicada en 1982 (hasta el momento tiene más de 30 ediciones). La obra, también, ha sido traducida a varios idiomas: inglés, italiano, alemán, dinamarqués, castellano (hay dos ediciones, una argentina y otra española), y fue adaptada para el cine en 1988. Todas las variantes –libro, pieza, película– han ganado premios importantes.

2) EL RECHAZO DE LOS MODELOS IDEOLOGICOS ANTERIORES: Se trata de dramaturgos cuyo enfoque es menos político y circunstancial que el de la generación anterior y cuyos temas son más universales: la identidad sexual, la difícil transición de la infancia a la madurez, la religión, la vida familiar del interior, etc. Este teatro apolítico o despolitizado ha querido verse libre del acierto de cuentas con la época de la represión. Entre otras cosas, se trata de un "síntoma de que, a semejanza de lo que sucedía hace algunos años en el teatro europeo y norteamericano, el teatro se preparaba para deponer la carga de la militancia."[1] Un ejemplo claro de este fenómeno son las obras de Naum Alves de Souza, de la década de los ochenta: *A Aurora da Minha Vida, No Natal a Gente Vem Te Buscar* y *Um Beijo, Um Abraço, Um Aperto de Mão*. Este ciclo memorialista se relaciona con los fantasmas de la niñez de un hombre que fue criado por una familia protestante del interior del estado de São Paulo. Utilizando los temas del misticismo y la pérdida, representados con ternura pero también con ironía, Nuam Alves de Souza se afirmó como una voz única en el drama brasileño comtemporáneo. Sus obras más recientes incluyen *Nijinsky* y *Suburbano Coração*, este último con música del compositor popular Chico Buarque. Otros nuevos dramaturgos de la pos-dictadura, en muchos

casos discípulos de Naum, incluyen a Alcides Nogueira, quien, en *Lua de Cetim*, crea conmovedores retratos familiares; Zeno Wilde, que trata el tema de los adolescentes marginalizados y víctimas de la vida urbana en *Blue Jeans* y *Uma Lição Longe Demais*; Flávio de Souza, autor de *Fica Comigo Esta Noite*, la cual hasta cierto punto recuerda el *Cepillo de dientes* chileno, ya que los dos protagonistas, Ela y Ele, son una pareja sin niños que dialogan con un vasto elenco de personajes nunca vistos ni oídos.

3) EL REGRESO DE LA COMEDIA: La comedia autóctona, prácticamente enterrada por las solemnes preocupaciones ideológicas de los años sesenta y setenta (a pesar de estar arraigada en el suelo teatral brasileño), ha regresado ruidosamente a las tablas, para las cuales, a lo largo del tiempo, ha servido de pegamento. Esto porque la comedia proporciona trabajo y experiencia para los actores, directores y autores, los cuales elaboran su artesanía colectivamente y, asimismo, atrae al público, preparándolo para experiencias más osadas. A pesar de que los eruditos y teóricos, muchas veces, hacen poco caso a la comedia, ésta persiste siempre, demostrando dominio de forma y técnica de parte de los autores e ilustrando siempre una enorme diversidad de géneros cómicos. De éstos, el más notable —e infame— de la pos-dictadura es el llamado *besteirol*, un término basado en la palabra *besteira*, o sea, tontería o nonsense. Se trata de un tipo de farsa estrafalaria, caracterizada por una total despreocupación por cualquier intento serio. El *besteirol* irrumpió en las tablas durante los ochentas como reacción —o antídoto— contra el desabrido teatro comprometido que había dominado las tablas en la época de la dictadura y que había protestado contra la injusticia social, pero desgraciadamente se había degenerado hasta transformarse en una fórmula estéril. La impertinencia apolítica del *besteirol* facilitó a los artistas y al público la ruptura con gastados hábitos ideológicos y la adaptación a nuevas circunstancias y eventualmente a la restauración del componente social, incorporado de modo inédito. Además, los autores de estas farsas irresponsables se valieron del *besteirol* como trampolín para formas de comedia más ambiciosas, para obras más profundas y estéticamente más trascendentes.

Entre los proveedores de lo que llegó a ser una mercancía teatral en los años ochenta, el *besteirol*, se destacan los nombres de Miguel Falabella y Mauro Rasi, los cuales se transformaron, a finales de los ochenta y en los noventa, en autores cómicos más hábiles. La obra más célebre de Falabella se intitula *A Partilha*, y trasciende las fórmulas cómicas al escudriñar satíricamente en su propia generación, la de los años sesenta, cuya juventud se ha convertido en un recuerdo cada vez más distante. Mauro Rasi hizo su primera incursión más allá del *besteirol* con la pieza *A Cerimônia do Adeus*, la cual se montó por primera vez en 1987, formando parte de lo que sería una tetralogía de comedias más densas y que incluye *A estrela do Lar*, *Baile de Máscaras* y *A Pérola*. Mientras *A Partilha* enfoca la generación de los sesenta en su edad mediana, *Cerimônia*, trata la misma generación en su juventud. *Cerimônia* va más allá de las fórmulas cómicas de varios modos, sobre todo al acudir a la ingeniosidad. El protagonista, Juliano, pugna por escaparse de las convenciones de la sofocante vida provinciana a través de la literatura, en este caso, por vía de la imaginación, resucitando a los autores y sus mundos, atrapándolos en su cuarto; por ejemplo, Jean-Paul Sarte y Simone de Beauvoir, a quienes los otros personajes ven como libros pero a quienes el protagonista y el público divisan en carne y hueso. Se va profundizando la amistad entre Juliano y Beauvoir/Sartre, lo cual lleva a una serie de situaciones cómicas y malentendidos. No obstante, la relación de Juliano y los escritores franceses se encamina a circunstancias más humanas de afecto y patetismo. El tiempo de los franceses transcurre ante los ojos de Juliano, y al cerrarse la obra Sarte se prepara para la muerte y los dos autores regresan a Francia. Antes de su vuelta, los franceses repasan con Juliano sus vínculos históricos. La riqueza de la escenografía hace que se vean, desde el balcón de Juliano, varios momentos históricos claves. Se señalan, otro sí, los cambios ideológicos experimentados por Sartre/Beauvoir entre la década de los treinta y los sesenta: la ascensión del fascismo, la Guerra Civil Española, la Segunda Guerra Mundial, la Revolución Cubana, la dictadura y la guerrilla de Latinoamérica, así como la suerte cambiante del socialismo y el feminismo. La cuestión específicamente latinoamericana proporciona una correlación directa con la realidad de Juliano, ya que la pieza tiene lugar después del golpe militar de 1964. *A Cerimônia do Adeus* trata todos estos asuntos sin dogmatismo. Aunque Rasi simpatiza claramente con la izquierda, se refiere a la lucha revolucionaria de una manera más cómica que heroica, lo cual indica evidentemente que los dramaturgos de la pos-dictadura han abandonado la solemnidad de la generación de los sesenta.

4) EL TEATRO DE MUJERES: Como autoras, las mujeres llegaron tarde a las tablas del Brasil, estableciéndose primero como escritoras de ficción cuyo enfoque ha sido la búsqueda de una identidad propia. Las dramaturgas levantaron el vuelo en el año decisivo de 1969, cuando aparecieron de repente tres piezas de éxito estruendoso de tres mujeres: *À Flor da Pele* de Consuelo de Castro, *As Moças* de Isabel Câmara, y la más importante – en la opinión unánime de los críticos – *Fala Baixo Senão Eu Grito* de Leilah Assunção. Parte del movimiento conocido como la Nova Dramaturgia, al principio no se destacó la condición femenina de estas obras; al contrario, o se ignoró o se repudió su visión confesional, personal de los individuos en el contexto de la vida urbana y burguesa. Se menospreció la ausencia de las teorías marxistas, brechtianas propagadas hasta entonces por Augusto Boal y compañías como Teatro de Arena y Teatro Oficina. Las mujeres "se colocaban así contra el orden, cualquiera que fuese, tanto el burgués como el de la izquierda oficial, ambos erguidos sobre la sumisión del individuo a la sociedad."[2] Al oponerse a la patrulla ideológica y alzar la bandera del individualismo, se estigmatizaron como "tea-

tro alienado" estas y subsecuentes obras escritas por mujeres, en el mismo momento en que el teatro femenino estaba al punto de estallar. El público, no obstante, reaccionó favorablemente y algunos pocos críticos se dieron cuenta de que ocurría algo singular. Entre éstos, despunta Sábato Magaldi, quien comprendió que se debilitaban las fórmulas ideológicas de los años sesenta. Y la percepción del crítico fue certera, pues a partir de la Nova Dramaturgia sería un constante la presencia y la perspectiva de las mujeres. Se revelan claramente en la actualidad su consciencia social y sensibilidad en la temática dramatúrgica: el fracaso de las relaciones amorosas y el deterioro de la estructura social. ¿Y su ideología? Respecto al feminismo, al ser entrevistadas las autoras –las de la Nova Dramaturgia y las de la actualidad– en la mayoría de los casos se han negado a definirse como feministas.

Fueron pioneras Leilah Assunção y las otras escritoras de la Nova Dramaturgia. La autora más importante de la pos-Nova Dramaturgia– y según muchos críticos la figura dramatúrgica más sobresaliente de la época actual sin tener en cuenta el género– es Maria Adelaide Amaral. Su nombre se proyectó por primera vez con una tetralogía de piezas pos-"milagro económico": *Bodas de Papel: Filhos do Milagre Econômico*, *A Resistência*, *Cemitério Sem Cruzes* y *Ossos d'Ofício*.[3] Mientras tres de las obras de la tetralogía se enfocan en las profesiones liberales, *Cemitério* trata de los jornaleros. La empresaria teatral Ruth Escobar le pidió a Maria Adelaide que escribiera la pieza como parte de un proyecto colectivo que se llamaría *Feira Brasileira de Opinião* (1978) y que incluiría obras de varios escritores conocidos.[4] En la introducción, Escobar plantea las bases ideológicas de la "feira": "Esta colección se llama 'teatro urgente', porque propone un teatro de acción, un teatro de cambio, un teatro 'revolucionario [para superar la] división de clases, división de trabajo intelectual y manual, división entre lo culto del arte y arte popular."[5] Prohibida por la censura, nunca fue escenificada esta *Feira*. Sin embargo, la apertura había avanzado lo suficiente para permitir su publicación. ¿Pero por qué nunca se montó, ni siquiera después de que se relajó la censura? Porque con la época pos-apertura se puso fin al populismo teatral. La única sobreviviente de la "feira" fue *Cemitério Sem Cruzes*, de un acto, una miniatura hábilmente compuesta. El título se refiere al destino de los obreros del noreste, la región más pobre del Brasil, muchas veces muertos en accidentes de trabajo y enterrados en la zona de construcción (el "cementerio sin cruces"). La obra ha llegado a ser, actualmente, una especie de "clásico" frecuentemente montado por los grupos pro-sindicato del llamado *teatro da periferia*, los cuales trabajan en los barrios obreros que rodean São Paulo. *Cemitério Sem Cruzes* demuestra la capacidad de la autora de retratar, con pocos trazos, personajes vivos y, aunque no sean de su propia clase social, de crear un cuadro terso y conmovedor de las condiciones operarias. Pero se trata de una historia de interés humano, sin la instrumentación populista de una obra de Augusto Boal o Gianfrancesco

Guarnieri. No deja de ser irónico, entonces, que sobreviva un drama sobre la clase obrera escrito por una dramaturga políticamente incorrecta, mientras que han desaparecido las piezas de los autores marxista-populista-brechtianos.

La tetralogía de Maria Adelaide Amaral trata sólo indirectamente de la cuestión de la identidad femenina, pero a partir de 1983 la autora propulsa su dramaturgia hacia tal búsqueda con su musical *Chiquinha Gonzaga*, que mereció el premio Molière. Según la autora, "yo quise hacer un retrato amplio de la época porque a lo largo de la investigación para la pieza redescubrí el Brasil, el siglo diecinueve, la historia de la cultura popular brasileña, especialmente la cultura carioca."[6] Cuando yo asistí a la representación de *Chiquinha Gonzaga* en 1983, pensé que se trataba de una de las escenificaciones más espectaculares que jamás había visto, haciéndome pensar, incluso, en *Nicholas Nickelby*, obra montada por el Royal Shakespeare Company y que había visto en Nueva York el año anterior. *Chiquinha* incluyó 124 personajes con 32 actores. Me sorprendió el hecho de que el musical se había basado en la vida de una de las pocas compositoras en el panteón de la música popular brasileña y de que era la única obra teatral brasileña, hasta entonces, enfocada en una mujer fuerte e independiente. Varias ideas incluidas en la obra, pensaba yo, podrían establecer los fundamentos de un teatro musical autóctono: las raíces musicales, el cuadro histórico, el panorama épico. *Chiquinha Gonzaga* fue un éxito de taquilla y de crítica. Surgen, no obstante, varias preguntas. ¿Por qué no prosiguió la dramaturga por el filón de teatro musical? ¿Y por qué no han dado continuidad a tal forma otros autores teatrales? Maria Adelaide da una respuesta sucinta: "Hoy en día ya es un absurdo montar una pieza en el Brasil con cinco actores" (Entrevista Personal). O sea, persiste la presión económica en el desarrollo del teatro de la pos-dictadura, aun después del fin de la crisis pos-"milagro". Los dramaturgos enfrentan dificultades desmedidas para montar sus obras, sobre todo cuando se requiere un elenco de más de dos o tres actores; en los años noventa, se escenifican los dramas que se reducen a pocos personajes.

La próxima pieza de Maria Adelaide Amaral, *De braços abertos*, de 1984, consolidó su prestigio y significó un paso adelante en su búsqueda de la identidad femenina. *Braços* incluye dos personajes, Luísa y Sérgio, quienes se reencuentran cinco años después de la conclusión de su amorío. Su relación y búsqueda posterior de identidad individual se retratan a través de su diálogo, el que se mantiene en el presente y en escenas retrospectivas. La autora define la obra como "juego de poder amoroso" (Entrevista Personal). Al disecar su relación fracasada, Luísa lleva claramente la ventaja mientras él se porta de una manera infantil; ella, al contrario de Sérgio, se ha recuperado de la experiencia, ha sabido darle su justo valor y seguir adelante con su vida. De los dos, en suma, Luísa es la que ha conseguido labrarse una identidad. Incapaz de aceptar la separación y la independencia de ella, él "se defiende agresivamente de lo que considera su propia inferioridad con relación a ella, usando el mismo género de sarcasmo, repitiendo irónicamente las mismas quejas."[7] Luísa es la mujer con control de su propia vida, que ha realizado de modo productivo su búsqueda de identidad, lo cual le da una vuelta irónica al tradicional discurso patriarcal, ya que Sérgio forcejea todavía en ese sentido.

¿Se trata, entonces, de una obra feminista? Vincenzo da Cunha responde que, a pesar de la negación de la autora, "si se eliminasen las conotaciones negativas que la impregnaron, las sistemáticas conotaciones de militancia agresiva y de primaria hostilidad a los hombres, no hay –nos parece– porque no considerar feminista una pieza que trata con tamaña riqueza de matices... de la rabia que puede provocar en el hombre la independencia y el éxito profesional de su pareja". (*Mulher* 215) En nuestra entrevista, Maria Adelaide habló sobre este asunto: "Yo no tengo el menor compromiso con el feminismo. Yo tengo un compromiso con mi sexo, con las mujeres, conmigo. Básicamente, tengo un compromiso con el ser humano."

A partir de la obra *De braços abertos*, serían difíciles para la autora los próximos diez años. Se detuvo repentina e inexplicablemente la subida meteórica de la dramaturga. Maria Adelaide publicó ficción, escribió para la televisión y siguió preparando obras, de las cuales pocas fueron escenificadas y ninguna repitió los éxitos del período 1978-1984. Aunque se volvería a encender su carrera en 1994, a la fecha de nuestra entrevista de 1993, Maria Adelaide era pesimista respecto al futuro dramatúrgico, el suyo y el brasileño en general:

"Es prácticamente imposible escribir para el teatro. Se ha vuelto muy difícil colocar mis textos, por el número de actores, por la calidad exigida de los actores para representar mis piezas. Yo hago un teatro de actores. Hay que ser muy bueno. Si no es una tragedia, es horrible. Mis piezas sólo funcionan cuando son muy bien representadas. Pero la vida para el autor brasileño no es nada fácil. Nadie facilita nuestra vida. Aunque te monten, ganes premios, seas conocida, no se van a abrir todas las puertas. Porque es casi imposible hacer teatro en el Brasil, le es difícil al autor colocar sus textos. La verdad, no hay compañías. Lo que tienes en realidad son personas que se reúnen en tal momento para hacer un solo espectáculo. En el Brasil hoy existe el escenificador que no se interesa por lo que nosotros hacemos. No hay mucho espacio para el autor brasileño. Porque el autor vivo molesta. Para el escenificador el texto es un mero pretexto. Pero no voy a desistir por causa de eso. Al público le gustan los autores nacionales. Está más que comprobado. Porque es una realidad muy cercana a ellos. El público se identifica. Pero para que el autor brasileño tenga su espacio tal vez se necesite un buen teatro de repertorio en las ciudades grandes."

Los años 1994-95, no obstante, cambiaría la suerte pues se volvieron a montar las obras de la autora, entre las cuales se destacan dos: *Intensa Magia*, que se estrenó en Río en 1994 y posteriormente en São Paulo, en 1996.

Aunque *Intensa Magia* tuvo éxito en términos de taquilla y crítica, la carrera dramática de Maria Adelaide Amaral se encendería plenamente con *Querida Mamãe*, obra que se estrenó en Río en 1994 y después estuvo en cartelera en São Paulo en 1995-96, mereciéndole a la dramaturga varios premios. *Querida mamãe* tiene un vínculo con la obra anterior de Adelaide, pues trata de las relaciones humanas desde una perspectiva psicológica. La obra constituye una receta para superar los obstáculos contra la escenificación de piezas nacionales en el Brasil. Hay dos personajes y la escenografía es sencilla (y por lo tanto poco cara). La autora describe el espacio escénico así: la sala de un departamento a la moda de los años cincuenta, con pocos adornos, entre los cuales hay vestidos, sombreros, discos y otros objetos representando los años treinta, cuarenta y cincuenta. Los muebles incluyen un sillón, un televisor, un tocadiscos y un espejo grande. Aunque el marco temporal corresponde al presente, la escenografía crea una atmósfera de atemporalidad y anhelo por una época que la memoria y la imaginación llenan de gracia. Los discos son un recurso para justificar el uso extenso de música, la cual le presta a la obra su clima y, a veces, su contrapunto irónico.

Querida Mamãe es la historia de Helô, médica, y de su madre, Ruth, dueña de casa, viuda, en cuya sala transcurre la acción. Estas dos personajes, según la crítica Carmelinda Guimarães, "tienen una densidad arquetípica que indica para el texto una universalidad."[8] La obra constituye un intrincado *pas-de-deux* psicológico en el que las dos mujeres se acercan y se alejan, fabricando una tela de recriminaciones mutuas y tentativas de reconciliación. El meollo del drama es la búsqueda de identidad, de parte de Helô, la hija, así como el enigma que rodea el carácter de la madre. Esta, afirma Carmelinda Guimarães, "ya está registrada en la galería de las grandes personajes del teatro brasileño y promete una carrera internacional. Es el personaje perfecto para una actriz de edad mediana" ("Grande"). Helô es infeliz en el amor, su matrimonio ha fracasado, tiene una relación enajenada con su hija y la carrera médica le va mal. Al levantarse el telón, Helô revista un baúl antiguo, buscando un conjunto (vestido y sombrero) para llevar a una boda. Cada prenda de ropa que Helô prueba representa un fragmento de la historia de la familia, la cual Ruth le cuenta a la hija. Tal recurso le permite a la dramaturga proveer información de trasfondo sobre los personajes, exposición y premonición. La crónica de amor no correspondido, conflictos familiares y momentos fugaces de felicidad constituyen un presagio de la vida de Helô. Relacionada con la ropa hay otra metáfora central, la costura de los pedazos de tejido que componen la trama y cuya forma íntegra se revela en el final de la obra. Las metáforas enlazadas de ropa y tejido le exponen al lector/espectador el conflicto central de la obra: la incapacidad de madre e hija de acertar las cuentas, de aceptarse la una a la otra. Probar ropa vieja sacada de un baúl simboliza la búsqueda de la identidad y la revelación de viejos conflictos nunca resueltos por la madre y su hija. Aquélla, por ejemplo, no tolera ni los fracasados amoríos ilícitos de su hija ni los conflictos de Helô con su propia hija, fruto de un matrimonio malogrado.

Una pieza central en el tejido del enredo es la desesperación implacable de Helô en su búsqueda de identidad. El tejido comienza a evidenciar su forma tangible cuando Helô se refiere a su encuentro con una diseñadora de trajes (otra manifestación de la metáfora del tejido). Ruth tiene sospechas respecto al encuentro, y a esta altura algunos espectadores ya habrán especulado que Helô y la diseñadora, Leda, tendrán una relación amorosa. Y no tardará mucho la revelación del caso, que cae como una bomba en la vida de Ruth. Esta, claro está, se niega a aceptar la idea de una aventura "inmoral" e insiste en que su hija, habiendo experimentado relaciones sexuales con hombres, no puede ser homosexual.

A pesar de la nueva posibilidad de amor y de identidad, la suerte de Helô va de mal en peor, pues pierde a Leda, quien se asusta por los excesivos conflictos familiares. Ruth, al mismo tiempo, descubre que está enferma, probablemente de cáncer. Al término de *Querida mamãe*, madre e hija se ofrecen tenuemente algún apoyo, y la función de cuidado materno se traslada sutilmente a la hija. Al apagarse las luces, Helô sostiene el hilo en la mano para que se madre pueda enrollarlo en la madeja. En la acotación final la autora baja el telón al coser la última pieza del tejido metafórico de la obra: "Es el modo por el cual ella consigue establecer un lazo con la madre. A través de un hilo de lana. Simbólicamente."[9] Al final, entonces, el hilo que se enrolla representa los cabos sueltos que unen precariamente a madre e hija en su relación atormentada de amor y odio. Las dos mujeres se tocan incómodamente, enfrentando pérdidas abrumadoras, pero este final no es el camino hacia un reencuentro regado de lágrimas sentimentales sino –porque la obra se acerca al melodrama para siempre dar un paso irónico atrás– a una especie de *danse macabre* en la que Helô y Ruth han llegado a ser parejas iguales. A pesar de que los dos personajes producen un torrente de palabras, su única comunicación verdadera no es verbal, como por ejemplo en la escena final donde componen juntas el tejido simbólico de su vida.

La cuestión de la identidad en la obra, particularmente la de Helô, coloca *Querida Mamãe* en la categoría de la literatura femenina de búsqueda. Ruth es incapaz de servir de modelo profesional y afectivo para Helô. Y cuando la madre revela finalmente la dimensión transgresora de su propia vida –traicionó a su marido– ya es tarde para Helô. Su tentativa de establecer una nueva personalidad a través del amor homosexual corresponde a un camino nuevo en la escritura femenina del Brasil, ya que ha sido hasta ahora un tema tabú en aquel país (no es así con respecto a la homosexualidad masculina). A pesar de la tentativa fracasada de Helô, se retrata de una manera positiva en *Querida Mamãe* la hipótesis del lesbianismo.

Como corolario de la cuestión de la identidad de las personajes, se da la de la escritora misma. Maria Adelaide Amaral ha amalgamado dos géneros aparentemente pasados de moda, sin decir incompatibles: el realismo psicológico y el melodrama. Se observa el realismo psicológico en la manera como la autora, con capacidad psicoterapéutica, descasca las capas que tapan "heridas abiertas por una difícil relación familiar. . . . Cuando el espectador se da cuenta de que la autora va a llevarlo a aguas profundas, a una densidad de emociones que no deja a nadie incólume, ya es tarde."[10] Vuelvo aquí a la metáfora anterior: lo que la autora construye, o desconstruye, es el tejido psicológico más profundo de sus personajes. En términos de género la obra no se encuadra en las tradiciones de su país: "Al lidiar con la sustancia abstracta del conflicto entre madre e hija, la pieza explora el nicho del realismo psicológico, un género más común en la dramaturgia norteamericana que en la brasileña" (Guzik, "Emoções"). El melodrama, por otro lado, corresponde a una vieja tradición de las tablas. La telenovela mantiene tal tradición, y Maria Adelaide misma escribe guiones para la televisión. Hay muchos elementos melodramáticos en *Querida Mamãe*, sobre todo las emociones fuertes y las revelaciones que conducen la trama. La obra, no obstante, como es el caso de *Cemitério sem Cruzes*, bordea el melodrama pero no sucumbe totalmente. Porque la revelación no lleva a la resolución, porque las fuertes dosis de emoción tienen siempre un contrapunto irónico y porque la búsqueda del cónyuge perfecto se encamina a un caso gay, *Querida Mamãe* tiene algo de posmoderno en su desconstrucción del melodrama y de las tradicionales categorías sexuales.

Otra autora que se destaca en la desconstrucción de las tradicionales categorías de género es Edla van Steen. Conocida principalmente como narradora, ha compuesto una de las obras de mayor éxito de la época pos-dictadura, *O Último Encontro*, la que recibió lo premios Molière y Mambembe de 1989. Nada más natural que ese nuevo camino, pues Edla van Steen, además de ex-actriz de teatro y cine, ha creado una obra narrativa repleta de elementos teatrales. El brillo y la sutileza del diálogo coloquial aparentemente sencillo sugieren estados psicológicos de lo más complejos y profundos, y también las intrincadas relaciones entre la creación artística y el universo mítico-arquetípico.

La pieza se basa en una serie de ficciones: versiones diferentes del pasado, sueños, fantasías, fantasmas. El argumento consiste en dos planos temporales, presente y pasado. El presente es el encuentro, después de veinte anos, de Mira y Marcelo, los últimos sobrevivientes de los Buckhausen. La acción pasa en la antigua casa de esta familia alemana del sur del Brasil. El pasado, que irrumpe constantemente en el plano del presente, se proyecta en gran medida en variadas visiones ficcionales de Marcelo, escritor cuyo tema fundamental es la historia de la familia y por extensión la decadencia de la cultura alemana en el sur. La obra teatral de Edla van Steen traza, a través de la óptica de Marcelo, un juego de espejos donde se reflejan seres vivos y fantasmas, versiones alternativas de incidentes del pasado, ambigüedad con relación al presente, deseos inconscientes que se hacen conscientes. En la casa antigua de los Buckhausen, los personajes del presente inventan y recrean los del pasado familiar, los resucitan, se proyectan en ellos y en el final los reencarnan. Pasado y presente, por lo tanto, se mezclan en versiones ficcionales, dentro de la ficción mayor que es la pieza misma, creando de esa manera una especie de metalenguaje. Pero es curioso ese metalenguaje, pues no se trata del tradicional drama dentro del drama; es el drama dentro de la novela dentro del drama. Marcelo va construyendo la historia por medio de la proyección de sus fantasmas internos, así como de los del pasado ancestral. Se presentan distintas versiones del pasado que determinan el rumbo de la historia vivida en el presente por Mira y Marcelo. Pero lo que desencadena su historia son sus respectivas crisis existenciales.

O Último Encontro es, en el fondo, una obra de carácter mítico-mágico, en la que se cuenta la historia del ancestral y trágico círculo incestuoso de los Buckhausen, donde el tiempo es cíclico y los protagonistas tratan de volver al principio de las cosas en busca de la regeneración. El pasado aparece en la pieza no sólo en la forma de "flash-backs" para aclarar aspectos de la trama; es una presencia real que se mezcla con el presente. Los fantasmas andan por la casa y sus historias se repiten en el presente. La sumersión en el pasado, en las raíces, le da significado al presente. Cuando Marcelo y Mira regresan a la casa de los Buckhausen, el tiempo se suspende, hay una progresiva dilución entre pasado y presente; el pasado interfiere directamente en el presente. A medida que los fantasmas aparecen cada vez más en escena, los protagonistas van asumiendo sus características y retornan a su propia infancia, al origen de su relación incestuosa. Como en los mitos, el comportamiento es circular —refleja los paradigmas del pasado— y el tiempo es cíclico; en otras palabras, se trata del eterno retorno. Así, los hermanos, en la última noche de los Buckhausen, en la repetición final del trágico paradigma ancestral, completarán el destino familiar. ¿Será el amor incestuoso una solución? La tragedia acaba dialécticamente. Hay una especie de *happy ending* en la finalización del destino de los Buckhausen. Al mismo tiempo, Mira y Marcelo rompen con el destino que ha sofocado "todas las posibilidades de sentir amor." En la noche final descubren y expresan la plenitud del amor. Los hermanos rinden homenaje a sus antepasados, y al menos por una noche, se escapan del destino mortal. La maldición se torna felicidad.

He analizado, evidentemente, sólo una pequeñísima parcela del drama brasileño de la pos-dictadura. He excluido, también, de esta tipología, por falta de espacio y por el enfoque exclusivamente dramatúrgico, la escritura escénica, la cual ha tenido, en realidad, más impacto que cualquier otro fenómeno en las tablas del Brasil de los últimos años. Me refiero a los "encenadores" o escenificadores posmodernistas como Antunes Filho, Gerald Thomas, Bia Lessa y Gabriel Villela.

Para concluir este ensayo, cito al ilustre crítico Sábato Magaldi: "Cada vez que me siento seducido por el desánimo, no estoy de acuerdo con los rumbos seguidos por los espectáculos o me enojo con la política estatal de cultura, leo las ofertas de carteleras en los periódicos y concluyo que, en su diversidad provocadora, la simple existencia del teatro brasileño es un milagro. Porque, en otros centros, para obtener semejantes resultados artísticos, se movilizan fondos astronómicos, provenientes del Gobierno [o] de fundaciones y de patrocinadores privados. Es obligatorio reconocer que, más que una actividad profesional, el teatro del Brasil se ha hecho un imperativo de vocación irrecusable, que se afirma contra todo y contra todos... Hacer teatro, en ese escenario, es prueba de heroísmo, a la que no se acostumbra dar importancia. Y los realizadores no se satisfacen con la rutina –experimentan nuevos lenguajes, desafían patrones estéticos establecidos, cuestionan las bases de su propio arte. Bajo el prisma de la investigación, deberíamos estar contentos."[11]

º Este ensayo forma parte de mi proyecto sobre el teatro brasileño patrocinado por una beca del NEH (National Endowment for the Humanities), concedida en 1995.

Notas

1. Mariângela Alves de Lima, "Tendências atuais do teatro", *Revista da USP: Dossiê Teatro*, No 14, junio/julio/agosto de 1992, pág. 16. Son mías ésta y todas las otras traducciones de este ensayo.
2. Décio de Almeida Prado, *O Teatro Brasileiro Moderno*, Editora Perspectiva/Editora da Universidade de São Paulo, 1988, pág. 104.
3. Como la mayoría de los lectores ya sabrán, este llamado "milagro" se refiere al proyecto económico que los generales llevaron a cabo en los años setenta, el cual produjo un breve período de prosperidad ilusoria seguido del colapso: hiperinflación, desvalorización altísima, desempleo, etc.
4. La primera de estas "feiras" fue organizada y montada por Augusto Boal en 1969.
5. *Feira Brasileira de Opinião*, São Paulo: Editora Global, 1978, pág 7.
6. Entrevista personal con Maria Adelaide Amaral, São Paulo, 22 de junio de 1993.
7. Elza Cunha de Vincenzo, *Um Teatro da Mulher: dramaturgia feminina no palco brasileiro contemporâneo*. São Paulo: Editora Perspectiva/Editora Universidade de São Paulo, 1992, pág. 217.
8. Carmelinda Guimarães, "'Querida Mamãe': grande peça e uma relação difícil," *A Tribuna* (São Paulo), Setiembre de 1995.
9. Maria Adelaide Amaral, *Querida Mamãe*, São Paulo: Editora Brasiliense, 1995, pág. 87.
10. Alberto Guzik, "Fortes emoções no palco," *Jornal da Tarde*, 10 Septiembre 1995.
11. Sábato Magaldi, *Revista USP: Dossiê Teatro*, No 14, junio/julio/agosto de 1992, "Onde está o teatro?", pág. 6-7.

ENTRE LA FICCION Y LA HISTORIA. *UNA AUREOLA PARA CRISTOBAL* DE DANIEL GALLEGOS: TEXTO E INTERTEXTOS

Mario A. Rojas

La conmemoración de un nuevo centenario del descubrimiento de América despierta en los historiadores y escritores de ficción un gran interés en la figura de Colón. La lista de textos colombinos aparecidos en torno a la proximidad del V centenario del descubrimiento fue, como era de esperar, extensísima. En el campo de la ficción se publicaron novelas como *Los perros del paraíso* (1983) de Abel Posse, y *La vigilia del Almirante* (1992) de Augusto Roa Bastos. Entre las obras dramáticas figuraron *El otro Cristóbal Cristóbal* (1991) de Fernando Mera, *Cipango* (1992) de José Antonio Rial, *Cristóbal Colón* (1988) de Antonio Gala, *Por las tierras de Colón* (1988) de Guillermo Schmidhuber y *Una aureola para Cristóbal* (1993) de Daniel Gallegos[1]. Aunque en este artículo me centraré en esta última obra, las conclusiones a que arribaré pueden aplicarse por igual a muchos textos históricos contemporáneos, sean obras de teatro, novelas o cuentos.

Daniel Gallegos (1930), junto a sus coterráneos Alberto Cañas (1920) y Samuel Rovinski (1932), es considerado uno de los pioneros del teatro costarricense contemporáneo[2]. Con una amplia experiencia en el campo del teatro, se ha desempeñado como director, actor, escenógrafo y, en varias ocasiones, ha recibido premios nacionales e internacionales. Sus obras más conocidas son *La casa*, *La colina* y *El séptimo círculo*. Los conflictos planteados en sus obras son fundamentalmente de carácter sicológico y filosófico y tratan acerca de situaciones relacionadas con la sociedad y cultura contemporáneas, excepto su último texto que tiene como asunto un hecho histórico.

A. Intertextualidad literaria e histórica

1. Texto e hipotexto

Una aureola para Cristóbal está basada en la novela El arpa y la sombra de Alejo Carpentier. La estrecha intertextualidad que une a las dos obras, en especial en relación a la lectura fantasiosa que hacen de la historia, no menoscaba, sin embargo, la originalidad del texto dramático de Gallegos, quien toma del hipotexto su diégesis o línea argumental, pero eligiendo como resorte propulsor del conflicto dramático las partes que en la novela funcionaban como obertura y coda.

La novela de Carpentier consta de tres partes situadas en tiempos y espacios diferentes. La primera, titulada "El arpa" ocurre en Europa en 1856 y se desarrolla alrededor de la figura del Papa Pío Nono quien, fuertemente empeñado en lograr la canonización de Colón, hace los preparativos para su beatificación. Los pormenores de esta parte son complementados con un viaje a Chile, que Pío Nono hace en su juventud (1823-1824) cuando todavía era Giovanni María Mastai. El futuro Papa integraba una misión pontificia que había sido solicitada por Bernardo O'Higgins, la suprema autoridad de Chile en ese momento. Esta empresa, sin embargo, terminó en un completo fracaso ya que al llegar la delegación a Chile, O'Higgins había sido derrocado y el gobierno chileno estaba bajo el control de un nuevo mandatario, Ramón Freire. (Coppa, 1879: 27-31). En esta primera parte, se sigue la modalidad típica de la novela histórica tradicional caracterizada por una voz heterodiegética que relata los hechos ciñéndose miméticamente a la cronología y realidad del dato histórico, con la excepción del episodio que narra el paso de Mastai por Buenos Aires, en que se incorporan viñetas descriptivas claramente identificables con el cuento/ensayo "El matadero" de Esteban Echeverría, lo cual no altera la verosimilitud realista impuesta, ya que la intención documental está igualmente presente en el texto del autor argentino. La objetividad de la primera parte contrasta con la subjetividad de la segunda, titulada "La mano" que se sitúa tres siglos antes, cuando en su lecho de muerte el Almirante, entre la divagación y el recuerdo, hace un balance de su vida personal y su glorioso pasado. Desde la intimidad y transparencia del relato confesional de un narrador cercano a su muerte, Colón se desnuda en toda su miseria y debilidades; se deconstruye a sí mismo como signo, despojándose de sus abultados significados míticos, muchos de los cuales habían sido forjados por él mismo y que, más adelante, serían magnificados por las ideologías y pasiones de sus biógrafos. Se trata de un relato autorreferencial en que la lucidez y la sombra, la ficción y la realidad se confunden constantemente. Entre las desviaciones mas grandes de la historia, Isabel la Católica aparece como una ardiente amante de Colón y, un personaje ficticio, Maese Jacobo, es quien le transmite al futuro Almirante la información necesaria que lo llevará a América. La tercera parte titulada "La sombra" tiene, como bien lo señala Menton (1993), un carácter carnavalesco. El fantasma de Colón es testigo de un caldeado y virulento debate sobre su canonización en el que participan distanciados pensadores y escritores, desde Bartolomé de las Casas hasta personalidades como Washington Irving, Julio Verne, León Bloy, Karl Marx, además de los miembros la Congregación de los Santos Oficios. Concluye la novela con un dictamen de la Congregación que trunca la santificación del descubridor.

Además de todas las adaptaciones estructurales que son necesarias cuando se transforma un texto diegético, mediatizado por una voz narrativa en otro mimético de directa representación, Gallegos reúne las tres partes de la novela en una sola, pero en vez de mantener como coordenada semántica principal la correspondiente a "La mano", como es el caso de la novela, toma como tema central la canonización de Colón, y a Pío Nono como su actante principal. Esta preferencia temática es anunciada en el título mismo de la obra de Gallegos. La aureola se refiere al halo luminoso de los santos que Pío Nono, por razones más políticas que espirituales, quería adjudicarle a Colón. Sumariamente expuesta, la estructura actancial del drama de Gallegos se plantea del siguiente modo: la canonización de Colón (la aureola) es el objeto perseguido por Pío Nono, quien oficiando como sujeto motivado por una profunda religiosidad y convicción política, busca ampliar el dominio y control de la iglesia en el mundo. Esta empresa es apoyada por muchos obispos de la época y avalada por la biografía de Colón escrita por el conde Roselly de Lorgues, historiador oficial del Papado. Fuertes opositores imponen finalmente su voluntad clausurando las aspiraciones de Pío Nono.

2. Texto e intertexto histórico: Pío Nono y su Papado

Pío Nono fue una de las figuras centrales del escenario no sólo religioso, sino también político del siglo diecinueve. Proveniente de una familia de noble estirpe, es elegido Papa en 1846 y permanece en el trono más tiempo que cualquier otro prelado (1846-1878). El siglo diecinueve no le fue muy favorable al papado, el que desde el año 756 había ejercido un poder *temporal* (civil) sobre varias provincias y ciudades del centro de Italia, incluyendo Roma. Esta área era conocida como los Estados Papales. Este poder temporal fue amenazado cuando en 1809, Napoleón Bonaparte anexó estos territorios al imperio. Aunque pronto dichos estados fueron restituidos al papado, en 1870 el rey Vittorio Emanuele II tomó Roma por la fuerza y llamó a un plebiscito popular que convirtió a esta ciudad en la capital de una Italia unificada. Desde entonces, el poder temporal de la iglesia quedó reducido a lo que es hoy el Vaticano. Muchos atribuyen esta pérdida a la ineptitud política de Pío Nono[3]. Es de notar, sin embargo, que posiblemente ningún Papa habría sido capaz de detener los movimientos liberales y nacionalistas que se imponían en esa época con un ímpetu tal que muy pronto reconfigurarían un nuevo mapa de Europa. Pío

Nono se opuso tenazmente a estos cambios, convencido de que los movimientos liberales y nacionalistas no sólo amenazaban el poder temporal de la iglesia sino que, por su filiación masónica, atentaban igualmente contra la moral cristiana. Aunque Pío Nono veía con ojos positivos el progreso de las ciencias y la tecnología, rechazó tanto el positivismo, que destruía la fe, como el liberalismo económico que juzgaba insensible, individualista y materialista. Con el fin de contrarrestar esta avalancha ideológico-política, Pío Nono emitió una serie de pronunciamientos papales, en especial, la encíclica *Quanta cura* y su addendum "Il Sillabo"[4]. Su intención era compensar la pérdida del poder temporal con un mayor control espiritual sobre los creyentes católicos. Entre sus acciones, estuvo la proclamación de la Inmaculada Concepción el 8 de diciembre de 1854 y la promulgación del dogma de la infabilidad del Papa en 1870. Incrementó, además, la actividad misionera de la iglesia y extendió un sistema administrativo de vicarías apostólicas, prefecturas y delegaciones por todo el mundo católico. La canonización de Colón formaba parte de este gran proyecto de expansión y consolidación de la fe católica.

La adversión de Pío Nono al liberalismo empezó a crecer en él desde su viaje a América, cuando la misión pontificia en que participaba fracasó debido al rechazo de la oposición de los pipiolos o liberales chilenos. Las ideas liberales que habían brotado de la Revolución Francesa se habían extendido por el mundo de ultramar y su influencia se notaba ya en los albores de la independencia de los pueblos americanos, en figuras precursoras de los movimientos libertarios, como Francisco de Miranda y Simón Bolívar. La acción de Bernardo O'Higgins de invitar a una misión romana con la que se establecerían lazos diplomáticos, no respondía a intereses religiosos sino a razones políticas ya que, con esta iniciativa, se trataba de evitar que la Corona Española recobrase el poder a través de la vía clerical hispana. Pío Nono se propuso conquistar el nuevo continente. Colón sería el santo, enlazaría Europa y todo el continente americano, y sería un poderoso símbolo para frenar las subversivas ideas liberales que florecían en el continente americano. Con este fin le comisionó al conde Roselly de Lorgues que escribiera una pía y convincente historia del Almirante. En un grandilocuente y pomposo estilo, el conde escribe una extensa biografía, insuflada de mito y dogmatismo. En ella Colón se yergue como una reencarnación de Cristo, como un profeta y redentor que merecía la santidad.

3. La subjetividad de una *Historia*: el Colón del conde Roselly de Lorgues

El libro del historiador francés fue publicado en 1864 bajo el título de *Cristophe Colomb. Histoire de sa Vie et des ses Voyayes d'après des Documents authentiques tirés D'Espagne et d'Italie*[5]. En el título mismo el autor consigna el principio de composición que seguirá en su obra: el fiel acatamiento a la objetividad exigida por la historiografía de su época. Sin embargo, consciente de que toda historia es siempre matizada por el sistema de valores (la ideología) de su enunciante, aclara inmediatamente en el prólogo que su interpretación de la histórica aventura de Colón será la de un católico ferviente. "No hubo antes de ahora católico que ensayase trazar completamente la vida de Cristóbal Colón, este héroe del catolicismo. Hasta aquí nada más el protestantismo había tenido el privilegio de contarnos esa historia y sus juicios eran aceptados sin reparos, cuando al fin ha sonado la hora de una grande rehabilitación" (7).

El conde está indudablemente imbuido de las ideas del historiador y filósofo alemán J. G. Herder quien, desde una postura romántica, en contraposición con la visión neoclásica, fr a y materialista de la historia, postulaba una historia que "[devolviera] al individuo y al acontecimiento individual un rol determinante y a la historia su carácter mítico" (Urbina, 1994: 20). Herder, que tuvo una gran influencia en Francia, propuso una metodología de la historiografía en la que el punto de vista del que observa el hecho histórico, la voz con que se dirige a su audiencia y la concepción e interpretación organicista de la historia constituían factores fundamentales en la composición del texto histórico. El conde Roselly de Lorgue escribe la historia de Colón con el fin de convencer al mundo, en especial a la Congregación de los Santos Oficios, que Colón actuó providencialmente y que la "grandeza y sublimidad de su alma" (8)[6] bien le merecía un puesto en el santoral cristiano. La historia del autor francés se estructura orgánicamente en torno a una serie de motivos asociados con el arquetipo del hombre superior posesionado de la fuerza suficiente para dar al mundo y a la escritura de la historia un nuevo sentido totalizador.

El libro del conde Roselly de Lorgues es un referente intertextual constantemente aludido en las obras de Carpentier y Gallegos con el fin de destacar su trasfondo dogmático e ideológico y contraponer al idealizado Colón del conde con otros Colones, que aunque literaturizados parecen más cercanos a la realidad de la vida y hechos del Almirante.

4. *Una aureola para Cristóbal* una reescritura de *El Arpa y la sombra*

La obra de Gallegos retoma todos los elementos con que Carpentier ficcionaliza y reconstruye a Colón, quien es asumido como un signo intertextual traspasado por muchos textos históricos y ficticios. Del amplio espectro de posibilidades barajadas, Carpentier y Gallegos eligen las más controversiales. En cuanto al origen de Colón, se inclinan por la del genovés de ascendencia judía a quien otro judío italiano que residía en Escocia, le da las pistas necesarias para continuar la saga de Leif Ericson, quien antes que Colón ya había puesto los pies en tierra americana, en la remota Vinlandia. En ambas obras, al mismo tiempo que se capturan todas las dimensiones míticas del Colón provenientes de otras escrituras, se las desvirtúa presentando al Almirante como ambicioso, calculador, soez, lujurioso y de dudosa moral, como un individuo inescrupuloso que se apodera de los diez mil maravedíes que estaban destinados a Rodrigo de Triana (el primero en avistar tierra, según la historia) y que no trepida en vender a los indios como esclavos. Igualmente negativo y desmiticante es el retrato que se hace de Pío Nono, quien es dibujado como un Papa calculador, dogmático e insensible a los cambios de la historia.

    Las tres partes de la novela de Carpentier son recompuestas en dos actos en la obra teatral. Valiéndose en especial de la técnica del "flashbacks", Gallegos recrea distintos momentos de la vida de Colón y de Pío Nono que se conectan con un presente, correspondiente al momento en que la Congregación de los Santos Oficios discute la posible canonización y cuando ya reina en el Vaticano León XIII, el sucesor de Pío Nono.

    La incertidumbre existente en torno al lugar de nacimiento de Colón (¿genovés, judío italiano, catalán, español?) se da igualmente en relación al sitio en que yacen sus restos. El Almirante muere en España, pero su cuerpo no se deja descansar en paz allí, sino que su peregrinaje de marino de ultramar continúa aun después de muerto. Su cadáver es reclamado por el Nuevo Mundo; traído a América, es sepultado primero en la Catedral de Santo Domingo, luego en la de La Habana para, finalmente, ser devuelto a España y colocados sus restos en la Catedral de Sevilla. Pero es posible, según los incrédulos o aquellos movidos por intereses particulares, que sus despojos aún permanezcan en América, que las osamentas llevadas a España no sean sino las de su hijo y/o nietos, o bien que los huesos del Almirante se encuentren confundidos con los restos de otros esqueletos. La primera escena de la obra de Gallegos se inicia precisamente con la dificultad que tienen los osteólogos del Santo Osario Papal para identificar los huesos de Colón, lo cual crea un serio problema a los efectos de su canonización y anticipa el carácter paródico y hasta burlesco de la obra de Gallegos. El primer acto se completa con un contrapunto verbal que mantienen Pío Nono y Colón. El Papa, un buen conocedor de la importancia de los signos simbólicos, está firmemente empeñado en lograr la canonización de Colón, quien aunque se siente sumamente halagado por tal honra, no deja de reconocer sus propias debilidades y manifestar su disentimiento frente a las maravillas que de él dice el conde de Roselly de Lorgues, cuya obra (una de las tantas acronías de la obra de Gallegos) Colón ha leído con disgusto. En el diálogo de ambos se intercalan momentos del pasado, que en la propuesta escénica se representarán (de acuerdo a las didascalias) por medio de un funcional escenario giratorio provisto de distintos planos, que permitirá la representación simultánea de acontecimientos ocurridos en espacios y tiempo diferentes. El segundo acto, que se corresponde, en general, con la tercera parte de la novela, se sitúa en el Vaticano cuando la Congregación de los Santos Oficios se reúne para decidir la beatificación de Colón, en la que se interpolan momentos del pasado de la vida de Colón que se reactualizan en el escenario a medida que se aluden en la discusión de su beatificación.

La originalidad argumental de la obra de Gallegos está, como lo señalábamos antes, en que convierte en eje central del conflicto dramático la figura de Pío Nono, quien era sólo un personaje de trasfondo en la obra de Carpentier. Las voces que en la tercera parte de la novela dialogaban a través del tiempo apenas existen en la obra de Gallegos. Con esto se consigue que el conflicto dramático se centre mejor en las figuras de Colón y Pío Nono, en sus desacuerdos y en el fracaso de la empresa de este último. Aunque el texto del autor costarricense elige las partes de la novela de Carpentier que mantienen un mayor apego al hecho histórico, la objetividad de los hechos es relativizada, cuestionada desde dentro, desde la diégesis misma, por medio del discurso de sus protagonistas, Colón y Pío Nono, cuyas figuras permanecen en escena, visibles para el espectador, pero invisibles para los otros personajes que están situados en un nivel ficticio diferente que separa el presente del pasado, la vida de la muerte.

La diégesis dominante de *El arpa y la sombra* correspondiente a "La mano" consiste en un monólogo en que Colón recapitula los momentos más importantes de su vida valiéndose para ello del recuerdo o de la lectura que hace de sus propios textos. Esta focalización interna y voz autodiegética imprimen verosimilitud a los elementos ficticios infiltrados en la historia, como es el caso de su encuentro con Maese Jacobo y sus amores con la reina castellana, que más que referentes históricos, parecen ser deseos incumplidos del Almirante. En *Una aureola para Cristóbal*, sin embargo, el efecto de verosimilitud se hace más explícito que en la obra del cubano, como puede apreciarse en el siguiente diálogo:

> Pio Nono: ¿Qué estás insinuando, Cristóbal?
> Colón: Lo que el fuego de un poeta soñador de estrellas, es capaz de imaginar.
> Pío Nono: ¿Y qué es lo que imaginas?
> Colón: Que conmigo era menos católica y más cariñosa y ardiente que una gata en celo.
> Pio Nono: ¡Santo Dios! ¡Cállate, Cristóbal. ¿Cómo puedes imaginar tal cosa y dar pie a habladurías?
> Colón: Pero, Santidad, nosotros engendramos la Hispanidad. Santidad, sin ella, no sería lo que soy. Columba es la razón de mi ideal. No la recuerdo con los ojos de la historia sino con los ojos del corazón. (122)

Otros importantes rasgos míticos atribuidos a Colón, por ejemplo, el carácter providencial y su visión profética, son igualmente relativizados por Carpentier y Gallegos. En la obra de teatro, este proceso de desmitificación surge del mismo Colón, quien desacredita como falsa tanto la historia del conde Roselly de Lorgues como también un retrato encomendado por Pio Nono en su campaña de canonización del Almirante. Después de leer la biografía del conde, que el Papa le había entregado con la seguridad de que se sentiría muy halagado, Colón comenta, sin embargo, con gran disgusto:

> Colón: No tiene nada que ver conmigo su Santidad. Si yo hubiera sido como ese señor Conde me describe, no hubiera llegado siquiera a las Canarias. Nunca fui un zopenco de esa calaña por muy santo que me quieran hacer ... ¡Es indignante! Además ese retrato que inventaron de mí ... Habrase visto semejante adefesio. Un viejo con cara de marrano, calvo y panzón. Yo era un hombre guapo, su Santidad, aunque esas cosas no tengan importancia para usted, yo lo sabía, las mujeres me lo decían. A Columba le enloquecía verme desnudo. (121)

La pretendida objetividad histórica de la biografía del conde Roselly de Lorgues, anunciada en el prólogo, es cuestionada aquí, como es igualmente puesto a prueba el discurso de Colón (que como todo discurso autorreferencial tiene señas subjetivas imborrables) que traspasa los lindes de la falsedad, al introducir aquella imaginaria relación amorosa con Isabel la Católica.

B. Historia y ficción histórica posmodernista

1. Historia vs. ficción histórica

El arpa y la sombra y Una aureola para Cristóbal, como veremos en seguida, comparten rasgos asociados a las convenciones de la ficción histórica posmodernista. El discurso histórico y el discurso literario, como así mismo la vinculación existente entre ambos, ha evolucionado a través del tiempo. Este cambio sucede de modo general en todo discurso, debido a la influencia que ejercen en él los nuevos códigos culturales y estéticos que condicionan su producción y recepción. De una etapa inicial en que la frontera entre el texto histórico y el literario casi no existía, se pasó a otra en que se extrapolaron sus diferencias, como sucedió a partir de la historiografía de la Ilustración y que se continuó posteriormente durante el positivismo decimonónico. En efecto, en una tajante dicotomía se contraponían historia y literatura enumerándose como atributos de la historia su observación racional de lo conocido y real, su inequívoca objetividad científica sustentada en una relación lógico-causal, sus conclusiones de validez universal. El historiador tenía el saber en sus manos, era el que anunciaba la palabra definitiva, el incuestionable generador del sentido último. Esta polarización fue cuestionada primero por los románticos y posteriormente por el posmodernismo, que premunido de las armas deconstruccionistas, pondría en jaque todas las grandes narrativas, entre ellas la historia, que, se sostenía, era una forma discursiva construida por una clase hegemónica y su concepción de corte monolítico y logocéntrico. Los críticos posmodernistas critican la pretendida objetividad de la historia, su vano intento de registrar un pasado reconocible y su falso papel directivo como transmisora e intérprete de la herencia cultural. Todo discurso, sostiene la crítica posmodernista, está traspasado por la subjetividad de su enunciante, es el producto de una interacción intertextual y discursiva, de visible e invisibles mediatizaciones culturales. La historia como discurso no se libra de este régimen composicional y comparte tantos rasgos con la literatura que toda polarización entre ambos géneros es insostenible .

Algunos posmodernistas, los más escépticos[7], restan toda importancia a la historia, la tildan de "logocéntrica, una fuente productora de mitos, ideologías y prejuicios" (Urbina, 1994: 86) y la consideran un material en desecho, un género ya gastado, agotado. Otros, más condescendientes, proponen una revisión de la historia convencional con el fin de que sea más receptiva a materiales que eran tradicionalmente rechazados por la historia y acepte versiones contestatarias que den un espacio y validez a narraciones paralelas a la historia oficial (a la construida por la hegemonía), como son las (auto)biografías o memoriales, por ejemplo. Proponen una historia que busque una significación anclada en el contexto social, en la vida y hechos ordinarios; una historia que reconozca la subjetividad presente en el proceso de producción y recepción de toda situación enunciativa.

La ficción histórica siempre ha seguido los cambios de códigos de la historiografía, que son asumidos seria o paródicamente[8]. En la actualidad es posible distinguir una forma de ficción histórica posmodernista, que ha sido observada en particular en la llamada "nueva novela histórica"[9]. La diégesis de la novela histórica tradicional, que seguía fielmente las convenciones del realismo, daba gran importancia al efecto de verosimilitud, al fiel registro del dato histórico, es sustituida por una diégesis posmodernista en la cual se subvierte el hecho histórico. Este nuevo texto se caracteriza por su plurivalencia y multiperspectivismo, que posibilita varias lecturas posibles gracias a su carácter paródico, a su uso de un doble referente proveniente de dos textos que se replican, donde la deconstrucción del texto original nos lleva a reflexionar sobre un hipotético pretérito que nos puede ayudar a comprender mejor el pasado y a forjarnos un futuro mejor.

2. El Colón de Daniel Gallegos: un nuevo mito

El arpa y la sombra fue uno de los primeros textos en introducir esta nueva concepción de la novela histórica, estrategia de que se apropia Gallegos en *Una aureola para Cristóbal*. Las obras de ambos autores revelan, sin ambages, las motivaciones internas que guiaban las vidas de Colón y de Pío Nono: la ambición e irrefrenable erotismo del Almirante; el dogmatismo y afán de poder (terrenal y espiritual) de Pío Nono que son generalmente borradas en las historias oficiales. Sin embargo, en *Una aureola para Cristóbal*, Gallegos es más bevenolente en su tratamiento de la figura de Colón y bastante severo en su retrato de Pío Nono. La degradación de la figura papal es llevada hasta sus últimas consecuencias; no sólo se expresa en el comportamiento del pontífice, sino también en su habla, que Gallegos no vacila en degradar. Así por ejemplo, en la escena final de la obra, ante el fracaso de su iniciativa de canonización del Almirante, se hace exclamar al enfadado Papa: "se nos jodió la cosa, Cristóbal" (180). En cambio el personaje Colón no sólo recibe la absolución de Gallegos, sino que lo resemantiza añadiéndole una nueva connotación mítica, diametralmente opuesta a la que quiso atribuirle Pío Nono o el conde Roselly de Lorgues: "...la ruta que se trazó con mi empresa a través del océano, hizo posible lo que a usted le disgusta tanto: el que surquen las ideas à través de los mares y con ellas se instaure la moda de pensar" (181). En el drama de Gallegos, Colón es visto como un propagador de nuevas ideas y como un mensajero de la libertad, atributos que son tan aventurados como el papel mesiánico y profético que le asignaron aquellos que buscaban su canonización. Para estar de acuerdo con Gallegos tendríamos que olvidarnos de las sofisticadas y efectivas formas de censura a que fueron sometidos los nativos, y posteriormente los mestizos, durante la conquista y la colonia; olvidarnos de los horrores de la Inquisición; olvidarnos de que los liberales (los promotores en América del ideario de la Revolución Francesa) eran criollos que aplicanban las ideas liberales sólo a su propia clase, que era la que tenía el privilegio de la palabra escrita y hablada, mientras una gran población seguía sumida en la ignorancia y sometida a un sistema feudal, marginados de la modernidad que los liberales se esmeraban en implantar en el Nuevo Mundo.

Notas

1. La figura de Colón como personaje histórico y literario y sus connotaciones simbólicas es tratada en el libro de Stavans. No contiene, sin embargo, ninguna referencia a obras teatrales que traten del tema.
2. Una buena síntesis de la historia del teatro costarricense actual que sitúa en su contexto los tres dramaturgos nombrados es el artículo de Sandoval de Fonseca.
3. Como ejemplos de las dos posiciones en torno a una valoración del papel histórico de Pio Nono, ver Brennan que tiene una posición muy favorable y la About que representa el polo opuesto.
4. El documento conocido como "Sillabo de Errores" fue uno de los documentos más controversiales de Pio Nono. Consiste en una abierta condenación del liberalismo religioso y el creciente materialismo de la época. Aunque este documenteo estaba dirigido a los miembros de la iglesia llegó a una gran masa de lectores y mereció una general reprobación debido a sus explícitas críticas a la sociedad civil.
5. Este libro fue publicado en su versión original en 1864 y traducido inmediatamente al inglés y al español. En 1869. J.J. Barry, M. D. lo tradujo al inglés quitando y

modificando algunas partes. En la traducción española hemos utilizado la tercera edición de 1876 preparada para la "Voz de México". En esta edición no aparece ni el nombre del traductor ni la fecha en que apareció la primera edición. En 1877 Knight publica una síntesis del libro de Roselly de Lorgues. Todas estas traducciones fueron hechas para atraer más adherentes a la canonización de Colón y, naturalmente, hacen eco del entusiasmo del autor francés.
6. Las dos citas del texto de Roselly de Lorgues las hemos tomado de la traducción al español.
7. Sobre la historia y sus atributos genéricos véase White. Sobre una concepción de posmodernista de la historia ver Rosenau, quien hace la distinción entre posmodernistas afirmativos y escépticos a la que nos referiremos más abajo.
8. Sobre la novela histórica posmodernista, ver en particular, Hutcheon, McHale y Wesseling.
9. Hay dos monografías de interés sobre la novela histórica latinoamericana: la de Menton que incluye obras de varios autores y la tesis doctoral de Leandro Urbina en que se estudia la literalización de la figura de Colón en tres obras, entre ellas *El arpa y la sombra*. El foco del análisis de Urbina está principalmente en la segunda parte de la novela de Carpentier, que como decíamos, es la más importante.

Bibliografía

About, Edmund. 1859. *The Roman Question.* New York: Appleton and Co. Trad. H.C. Coape.
Barrientos, Juan José. 1986. "Colón: personaje novelesco". *Cuadernos Hispanoamericanos,* 437 (noviembre): 45-62.
Barry, J.J. 1869. *The Life of Christopher Columbus.* Compiled from the French of Roselly de Lorgues. New York: Catholic Publication Society.
Brennan, Richard. 1877. *A Popular Life of our Holy Father Pope Pius IX Drawn from the Most Reliable Authorities.* New York: Bensinger Brothers.
Carpentier, Alejo. 1979. *El arpa y la sombra.* México: Siglo XXI.
Coppa, Frank J. 1879. *Pope Pius IX: Crusader In a Secular Age.* Boston: Twayne Publishers.
Gala, Antonio. 1988. *Cristóbal Colón. Gestos* III, 6: 177-213.
Gallegos, Daniel. 1993. *Una aureola para Cristóbal.* En *La casa y otras obras.* San José: Editorial Costa Rica.
Genette, Gérald. 1972. *Figures III.* Paris: Ed. du Seuil.
Herder, Johann Gottlieb. 1968. *Refletions on the Philosopy of History of Mankind.* Trad. T.O. Churchill. Chicago: University of Chicago Press.
Hutcheon, Linda. 1989. *A Poetics of Postmodernism: History, Theory, Fiction.* London and New York: Routledge.
Knight, Arthur George. 1877. *Christopher Columbus.* New York: The Catholic Publication Society.
McHale, Brian. 1987. *Postmodernist Fiction.* London and New York: Routledge.
Menton, Seymour. 1993. *Latin America's New Historical Novel.* Austin: University of Texas Press.
Mera, Fernando. 1991. *El otro Cristóbal Colón.* Quito: Poly Color.

Rial, José Antonio. 1992. *Cypango*. Caracas: Monte Avila.
Roselly de Lorgues, Antoine. 1964. *Christophe Colomb. Histoire de sa Vie et des Vogages d'après des documents authentiques tiré d'Espagne et d'Italie*. París: Dedier. Traducción al español: *Historia de su vida y sus viajes*. Tercera edición. México: Imprenta de J.R. Barbedillo y Co. 1876.
Rosenau, Pauline. 1992. *Post-modernism and the Social Sciences; Insights, Inroads, and Intrusions*. Princeton, New Jersey: Princeton University Press.
Sandoval de Fonseca, Virginia. 1987. "Dramaturgia costarricense". *Revista Iberoamericana*, 138-139. (enero-junio): 173-192.
Stavans, Ilan. 1993. *Imagining Columbus. The Literary Voyage*. New York: Twayne Publishers.
Urbina, Leandro. 1994. "La nueva novela histórica latinoamericana: El descubrimiento revisitado en Roa Bastos, Carpentier y Posse." Diss. The Catholic University of America.
Wesseling, Elizabeth. 1991. *Writing History as a Prophet; Postmodernist Innovations of the Historial Novel*. Amsterdam/Philadelphia: John Benjamins Publishing Co.
White, Hayden. 1990. *The Content of the Form; Narrative Discourse and Historical Representation*. Baltimore, London: The Johns Hopkins University Press

LA DRAMATURGIA CHILENA ACTUAL (1985-1995): LO PRIVADO COMO METAFORA DE LO PUBLICO

María de la Luz Hurtado

Re-teatralizar el teatro

La segunda mitad de la década del 80 estuvo, en el teatro chileno, caracterizada por la experimentación escénica, desde una dramaturgia que quiso huir del realismo, de la tematización verbal, de la exposición narrativa. Aun cuando hubo espectáculos basados en la creación colectiva, fue usual que directores y actores estimularan a los dramaturgos, o ellos mismos se convirtieran en tales, buscando un lenguaje de mayor ambigüedad, provocativo del pensamiento y de los sentidos.

No fue ése un *teatro de imagen*, **tan** propio en esos años en el mundo occidental, caricaturizado como efectista y falto de contenido. En el Chile de 1985, después de una década de teatro de resistencia cultural y de crítica al régimen militar, y ya en un contexto de mayor libertad de expresión, con una prensa opositora abierta y combatiente y con un movimiento popular que se la jugaba en las calles en las jornadas de protesta, el teatro ya no continuó en la denuncia y en el develamiento de los crímenes de dicho gobierno. Existía la sensación de que se requería re-teatralizar el teatro, exacerbar aquellos lenguajes que sólo el teatro podía elaborar desde sus posibilidades escénicas. Desde allí se buscó descubrir facetas ocultas, inconscientes, impensadas o invividas aún de la realidad cercana y también de aquélla imposible de aprehender racionalmente. Por tanto, la recurrencia a la expresividad visual, sonora, lumínica, gestual en el teatro tuvo como base la necesidad de capturar una realidad intuida, profundamente vivenciada, incatalogable por el lenguaje escrito u oral.

La ruptura de la unidad espacio/tiempo dramático fue un eje principal que permitió acceder a niveles oníricos, pesadillescos, de tormentosa reiteración de situaciones límites de violencia absurda. ¿Los personajes en estas obras están más allá o más acá de la muerte? ¿Son más auténticos y evocadores los personajes de ficción que los de la vida real? La acción avanza, retrocede, gira en espiral o vuelve una y otra vez sobre sí misma, a veces con hondo dramatismo (*Cinema utoppia*, Griffero, 1985; *Pueblo del mal amor*, Radrigán con dirección de R. Osorio, Teatro U.C., 1986; *Lo que está en el aire*, Cerda-Ictus, 1986); otras veces citando al thriller y al cine negro, casi esperpéntico (*El deseo de toda ciudadana*, de Marco A. de la Parra con dirección de R. Griffero, 1987), o en otras ocasiones, introduciendo con ironía y ludismo a personajes teatrales y de la novela, mezclados anacrónicamente y rompiendo pirandellianamente la relación personaje/autor y escena/realidad (*El crimen de los granitos de pimienta y otros cuentos*, 1985 y *Grandes sueños de bolsillo*, 1986, J. Vadell y Teatro La Feria).

Esta dramaturgia, aventurada en zonas y lenguajes multisignificantes, siguió teniendo como base motivacional las recientes situaciones histórico-sociales del país. Esta forma dramática abierta y discontinua reflejaba el impacto emocional envuelto en el acto creativo y la desconfianza en que los lenguajes establecidos pudieran dar cuenta de dicho impacto. Así, aun cuando la violencia y el desquiciamiento del sistema de vida y de valores de un sector de la población chilena en la última década siguió siendo el motor principal de esta dramaturgia, y la oposición dramática continuó estableciéndose entre opresores y oprimidos, entre victimarios y víctimas, entre idealistas y mercenarios, esta oposición empezó a desplazarse hacia otros territorios: los del erotismo, del inconsciente, de la historia privada, de la culpa compartida. A su vez, grandes sistemas interpretativos eran evocados mediante juegos analógicos con sus textos y relatos matrices (desde la Biblia a clásicos de la literatura folletinesca), distanciando y universalizando las referencias.

La pobreza de recursos materiales y la circunscripción a espacios teatrales marginales de los primeros años de resistencia cultural post golpe militar ahora, más de una década después, fueron reemplazados por espacios amplios, incluso centrales como el Teatro de la Universidad Católica (escenificaciones de Osorio de obras de Radrigán y O. Saavedra), o marginales pero con una capacidad de despliegue escénico no tradicional y de gran espectáculo como *La Feria* (Vadell-Bomchil); *Fin de Siglo* (Sala El Trolley-Griffero). En otros casos, aunque trabajando en las mismas salas, se dotó a los espectáculos de un esteticismo escénico lindante en la alegoría (Teatro Ictus, *Residencia en las nubes*, 1987).

Irrupción de una nueva sensibilidad

Si bien la teoría generacional en el arte suele ser discutible, por la yuxtaposición, simultaneidad, fusiones y rearticulaciones estéticas que se producen dentro y entre las generaciones, es posible afirmar que ciertas circunstancias históricas validan esta tesis en la segunda mitad de la década del 80 en el teatro chileno. En el contexto intrateatral, el quiebre institucional en el país y la cultura cambió las líneas pedagógicas y entrabó la transmisión intergeneracional en la enseñanza teatral por la exoneración de profesores, el exilio y la censura. En el contexto general, hubo una diferencia sustancial en los movimientos sociales y en el entorno social e ideológico entre el Chile republicano y el dictatorial, sumado a fenómenos mundiales que cambiaron el sistema comunicativo y simbólico (la globalización de las comunicaciones, la irrupción del video-clip y la fusión de las artes visuales con las performativas), condujo a que los jóvenes que ingresaron a la vida teatral en la década de 1980 y, en especial, pasada la curva de la mitad de esa década, tuvieran necesidades y formas de expresión muy diferentes a las prevalecientes hasta enfonces en el medio teatral chileno. Por otra parte, el retorno del exilio de jóvenes que se formaron en el extranjero en países más abiertos ideológicamente y con mayor nivel de experimentación artística significó un aireamiento del ambiente, rompiendo el aislamiento y ensimismamiento obligado del último tiempo en Chile.

Esta generación teatral se nutrió e interactuó con movimientos culturales críticos al *establishment intelectual*, político y artístico de oposición y rompió con las organicidades tradicionales entre los artistas disidentes y los partidos políticos de izquierda y centro-izquierda. Se identificó con el rock latinoamericano, distanciándose de los nostálgicos del folklore y de los revolucionarios puño en alto. *Los prisioneros*, grupo rock de extracción poblacional marginal, autónomos, irónicos, contundentes en su crítica, insobornables en su inconformismo, es frecuentemente mencionado por miembros de esa generación como expresivo de un sentimiento compartido por esa juventud. Junto con el sonido discordante de su música, sus textos son decidores:

> Algo grande está naciendo/ en la década de los 80
> Ya se siente en la atmósfera/ saturada de aburrimiento.
> Los hippies y los punk/ tuvieron la ocasión
> De romper el estancamiento
> Y en las garras de la comercialización/ murió toda la buena intención.
> (...) Deja la inercia de los 70/ abre los ojos, ponte de pie
> Escucha el latido/ sintoniza el sonido
> Agudiza tus sentidos/ date cuenta que estás vivo.
> (Los Prisioneros, *La voz de los 80*)

El dramaturgo Marco A. de la Parra calificó esta atmósfera en 1988 como *postpinochetismo cultural*, viendo en el arte una capacidad de renovación y apertura precursora de la política, la que ese mismo año abrió un itinerario que posiblitaría la democracia en 1990:

> Nada como la creación colectiva para los eufóricos sesenta o los dramáticos setenta. En el teatro, por ejemplo, no cabe duda de que la gestión del Ictus y sus trabajos de creación colectiva fueron una de las mejores muestras del *pinochetismo* de oposición. Pero poco a poco, su línea fue siendo superada y entrando en crisis por una necesidad de mirar de nuevo la realidad que cogió una serie de creadores venidos de la periferia teatral (léase Chem, Griffero, Peña), quienes aportaron una luminosa ambigüedad en forma y fondo. La crisis de la creación colectiva es testimonio del desgaste del discurso social para explicar los movimientos de la historia y su nula capacidad de interrogar a la sociedad. Son ciclos que deben darse, pero los angustiosos y desorientados ochenta necesitan oráculos, nuevas afirmaciones sin dogmas ni ideologías (Diario La Segunda).
>
> Eso es lo que sucede con la nueva generación. Pero no dice lo que todos creyeron que iba a decir. No dicen "ha triunfado el bien, brilla el sol de nuestras juventudes, arriba los pobres del mundo". Eso no se dice, se ha empezado a hablar otras cosas. Escuchan a Sting, tocan jazz, van a ver a Chick Corea, hacen thrillers, se visten con abrigos negros, se cortan el pelo... Es una cuestión rara. Es algo que nadie esperaba... (De la Parra en Núñez, 1988, 57).

Los grupos teatrales se aglutinaron en proyectos artísticos y estéticos más que por afinidad ideológica. Es significativo que el grupo de ex-alumnos del teatro UC "Los que no estaban muertos", fundado en 1987 en clara alusión a la problemática política del momento, se re-bautizara en 1990 como "La Troppa", connotando más bien su amor al oficio del teatro, a realizarlo asumiendo todas las tareas y a itinerar recorriendo esforzadamente países y continentes.

"La Troppa" recreó teatralmente figuras emblemáticas de la cultura occidental (El Quijote, Pinocho, Verne), analogando sus recorridos aventureros, idealistas, de enfrentamiento con la sociedad y la naturaleza, con la realidad contemporánea y la cultura chilena y latinoamericana. Otro grupo, que se llamará posteriormente "La Memoria", indagó también en figuras míticas para desentrañar sus procesos internos. Con ocasión del montaje de *Buster Keaton*, basado en textos de García Lorca, su director y actor Aldo Parodi comenta:

> Buster Keaton estaba impedido de expresar claramente sus emociones. Era un personaje separado de la realidad, nada lo hacía romper su gestualidad. Y García Lorca le dedica una obra de tres páginas: el poeta lo hace quebrarse, lo hace hablar, lo hace llorar, lo hace reír. (...) En la obra se enfrentan los dos personajes y, a través de la ternura de uno

> por el otro, se quiebra la estructura y el tipo se libera. Lo que la obra pretende es que se perciba esa ternura, que salga al público. Porque en el fondo, la ternura y la defensa de nuestros propios sentimientos es tan importante como salir a gritar a la calle. Ese tema, que podría parecer tan mínimo, me parece terriblemente político y revolucionario. Es que Buster Keaton es un personaje muy contemporáneo, que se está reproduciendo en la juventud. Son tipos aparentemente de una frialdad espantosa: jóvenes fríos, duros. Pero pienso que es por una defensa de la intimidad, porque ellos se dan cuenta que pueden ser fácilmente barridos, como fue barrida toda una generación que perdió fuerza: la tocaron, la abrieron y la destruyeron. (En Núñez, 58).

Este abrir temas hasta entonces postergados por un teatro de urgencia y también el revelar su dimensión política, en un sentido amplio y metafórico, modifica radicalmente el tipo de repertorio y creaciones realizadas hacia los 90. Son capaces de provocar un cambio estético y de visión de mundo integral, puesto que este movimiento piensa y transforma el teatro desde los lenguajes y las formas de creación.

Creación dramatúrgica-escénica

Hay en este período una fuerte tendencia al *remake*, a re-elaborar textos de diferentes fuentes y formatos más que a montar sin modificaciones textos que ya poseen un formato dramático, o a crear obras de autor de temas originales.

Las obras basadas en un texto previo de autor externo al grupo se montan en base a la investigación expresiva, y lo más probable es que en este proceso se transforme el texto original (agregando textos provenientes de otras fuentes, suprimiendo escena, cambiando su orden, reasignando los parlamentos a los personajes, etc.). La libertad creativa en relación al texto-fuente también se advierte en que se utilizan materiales de alta diversidad estilística y construcción lingüística como base de la dramaturgia realizada dentro del grupo: cuento, novela, poesía, testimonios, cartas, entrevistas, documentación histórica, diarios de vida, etc. La re-creación de textos teatrales, en general de clásicos griegos del Siglo de Oro español e inglés, también es un recurso creciente.

Esta intervención de los textos teatrales preestablecidos y la recurrencia a textos de otros géneros y formas escriturales revela una necesidad de desestructurar el discurso y por tanto, la dramaturgia. También, de cambiar la valencia lenguaje hablado/otros lenguajes escénicos, especialmente la gestualidad corporal, el diseño plástico, el sonido e iluminación, etc. Surge así el concepto de *dramaturgia escénica*, que escribe el texto integrando y proyectando su puesta en escena o dejando amplios espacios para la intervención del director, los actores y los diseñadores, en un trabajo de grupo de alta interdisciplinariedad (no de disolución de éstas, como en la creación colectiva).

La ruptura de la linealidad del relato, la capacidad de otros lenguajes expresivos de conferir significados propios a la obra, en ocasiones en contradición con la palabra, la inmersión en zonas de experiencias nuevas, no codificadas ni cristalizadas en la dramaturgia tradicional, la cita y referencia constante el pasado histórico inserto en coordenadas descontextualizadas de espacio y tiempo, la remitencia permanente a la cultura de masas y a la cultura industrial de los dos últimos siglos, provoca una explosión de significados y niveles de percepción. Esta es muchas veces confusa e inarmónica, pero denota una voluntad de expresión, acorde con la experiencia y necesidades generacionales, alejada de los relatos explicativos y formatos consagrados de la modernidad.

Las técnicas del mimo y de la comedia del arte adquieren en este teatro especial valencia. El Teatro del Silencio, dirigido por Mauricio Celedón, estrena en 1990 el mimodrama *Transfusión*, seguido en 1991 por *Malasangre* y en 1993 por *Taca-Taca Mon Amour*. Todos ellos se desarrollan en espacios no convencionales: plazas, estadios y gimnasios. Su colorido y dinámico despliegue escénico se aglutina en base a metáforas centrales. En *Transfusión*, que recorre hitos de la relación Europa-América desde la Conquista, el espacio y elementos de diseño corresponden al de un hospital psiquiátrico: túnicas de enfermo en el vestuario de los personajes, camillas, maquinaria médica en la utilería evocan la locura del enfrentamiento, cuando las mentes pierden su lógica, yendo de las utopías desmedidas a la violencia. Los cuerpos son intervenidos y las sangres circulan en uno y otro sentido, como una gran transfusión étnica y geográfica. En fin, en *Taca-Taca...*, la escena es la de un juego de futbolito en el cual los personajes o jugadores tienen la kinética de muñecos accionados mecánicamente, muchas veces enyugados unos con otros, obligados a movimientos simétricos que una mano poderosa imprime sobre ellos. La obra desarrolla una reflexión sobre el destino de las grandes utopías y movimientos sociales europeos del siglo XX, cuyos líderes irradiaron hacia el mundo, incluido Latinoamérica, consignas e ideales que canjearon gloria por muerte y violencia (Stalin, Hitler), o que buscaron caminos diferentes de conocimiento y acción sobre la naturaleza y el ser humano (Einstein, Freud).

La forma de trabajo de este grupo sustenta su propuesta. Comienza el trabajo de puesta en escena conociendo el planteamiento básico elaborado por el director. Los actores investigan en los personajes, en sus biografías (es el caso de *Malasangre*, basado en la vida del poeta francés Rimbaud) y proponen, a través de ejercicios actorales, la gestualidad básica del personaje, las situaciones, acciones y relaciones, con su correspondiente emoción y anclaje, que pueden metaforizar las hipótesis con las que se trabaja. El director, el escenógrafo, diseñadores, etc., crean en permanente interacción con los actores en escena, hasta que se logra un espectáculo de fuerte unidad y síntesis expresiva.

El Teatro La Troppa trabajó también con personajes históricos (en *Salmón Vudú*, 1988), pero ya con *El Rap del Quijote*, en 1989, descubre una veta que no abandona hasta hoy: la de adaptar, a su muy peculiar manera, novelas y cuentos con personajes que, en recorridos aventureros impulsados por necesidades interiores profundas, realizan auténticos ritos de pasaje.

En *El Rap...* en *Pinocchio*, 1990 y en *Viaje al Centro de la Tierra*, 1995, trabajan un espacio escénico metafórico, el que sirve de base al juego actoral. La utilería manipulada por los actores en este espacio imprime vivacidad al espectáculo, sorprendiendo al espectador con los efectos escénicos mágicos, con los cambios de punto de vista y escala de la acción, con las vocalizaciones y gestualidad que actúan como espejos distorsionados de sus propias propuestas y de las del imaginario colectivo contemporáneo. Para ellos, la entretención durante cada función debe ser tan vital en los creadores como en los espectadores.

Esta ludicidad permanente no obsta a la profundización en las interpretaciones de los mitos y narraciones que abordan. Más aun, las encarnan en una fusión simbólica: por ejemplo, en *El rap...*, la escultura escénica central era una gran cama elástica, que imprimía un ritmo alocado e inestable a la acción, en un equilibrio precario siempre en tensión de movimiento y de grandes saltos corporales, acompañando así el despliegue de fantasías y distorsiones de la acción-interpretación de la realidad que configuraba a ese Quijote. En *Pinocchio*, un enorme *"perro"* o colgador de ropa de madera llenaba el escenario, y sobre él se trepaban, tras él desaparecían o a través de él accionaban los actores. Representaba el mundo disciplinario y hostil de los adultos y del poder que acecha y coarta permanentemente a Pinocho quien, como niño inocente, se adentra en este *Perro mundo*. En *Viaje al centro de la tierra*, es una locomotra transformable y llena de cavidades y vericuetos la que representa la fuerza de la Revolución Industrial y las fantasías del hombre moderno de poder y dominio de la naturaleza, a través de la técnica.

En este caso, los actores son también los directores y dramaturgos de la obra, e incluso, los tramoyas y diseñadores. Elaboran una propuesta escénico-dramática integral, pero asumiendo cada vez una función específica, poniendo en el trasfondo sus otros oficios. Así por ejemplo, ellos escriben acabadamente el texto teatral antes de subir al escenario, asumiéndose como dramaturgos, pero lo hacen imaginando su accionar dentro de las posibilidades de la escena y la caracterización de los personajes. Como expresa Jaime Lorca, miembro del grupo, "al escribir el guión improvisamos con la cabeza: cuando estamos sentados escribiendo, estamos mirando las ideas de cómo hacerlo en el escenario" (Hurtado, 1995, 62).

Métodos similares de interacción escritura/puesta en escena, con la frecuente doble función del director como dramaturgo e incluso como actor, ocupan el Teatro La Memoria, dirigido por el dramaturgo y actor Alfredo Castro;

el Teatro La Magdalena, de la dupla Inés Stranger, dramaturga, y Claudia Echenique, directora; el Teatro Imagen del director-dramaturgo Gustavo Meza; el Teatro Fin de Siglo, del dramaturgo y director Ramón Griffero o el Teatro Camino, del director-actor Héctor Noguera, quien también ha incursionado en la dramaturgia, o el Teatro Aparte, único grupo que ocupa la creación colectiva basado en las memorias personales de sus miembros.

Lo privado como metáfora de lo público

En la dramaturgia chilena hacia los 90 hubo un adentrarse en recorridos internos de vidas humanas, especialmente en la dramaticidad de relaciones amorosas desencontradas o imposibles, o en proyectos personales incomprendidos en conflicto con el entorno. Las historias mantienen una cercanía con las fuentes biográficas, ya sea de los propios creadores o de terceros, que relatan su historia en cartas o entrevistas. La condición del artista y su relación con el entorno antagónico es un tema prioritario en los 90, vinculado justamente a la revisión que el creador hace del significado social y personal del teatro y de la creación en un nuevo contexto histórico. Rimbaud, Van-Gogh, Kafka, Fassbinder entre los europeos, María Luisa Bombal, Gabriela Mistral, Violeta Parra o el Tony (payaso) Caluga entre los chilenos.

También la experiencia generacional de los que entraron al teatro en los 80 es exteriorizada: *Infieles* (1988) de Marco Antonio de la Parra vincula la infidelidad amorosa de un grupo de amigos con el abandono de los compromisos partidarios e ideológicos más estrictos de los 70; *Quién me escondió los zapatos negros* (1991), de Aparte, es la recreación de los últimos treinta años del país desde de la memoria personal de actores que cumplen ese año treinta años de vida, quienes realizan un paso permanente desde lo personal a lo social.

Esta aproximación es más programática en el caso de algunos grupos. La Magdalena, por ejemplo, busca ritualizar y metaforizar experiencias de vida de dramaticidad límite según cómo son vivenciadas por la mujer: un amor no correspondido en *Cariño malo*, 1990, y el asedio y seducción contradictoria del hombre español a la mujer indígena americana en *Malinche*, 1993. La Memoria, por su parte, indaga en zonas cultural y socialmente marginales, que han transgredido más allá del límite las normativas y valores imperantes: recrea a prostitutos-travestis en *La manzana de Adán*, 1990, y a asesinos pasionales en *Historia de la sangre*, 1992. Estas obras forman forman parte de la Trilogía Testimonial de Chile, con lo que ellos explícitamente conectan estas historias de amor y muerte, de búsqueda y pérdida del amante, del padre o de la madre y del castigo y de la discriminación subsecuente, con rasgos históricos estructurales de nuestra sociedad, que conforman un inconsciente colectivo que se expresa en este lugar más frágil y negado.

La Negra Ester, estrenada a fines de 1988 por El Gran Circo Teatro, resume y proyecta magistralmente estas tendencias incipientes desde mediados de los 80, y les da un impulso para su maduración en los 90. Andrés Pérez adapta y dirige las décimas autobiográficas del poeta popular y guitarrista Roberto Parra, configurando junto a su grupo un espectáculo teatral de gran capacidad de interpretar e interpelar a la nación. Con su dosis de ironía y de ludicidad, rescata un mundo y un personaje popular: el artista de bajos fondos, un guitarrista de prostíbulo de puerto, enamorado de Ester, una de las prostitutas. Lo excesivo de esa relación, entre alcohol, pasionalidad amorosa, fiesta y celos, lo sumen en la enfermedad y el aniquilamiento. Enfrentado a la muerte, opta por volver a su ámbito originario (la familia y la madre) y reencontrar un equilibrio síquico y físico, en tanto arregla para su amada una vida más convencinal, al casarla con un pretendiente. Pero Ester muere de pena y desamor y Roberto carga con la pena y la culpa de no haberse jugado por entero a su pasión, a costa de su propia muerte, asumiendo él el necesario desenlace trágico. Este melodrama popular cobra significación tanto por los muchos elementos de identidad y de imaginario colectivo que la escenificación de la obra sintetizó, a partir de un lenguaje circense y expresionista, como por su capacidad de simbolizar los hechos de fiesta, exceso, renuncia, muerte y duelo que caracterizaron el devenir histórico del país en las últimas décadas.

La misma dupla Roberto Parra/Andrés Pérez, con un elenco similar de actores, montó con la Compañía Sombrero Verde en 1985 *El desquite*, melodrama popular que esta vez trató de la confrontación contradictoria patrón de fundo-sirvienta, con una resolución no tradicional en la que la mujer violentada y despechada se venga de aquel que ama y odia, seduciéndolo en un juego de equivocaciones que engendra un nuevo hijo *huacho* que hace circular la sangre y los bienes entre los polos étnicos, sociales, sexuales y de poder de la sociedad.

Alegorías de la memoria hacia el fin de siglo

Ya recorrido algún trecho en el nuevo contexto histórico de los 90, en los que a la caída estrepitosa de los integrismos, polarizaciones de la guerra fría y de las utopías modernistas a nivel mundial se suma la distensión interior en Chile por la vuelta a un gobierno elegido democráticamente en 1990, en este teatro parecieran producirse nuevas transformaciones. Se advierte un retorno a las obras de autor montadas por un grupo que no participó en su elaboración, pero que coincide con la mencionada sensibilidad generada hacia fines de los 80. Un Heiner Müller, un Azamá, un Shakespeare o un García Lorca son recurridos para bucear en las atrocidades del ejercicio represivo del poder o en el desconcierto íntimo de sujetos sensibles enfrentados a sociedades agresivas y represoras de la sensualidad y de los sueños.

En la dramaturgia chilena post-90, el espíritu de reconciliación nacional con que se recibe la vuelta a la democracia va dando paso a un cierto escepticismo, a un reclamo por activar la memoria social en forma más directa o por simbolizar más contundentemente la atmósfera de desolación que la pérdida de una utopía colectiva genera en los que aún sustentan un ideario humanista. Es el caso de *Río abajo*, 1995, de Ramón Griffero quien, acercándose por primera vez al realismo, retrata a una juventud urbana periférica que se precipita dramáticamente en la muerte, en la sujeción al poder económico abusivo y en la dislocación de sus emociones y sensibilidades ante la pérdida y traición a la memoria familiar y nacional. Lo mismo ocurre en *La pequeña historia de Chile*, de Marco Antonio de la Parra, del mismo año, en que la juventud parece pertenecer a un mundo irreconocible para los adultos, desconectada en todo sentido de una historia y un ideario, mundo del cual los adultos también comienzan a participar, forzados por las circunstancias. La violencia y el individualismo desquiciado y deshumanizante es simbolizado en *La catedral de la luz*, también del 95, por Pablo Alvarez. La potencia y belleza de sus imágenes, crueles en su disección de la pérdida del rumbo de un grupo de amigos dentro del desierto sin salida, en cuyos espejismos reproducen ciega y absurdamente los mecanismos de competencia y avidez vigentes en la sociedad de los 90, elabora patética y magistralmente una sensación de desvarío y desarraigo de los espacios más fructíferos de la memoria y de la identidad nacional.

Ya sea a través de este patetismo o de las formas desfachatadas e irónicas de las aún más jóvenes generaciones que aparecen en germen ya al cruzar la mitad de la última década del siglo, pareciera advenir una re-visitación del teatro social y político. Este reenfoca de modo realista y con crítica aguda el trasfondo violento y deshumanizado tanto del presente como del próximo pasado, aunque conservando el dejo de escepticismo y de humor negro respecto a la realidad de mercado y competencia que se consolida más allá de su intervención.

Bibliografía

Hurtado, María de la Luz, 1995. "Recorrido a través de La Troppa". Revista *Apuntes* N° 109, Santiago, Universidad Católica de Chile, 55-68.

Hurtado, María de la Luz, 1997, "Chile. De las utopías a la autorreflexión en el teatro de los 90". Revista *Apuntes* N° 112, Santiago, Universidad Católica de Chile, 13-30.

Núñez, Rodrigo, 1988. *¿La fuerza de los 80? Opiniones sobre el teatro y la sociedad.* Memoria para optar al título de actor, Escuela de Teatro Universidad Católica, Santiago, 1988, 82.

DRAMATURGIA CUBANA EN LOS 90

Rosa Ileana Boudet

En los tempranos 90, la dramaturgia cubana protagoniza un espacio de libertad y convivencia plural que ocupa por derecho propio un ámbito social cada vez más amplio y una mayor acogida popular.

Un discurso emergente emparenta a los nuevos dramaturgos contra la banalización del conflicto, la superficialidad y el tratamiento epidérmico de los temas. En éstos se hace más visible el vínculo con la tradición precedente, de la cual se nutren sin exclusiones ni prejuicios, de la revaloración del teatro Alhambra, (teatro de variedades que funcionó entre 1900-1935), la dramaturgia de transición a los más cercanos maestros, Héctor Quintero, José Triana y Abelardo Estorino. Es lo que he llamado, una historicidad asumida, que pasa siempre por la experiencia individual. La historia vista no como un hecho trascendente, ajeno, registro o documento, sino vivencia y memoria vivida.

El agotamiento de un discurso totalizador, autosuficiente, se revela en 1983 con *Morir del cuento*, de Abelardo Estorino, en la cual el gran maestro de la escuela realista transita una historia descentrada que se descompone desde el interior de los personajes. Aparece una poética de la fragmentación que tendrá múltiples acercamientos desde las claves dispersas de la mente de Víctor Varela en *Opera ciega* a los "cuadros-barajas" de *Time Ball...* de Joel Cano. También se recontextualizan estrategias del teatro del absurdo y aparece un teatro político renovado.

En los inicios de la década del 90, cuando las publicaciones periódicas son escasas, se ha contraído el público del cine y la vida cultural está sometida a las más difíciles condiciones el teatro al reiivindicar su condición artesanal, de rito, de presencia, resucita en intenso diálogo con un público cómplice y se afirma en la exploración de valores autónomos. Allí donde antes "sólo habíamos hablado de deber y de crítica –ha precisado Georges Banú[1]– quisimos rehabilitar las categorías de la gratuidad y del placer". Es así que donde muchos han visto un repliegue de la escena de ideas, constato con enorme interés que se verifica una integración de vertientes y cotos cerrados como "lo culto" y "lo popular", la sociología y la antropología, el teatro político y el absurdo que, al establecer una línea de continuidad con los esfuerzos precedentes, se plantea la renovación en términos de síntesis y experimentación.

La indeterminación entre texto dramático tradicional y escritura escénica es frecuente en estos años, cuando el director complementa al autor o viceversa o el escritor en solitario es una rareza, por lo que considero en igualdad de condiciones textos "definitivos" –por llamarlos de algún modo– con guiones de espectáculos o una "escritura" polifónica como la que representan *Safo*, de Carlos Celdrán y Antonia Fernández, *Opera ciega*, de Víctor Varela o *Repique por Mafifa*, de Fátima Patterson, entre otros.

La mirada paródica, el vértigo de la ironía[2] es común en la creación de los 90. La metáfora, la analogía y la parábola son los resortes para indagar en lo que somos a partir de nosotros mismos. Es así que la parodia, de tan larga y vigente función en el teatro popular cubano, desborda ese marco para trascender y marcar con su impronta casi todas las creaciones en la intención de expresar un mundo que ha cambiado con tanta rapidez y fuerza que pareciera que el teatro no tiene medios para expresar directamente ese desplazamiento.

Intentaré en estas breves notas caracterizar la escena de los 90 a partir de algunas obras incluidas en mi selección, *Morir del texto*[3], aunque dos años después de realizada esta no sea la única posible y con toda probabilidad una nueva edición tomaría en cuenta la obra de Raúl Alfonso (1966), Ulises Cala (1955), Luis Carmona Ymas (1946), Jorge Luis Torres (1964), Salvador Lemis (1962), y Elvira Van Brackle (1967), entre otros.

Si pensamos en las búsquedas producidas dentro de la propia "dramaturgia del Escambray"[4] de caminos nuevos –desde la incorporación de debates y paréntesis estructurales a partir de *Calle Cuba 80 bajo la lluvia*, escrita por Rafael González en 1980– se niega al arsenal de mecanismos incorporados para una "apertura" de la obra a la participación colectiva. La región del Escambray ha cambiado y el grupo también, y las obras reflejan una transformación vertiginosa. Los personajes no se parecen a los rústicos campesinos de *La vitrina*, de Albio Paz (1971), sino que forman parte de un entorno nuevo, recién construido. Enfrascados en la responsabilidad de edificar esta nueva vida, postergan sus proyectos personales en una crisis de sus relaciones íntimas.

Si la inmediatez vincula *Calle Cuba...* con los presupuestos de la escena cubana a finales de los 70, pieza puente de un recorrido en el cual la contradicción pasado-presente se vislumbra como central, González se preocupa de la ética, tema esencial para la promoción de autores de los 90, y "la búsqueda en el interior del cubano" se plasma en *La paloma negra* (1993), que vuelve a la familia y a la intimidad.

Los equívocos morales, de Reinaldo Montero (1993), posee la cualidad de texto puro, incontaminado, que se deja leer por la belleza del lenguaje y la riqueza de sus acotaciones. Desde sus mismas entrañas, tres personajes, Resoples, Pardiez y Rimbombante, en el "antro que llaman teatro" ubicarán la acción, el lugar y la época, recordarán al público que presencia una función, emplearán anacrónicos estilos de comentaristas de TV como una suerte de narradores distanciados. Los hechos tienen lugar en 1898, durante el bloqueo naval a Santiago de Cuba, último capítulo de la dominación española en Cuba y comienzo del experimento neocolonial de Estados Unidos que instauraría una república "plattizada" en 1902. Pero en la obra será siempre La Guerra (como en sus anteriores piezas la fábrica), con escasa preocupación historicista. Aparece una ciudad sitiada, empobrecida y una estructura ausente, el mambisado, que como fuerza rodea la acción dramática. Todos los pesonajes están en un dilema, son partícipes de lo que el Almirante Cervera define como un "equívoco" moral: o cumplir a toda costa las órdenes de la corona y su deber militar sacrificando vidas inútilmente o rendirse ante el enemigo en una batalla perdida de antemano. ¿Cuál es el precio del sacrificio?

El debate ético y moral sostiene la pieza –obra esencialmente de ideas– que dramatiza a través de las acciones y los personajes. Detrás, estrujados barcos de papel por toda escenografía. Y durante el intermedio, entrevistas a personalidades norteamericanas de la época que remiten a lo que ha sido Cuba –y en gran medida es aún– para el gobierno de los Estados Unidos.

Mientras, los tres personajes aludidos representan una y otra vez, la rutinaria "muerte y resurrección" de cada noche que les impresiona como el primer día. Obra trágica y actual –cualquier lectura hace fácilmente paralelismos con nuestros días de bloqueo y extrema penuria– es también transparente y hermosa, difícil de acometer por cualquier elenco por la complejidad de sus numereosos personajes, pero con induscutibles méritos en la comprensión de esa historia, clave para el entendimiento del presente.

No es común hallar en una ópera prima como La verdadera culpa de Juan Clemente Zenea, de Abilio Estévez (1954), la excelencia de una estructura, un interés creciente, personajes cautivadores y un lenguaje poético que se expresa sobre el escenario. Con Estévez continúan las ramificaciones de La dolorosa historia del amor secreto de don José Jacinto Milanés, de Abelardo Estorino, ese árbol frondoso y esa pieza maestra con la cual La verdadera... dialoga permanentemente. El centro de ambas es un poeta –Milanés y Zenea– víctimas los dos del poder, la enfermedad y la incomprensión, reinvidicados por la poesía y la patria.

En la obra de Abilio, Zenea es encarnado por un joven poeta que baja a las mazmorras con el objetivo de saber; se viste con la camisa ensangrentada: se coloca los anteojos de aros y viaja junto al carcelero por las etapas de la niñez, la madurez, los amores y la "culpa" de Zenea: traidor o patriota, su figura no había recibido antes en el teatro un acercamiento de esta profundidad. Abilio no hace un teatro documental ni le interesa la historiografía y sin embargo. Zenea visto por la imaginación del poeta-autor, se nos descubre como imagen. Estorino hace aparecer su Milanés de la mano de un Mendigo y desea que sus personajes tengan "cierto romántico aspecto fantasmal". Como el poeta de *Zenea...* quiere buscarle un sentido a los recuerdos. Así, la memoria y la evocación suplantan la historia real o la iluminan. Muchas son las coincidencias y los encuentros entre *La verdadera...* y el *Milanés...* vasos comunicantes que se hicieron más nítidos en la puesta en escena que el propio Estorino dirigiera con Teatro Estudio en 1986 y que situó a Abilio en los primeros planos entre los jóvenes autores.

La recuperación de la palabra recorre su teatro. En *Un sueño feliz*, publicada con el título *Hoy tuve un sueño feliz*[5], trabaja otra dimensión de la poesía. El pasado –esta vez los años 30– ubican el momento en que muchos inauditos y soprendentes personajes abandonan un viejo solar y un mago de pacotilla, nombrado Próspero, hace salir de su baúl ilusiones y remedios, consuelos y esperanzas. Los personajes son como alucinaciones, interpretan sus historias, reviven su pasado, y en la medida que lo rescatan, se desvanecen en una atmósfera intemporal y extraña.

En la pieza en apariencias no ocurre nada, no hay tensiones dramáticas, ni un conflicto externo que haga avanzar la acción. Sin embargo, la elaboración del lenguaje es un elemento esencial que sostiene la estructura. Abilio recontextualiza el mundo de la dramaturgia de transición –Piñera, Ferrer, Felipe– y las figuras evocadas a través del mágico baúl pertenecen al ámbito de estos autores. La obra recibe un tratamiento de "cita" y los personajes parecen arrancados de su textura original. Se compone de sentencias, citas, versos cursis, letras de canciones. El "vértigo de la ironía", esa capacidad parodiante que hace dialogar los textos entre sí, la integración de recursos *kistch* (tocados de plumas, abanicos y mantillas), las alusiones exóticas, los bocadillos de "dramón radial" otorgan a *Un sueño feliz* un lugar preeminente en una escena que integra el *collage* y el pastiche.

En *Perla marina* –escenificada en 1993 con Teatro Irrumpe– la acción se trueca en oratorio y canto coral. Si antes exploró la pesadilla y el sueño, la evocación es el ámbito de *Perla...* Como un orfebre, Estévez entrecruza textos cubanos de diversas épocas, letras de canciones y boleros, Casal, Benny Moré, Barbarito Diez, Lezama y Sindo Garay. Homenaje a la isla, la patria y la cubanía que deviene largo poema dramático cuyas voces se independizan en personajes.

Sería insuficiente, como ha apuntado Amado del Pino[6], reducir los significados de la pieza a este ejercicio intertextual. Si en otra parte lo he hecho ha sido por razones de espacio y porque la puesta en escena antes referida, redujo la potencialidad de este texto abierto, misterioso, leve y grave, sentencioso e irónico. En definitiva, esta "perla" "vive escondida" en paralelismos y asociaciones de ideas, ya que en la isla sin nombre hallada por los náufragos están todas las fuentes de la cultura cubana. Es otra vez más esa historicidad asumida, el pasado como memoria afectiva, exaltación y nostalgia.

Alberto Pedro Torrente (1954) se ha nutrido permanentemente de la actualidad y ha logrado interesar al gran público. Como actor del grupo Cubana de Acero, experiencia de trabajo teatral en una metalúrgica, escribió *Finita pantalones*, un "a propósito", de breve mensaje directo y para la agitación política. Estrenó algunas piezas en la década del 80 con creciente repercusión, pero es *Weekend en Bahía*, escrita y escenificada en 1986, el momento definitivo para su autor.

El Festival Internacional de Teatro de La Habana 1991 presentó, ante la mirada incrédula de muchos invitados, la versión de Alberto Pedro de *El maestro y Margarita*, de Bulgákov, que con el título *Desamparado* criticaba los excesos del poder, la burocracia y propugnaba la búsqueda de la verdad bajo cualquier circunstancia. Nuevamente el dramaturgo asertaba en la elección de un tema en correspondencia con su momento para lograr una complicidad y un retroalimentador diálogo con el público. Por el camino de las adaptaciones, pero sin tanta fortuna *Los pecados de Inés de Hinojosa*, versión de la novela de Próspero Morales Pradillo, se adentró en los vericuetos eróticos de un mito de la literatura colombiana.

Manteca (1993) es su mejor obra. En ella, tres hermanos extraídos de la tradición cubana. Dulce, Pucho y Celestino bordean una situación límite. El escenario está poblado de objetos en desuso, y como en un desván, coexisten una bicicleta rota, latas oxidadas, trastos, un tanque de agua y un empolvado busto de Lenin. La función que presencié aprovechaba la condición del local de ensayo para plasmar en el espacio escénico las carencias de la vida cotidiana de hoy, empleaba la luz del día y la música en vivo improvisada sobre los míticos temas de Chano Pozo.

Los restos de escenografía de puestas en escena del antiguo Teatro Político Bertolt Brecht, (del cual la directora Miriam Lezcano y otros integrantes de Teatro Mío formaron parte), parecían los restos de un naufragio. Un panel de *El rojo y el pardo* o un aforo de *El carillón del Kremlin* eran como despojos y fragmentos de un repertorio obsoleto. Sin embargo, situaban la pieza en un ámbito exacto. El derrumbe del llamado socialismo real encarna en una obra sobre lo que somos aquí y ahora, pero al mismo tiempo de la desterritorialización creciente del mundo, de la pérdida de las utopías, de desilusión y frustración pero también de la necesidad de nuevas ideas y de la voluntad y resistencia humana, en una de las obras más valientes de la última década.

Y suele ser difícil que una pieza oportuna, porque interroga sobre problemas éticos cruciales, pueda huir de una referencialidad directa y apuntar un más allá; suele ser fallido combinar la discusión filosófica con la eficacia escénica. Y Alberto Pedro lo ha logrado sobre la base de la sinceridad de los planteamientos, la transparencia de los personajes que, dentro de los cánones del teatro no realista de Triana y Piñera, están anclados en un contexto y desde esa situación particular, se mantienen escindidos pero lúcidos.

Sólo después de los primeros cuarenta minutos de espectáculo (más de un tercio de la pieza), se desata la intriga. El espectador se entera de que los hermanos crían un puerco clandestinamente para aliviar las dificultades del período especial. Entonces adquieren sentido los rituales cotidianos: el arroz se divide escrupulosamente para cada día de la semana y los más disímiles objetos se reparan en caótico taller. Como Vivian Martínez Tabares ha anotado: "Y es ritual también el empleo de un personaje ausente, referido pero omnipresente: un puerco totemizado de identidad equívoca, que corporiza el apremio de un instinto primario de supervivencia y mueve la acción de *Manteca*"...[7].

Mientras, el hermano escritor amontona y revisa manuscritos. Un hallazgo de la puesta –que aparece con nitidez en las acotaciones– ha sido lograr esta cadena de acciones físicas que se vuelve lógica en su ilogicidad, que aprehende las duras condiciones de la vida cotidiana y a través de la cual se muestran tres seres humanos, atrapados en un apartamento, inseguros y tensos, pendientes del destino final del animal.

El diálogo es el principal vehículo de la escritura y otorga a la palabra su preminencia. *Manteca* confirma que se ha verificado una síntesis y que el teatro cubano de los 90 no distingue dicotomías entre vías realistas y no realistas, ya que en esta obra, por ejemplo, los procedimientos naturalistas aparecen en el ropaje habitual del absurdo y la dramaturgia de la desintegración. Es un teatro político que renueva su discurso en una búsqueda dentro de la tradición: del costumbrismo de Quintero a la violencia de Triana y las huellas de Brecht y de Guelman junto a la de Beckett.

Los hermanos discuten sus ideas, sus diferencias: ponen sobre el tapete muchos temas tabú: el voluntarismo de Celestino se enfrenta al idealismo de Pucho desde una perspectiva irónica y se habla descarnadamente de peste, papas y proteína, con palabras que no suele emplear el teatro actual, tan atento a la alegoría y la parábola. Los caracteres no están construidos de una sola pieza, crean una sensación de vacío y angustia. Su visión es patética y por eso, estremecedora.

La contradicción entre el estatismo de los personajes –sumidos en su abrumadora batalla por la sobrevivencia– y las reflexiones sobre un mundo cambiante, otorgan esa tragicomicidad a *Manteca*, y por eso las tiernas e ingenuas observaciones de Dulce, son una especie de prolongación del humanismo de Lala Fundora e Iluminada Pacheco, el conmovedor manifiesto del derrumbe del socialismo real en lo atinente a la experiencia directa de los seres más sencillos. Esta forma de expresar el universo en nosotros, lo general en lo íntimo, lo filosófico en lo cotidiano constituye un reverdecer de una escena crítica que no agotó su discurso en la década anterior y que utiliza su acervo para mucho más que la adhesión o la consigna: un reflejo problematizador, perturbador, que juega con diferentes planos y niveles de aprehensión de los fenómenos y que actúa como conciencia crítica.

Por eso, desde la pobreza de un salón de ensayos, el público encontró en *Manteca* una perspectiva diferente. Como la marihuana en el tema de Chano Pozo, la manteca es omnipresencia, necesidad y rechazo. Pero también original y criolla utopía.

Un espacio cerrado, el debate existencial y oral entre los personajes (no son una familia pero sí una comunidad espiritual), la referencia a la actualidad de Cuba y el legítimo reclamo por la autenticidad y la transparencia en buscar la reconciliación, emparentan *Delirio habanero* (1994) con *Manteca*, sin superarla. La primera está "inconclusa", escrita con la prisa de un inminente estreno, y la coyuntura de una presencia en España. La pieza participa de una tensión en su estructura profunda, en la cual otra vez una tríada de personajes vive entre la ilusión, el sueño y la fantasía en el espacio de un bar –cerrado desde los '70– en la Habana actual, en el cual se reúnen los que creen ser los míticos Varilla, cantinero estrella de la bohemia Bodeguita del Medio, y dos leyendas de la música popular cubana: El Bárbaro (Benny Moré) y La Reina (Celia Cruz). *Delirio...* es el fantasmagórico "encuentro" entre tres locos, en un lugar que existe para los personajes –y los espectadores– un reducto en vías de desaparecer, en el que, ante los nefastos presagios de El Bárbaro, Varilla sueña con el día "en que uno pueda tener su bar".

Además del excelente juego teatral desatado por la oposición apariencia - realidad que le otorga una atmósfera enrarecida y alucinante, hay textos de canciones interpretadas por estos músicos que la ubican al lado de las obras de exaltación, evocación y homenaje que cultivan otros dramaturgos como Abilio Estévez.

Carmen Duarte (1959) es la más prolífica de los jóvenes autores. Emparentada con el absurdo y el grotesco de Piñera, Duarte aporta el punto de vista filosofico desde una perspectiva irónica, a través de ángulos deformados, tintes tragicómicos y desgarradores. "En Carmen hay una preocupación constante por encontrar vasos comunicantes con su generación, de manera orgánica. El escenario se convierte, entonces, en el vehículo idóneo, donde las ideas fluyen del dramaturgo al público en una interrelación, sin tapujos, ni retórica".[8]

Su escritura explora la alternancia cotidiano-trascendente en casi todos sus diálogos y hay intercambio de roles como en *El Tarot*, donde Pura Rosa y la Reina del Poder truecan sus papeles, locura y cordura después de la lectura de El Tarot o los opuestos como Masculina y Femenino en *El golpe y la risa* o Ana y Celina en *¿Cuánto me das marinero?* Esta última, una de sus piezas más conocidas y estudiadas[9], posee un ejemplar tratamiento de la pieza en un acto. Un joven suicida y una vieja pescadora se encuentran en alta mar como en Mrozek. El encuentro entre Ana y Celina no culmina con el exterminio de una o de ambas, sino en un pacto, un trueque de valores y personajes porque Ana y Celina "son protagonistas y antagonistas, destinador y destinataria, ayudante y oponente..."[10]

Tren hacia la dicha es la pieza más significativa de la corta producción dramática de Amado del Pino (1960), una obra de cámara, confesional, en la cual niega el diálogo doméstico y casero para enfrentar un teatro poético, con un lirismo que emana desde la elección de la propia situación dramática y el dibujo de sus tensiones internas, hasta la tímida alusión, en la dedicatoria a ese gran poeta de la escena contemporánea, su humilde homenaje a Chejov.

Con muchos de los nuevos autores, del Pino busca el contacto con el público, sólo que esta vez, su pieza requiere una atmósfera de intimidad y cercanía, la del teatro de cámara, dentro de una búsqueda universal de contactos e interrelación con el actor en vivo. Como la puesta de *Accidente*, de Roberto Orihuela, que coloca al público en una arena o *Los gatos*, de Varela, que sitúa a los actores muy cerca de sus espectadores, esta pieza debe funcionar mejor en un espacio no convencional donde los contrastes realidad-irrealidad-sueño encuentren sentido y aproveche el arsenal de la kinesis y la proxemia para evocar sentimientos en el público y hacer de la interrelación un hecho vital.

Víctor Varela (1961) no es propiamente un "autor" teatral. Desde que escribió y codirigió *Los gatos* en 1985 los adjetivos de inaudito, desacostumbrado e insólito se hicieron familiares para calificar sus espectáculos basados en una partitura, una escritura escénica. En aquel ejercicio inicial, dos jóvenes, Alex y Judith se encontraban de madrugada para hacer el amor y proteger su intimidad en un juego de evocaciones. En 1988, *La cuarta pared* conmovió al medio teatral. En la habitación de una casa de vecindad en el Vedado, un grupo de jóvenes casi sin experiencia escénica, desafiaba la estructura teatral vigente y conquistaba un espacio desde la marginalidad, la precariedad y los circuitos alternativos. Entonces, sólo ocho espectadores cabían en el cuarto. A partir de ese estreno, Varela y su núcleo inicial se constituyen en Teatro del Obstáculo, al hacer de la carencia y la dificultad parte de una estética que interpone barreras y obstáculos al espectador.

Desde 1989 conforman un proyecto, realizan funciones regulares, poseen una sede y una débil pero eficaz institucionalidad. *La cuarta pared* fue como el grito[11] de una promoción que reclama su presencia en el teatro cubano y que para muchos críticos retoma experiencias truncas en la década del 60. El espectáculo, de dos horas de duración, consta de secuencias cortas de intenso trabajo sicofísico, acciones e interacciones que forman una especie de "tejido" de sonidos no verbales, gemidos, silencios y sollozos. Los actores visten de algodón blanco. El techo y las paredes, cubiertos de poliespuma; esferas colgantes, presionadas, cubren el piso. La intervención de los actores, su energía y emotividad, el empleo de la luz, los dispositivos, la agónica relación con el material convierten el espectáculo en una escultura penetrable o una instalación a al que accedíamos como una travesía, un "viaje"[12] por nuestra interioridad.

Agobiada, opresiva y violenta *La cuarta pared* fue recibida con desigual aprobación por parte de la crítica en el momento de su estreno hasta situarse como una de las experiencias más estudiadas de la década. Pero encontró el respaldo casi unánime de los jóvenes espectadores para los que el acontecimiento significaba compartir esa angustiosa búsqueda de un lugar en el mundo. Estos rechazados de Varela, que intentaron asaltar los escenarios desde una casa particular, encontraron una desgarradora empatía con el público, invitado a participar del proceso, ya que una obra de arte, para Varela como para Kantor, no es un objeto para ser contemplado sino para vivir en concreto.

La cuarta pared, aunque no privilegia los planos verbales, contiene también un texto integrador de elementos visuales, auditivos y sensoriales.

Opera ciega (1991), un texto muy emparentado con el surrealismo, el teatro imposible e irrepresentable, del cual surgió una puesta en escena vibrante de acciones físicas y violentas, en las cuales el libreto presentado era apenas reconocible. Cabría imaginar cómo pudieran otros acercarse a una propuesta tan personal como *Opera...* de la cual ha dicho Varela con sincera arrogancia: "es la puesta en escena de mi propia mente".

El texto funcionaba en su montaje como una partitura vacía que los actores van completando. Las palabras son sólo uno de los componentes de la "noche contemporánea de Walpurgis", como si ésta perteneciera por entero a ese "actor", oficiante, hacedor del espectáculo que después de recibir al último espectador de la ceremonia, apaga las velas, se sienta frente a un diminuto atril, da la señal para el comienzo de la partitura y conduce desde la emisión vocal de los actores hasta intervenir dentro de la acción. Es el director-personaje que ordena el discurso, los movimientos repetitivos, la cadencia del ritual. Para los que vimos la puesta, el texto es una provocación –un elemento más en el concierto de imágenes– desde la relación con los objetos, el funcionamiento de la "maquinaria" hasta la pasión y fuerza de los actores capaces de fracturar la palabra, emitirla como los cantantes de ópera, mientras la escenografía funciona con la precisión de un mecanismo.

Aquí está el texto desnudo, primigenio, fragmentado, esas claves dispersas en las que Varela vuelve sobre la condición individual para oponerla al permanente asedio de la tensión social.

Recuerdo el final de *La cuarta pared*. Los actores se despojan de sus ropas y, desnudos y desvalidos, se detienen en el umbral de esa cuarta pared imaginaria que hemos construido sus escasos espectadores. Sus miradas intensas e inolvidables tratan de alcanzarnos, derribar ese muro o frontera que es una metáfora de la necesidad de expresión de la individualidad.

La sucesión de parlamentos tiene una casi única acotación: "Beba mata al héroe". Intertexto, homenaje, cita, referencia, *La noche de los asesinos*, de José Triana, opera como un signo de continuidad, forma parte de la memoria mítica de la generación de Varela. Mientras en la obra de Triana se ejercita el juego o el simulacro del asesinato, la pieza de Varela lo consuma. Sus personajes arremeten con un tijeretazo sobre un padre-autoridad emblemáticos porque "... aquella noche asesina, el hierro no encontró el hierro en el desván..." Beba clama por el cuchillo, como en la obra de Triana, y mata al héroe. Los personajes son figuraciones y obsesiones de la mente de Varela, vienen de Witkiewitz, Sófocles o Triana, recorren como errantes la pieza, se articulan en una realidad inasible que intenta traspasar los límites de un discurso triunfalista y totalizador. Varela escoge el grito, el balbuceo, el desgarramiento y por eso, sus personajes nos resultan tan imprecisos.

Opera ciega es un relato ambivalente, abierto a varias significaciones, no aristotélico, ajeno a la moralización. "Escapaba a cualquier definición" y en él "cada cual encuentra su orilla recurrente". Se inscribe, como tantos otros momentos del teatro cubano más reciente, en una voluntad irreverente, la de muchos jóvenes que quieren pensar con cabeza propia y se preguntan: "¿Los ojos de Edipo nacieron empañados por el desastre o el desastre de estos ojos fue la claridad de ver la realidad empañada?". La libertad de elección de los que "no quieren venerar estatuas" "ni quieren rendir pleitesía" subyace en el filosófico y denso texto de Varela que, en su montaje, introdujo el humor y los tonos irónicos, capaces de completar esta "ceremonia del alma" que interpreto como un acto liberador. En su anterior espectáculo, el crítico norteamericano Randy Martin vio "una tendencia a descubrir lo que yace debajo de la superficie de sus cuerpos o dentro de ellos, haciendo alusión tanto al regreso a un estado primitivo como el rechazo a las restricciones prevalecientes"[13].

La obra certifica desde el cuestionamiento y la duda la posibilidad de encontrar una verdad, quizás no todas las verdades ni todas las certidumbres, pero al menos esa transgresora frontera que las diversas Anas nos proponen y que testimonia este fragmento:

> Habla el presente.
> No quiero volver a la mueca.
> A la puerta cerrada de la vida.
> En mi dormitorio está la verdad.

Como una conclusión de lo que puede considerarse una poética (Víctor Varela ha desarrollao sus ejercicios, método y entrenamiento como *El Arbol del Pan*), estrena en 1995 *El arca*, en la que se observa la intención de llegar a más espectadores y al mismo tiempo de interrogarse e interrogarnos sobre la validez del proyecto utópico que como el arca bíblica, oscila entre la sobrevivencia y el naufragio. Es "... nuestro teatro de visión más mordaz, de fiesta de los sentidos, con cierta austeridad visual, un teatro alimentándose "aquí" y "ahora" del argot de la calle, de nuestra existencia más pedestre pero también de nuestra mejor poesía. Un espectáculo que nos quiere devolver a cada espectador, a cada individuo, la mirada al sur y sustituirnos nuestro ojo ordinario y cansado por uno de perro andaluz"[14].

Como otra muestra de una escritura escénica, *Safo*, de Carlos Celdrán (1963) y Antonia Fernández (1965), fue creada entre el autor dramático-director y la actriz en íntima colaboración. Celdrán, graduado del Instituto Superior de Arte, terminó con una prometedora pieza *Catálogo de señales*, pero después se ha inclinado por la dirección dentro del Teatro Buendía, elenco al cual pertenece Antonia, una inteligente y dúctil actriz. Ambos crearon este simple y hermoso monólogo que parte de los textos de Marguerite Yourcenar y Jorge Luis Borges y en el que se entrecruzan vivencias familiares de Antonia, hija de Violeta Vergara y nieta de Rita Montaner incorporadas a este "mito" de la bolerista que llega a la cumbre del éxito en los años 40 y 50 y que finaliza en los 70, cuando *Safo*, olvidada, "cruza a pasos lentos las mesas, saludando sin ver, sonriéndole a esta gente nueva, desconocida, que ya no vienen por su voz". La continua búsqueda que es el cuerpo en *Safo* está ligada a la rumba, la cadencia del baile popular y la historia de La Habana. La crónica de un narrador que se funde con el personaje: el mito de la Yourcenar acoplado con el de la bolerista. Un cuerpo que también es "isla" propia en que hibridan mito y bolero, ciudad y cantante.

Ricardo Muñoz (1964), desde que culminó sus estudios de dramaturgia con *La gran temporada*, su única pieza publicada[15], ha mostrado predilección por dos temas: la tradición teatral y la experimentación con el trabajo del actor para la búsqueda de una expresión poética. Teatro a Cuestas, el colectivo que dirige en la provincia de Cienfuegos, ha intentado una experiencia de "exploración de la escritura" desde 1988, período formacional y de asentamiento hasta que en los comienzos de 1992 cristaliza en una experiencia.

Así por ejemplo *Alma de resurrección*, *El reo* y *Malcolm X*, son breves poemas o fragmentos de prosa poética que en escena se han convertido en monólogos, trabajados con y desde la perspectiva de los procesos de trabajo del actor, cercanos "a un primer momento de ejercitación, donde todavía las imágenes no logran desprenderse de las marcas del entrenamiento, de ciertas técnicas para la construcción del personaje, la escena despojada, el espacio vacío"[12].

En *El tren*, *La prisa-vida* y *Naufragio*, escritas entre 1988 y 1990, persisten huellas de trabajo dramatúrgico escrito conjuntamente con el actor y en ocasiones, "para" sus necesidades.

Asundiansan, el erudito de rabanadas y la tentación de aura que fue araña, recuerda la palpitación extraña de su puesta en escena, en la que dos actores habían logrado el encantamiento a través de una palabra empleada con una cualidad diferente y en la que la mayor parte de la crítica reconoció la expresión lírica del Teatro a Cuestas. En *las soledades de Carsola* y *Sueños Santos*, otra vez dos personajes se enfrentan como en *Asundiansan* a un "juego de representación". Si en *Asundiansan*... la atmósfera es la de un cuento de hadas, de la tradición oral, *Las soledades*... presenta un espacio mítico, intemporal, que la emparenta con cierta zona de la dramaturgia latinoamericana. Después del estreno de *Rara avis*, en 1992, ese viaje de la actriz-protagonista Mérida Urquía a través de "imágenes" y "fogonazos" hacia la conquista de América, algunos, como Omar Valiño, han visto la culminación de una primera etapa de trabajo, ya que en éste coexisten casi todas las fuentes, confluencias y diálogos de un ciclo que es muy posible corra el riesgo de la repetición y la rutina.

Cierta vez, Ricardo Muñoz confesó en una mesa redonda[17] que reconocía dos vertientes en su dramaturgia: la escrita para el Teatro a Cuestas y esa otra de la que conservaba una viva impresión, porque *La gran temporada*, como ópera prima, era un homenaje renovado al Teatro Alhambra que huia de los tópicos complacientes y coloristas y que presentaba a su héroe, el actor Chelito Argüelles, en busca de su identidad tras sucesivas máscaras, en una trágica pieza de la "identidad desvirtuada"[18].

En *Concierto para violines, Fuga al sol sostenido*, dos personajes, Alejo, de setenta y ocho años y Paula, entre veinticinco y treinticinco, padre e hija, ven desmoronarse a su alrededor las paredes de un cuartucho viejo y pequeño. Cinco días antes del retiro de su padre, la abúlica Paula recorta figuras para un peculiar *collage*, mientras el anciano "oye violines" y ve aparecer, desde la mancha de la pared a la esposa muerta. La agresiva e insultante relación padre-hija cede a la comprensión y la tolerancia. Esta pieza, anterior a *La gran temporada*, ya tiene la estructura de la obra de cámara que Muñoz trabajará a plenitud.

La tradición teatral, que ejerce influencia seductora en los autores de esta promoción, es una de las fuentes reconocibles de *Las rosas de María Fonseca* (1990). Su protagonista reina, prostituta, matrona y madre desalmada posee cierta estirpe lorquiana, tal y como aprehendieron al autor español Rolando Ferrer y Carlos Felipe. La concepción es muy diferente a las austeras búsquedas del repertorio de Teatro a Cuestas; por el contrario, descansa en una teatralidad vinculada con formas propias de asumir el pasado y con un procedimiento de composición y escritura más complejo y exuberante.

La asunción de la historia como una totalidad sin fisuras recorrerá el camino de las creaciones de casi todos los nuevos autores. No es el hecho acaecido, ni el registro, el testimonio o el documento. Es la memoria y el tiempo vivido. Quizás la obra que mejor sintetiza esta aspiración es *Time Ball o el juego de perder el tiempo*, de Joel Cano (1966), concebida como un juego de cartomancia teatral, en el cual las escenas pueden ser barajadas al azar. Quizás sea Joel el más singular y atrevido autor de los 90 que culmina una estética de la autofragmentación y discontinuidad que se sustenta en fuertes raíces en la cultura popular.

La poética de la fragmentación que como "acertijo" o "performance" propone Cano es lo más lejos que ha llegado la escena actual en cuanto a estructura. Según el autor, en *María Antonieta's head* (inédita y sin estrenar) ésta es aún más precisa, regida de acuerdo con las leyes del dominó. De origen campesino, en sus obras los objetos coexisten en una armonía natural, desenfadada, en perfecto equilibrio con la naturaleza, en la creación de una personal iconografía, alejada ee los estereotipos inmóviles y los fetiches. En *Time Ball...* una mirada irónica recorre tres momentos de retroceso: 1933, 1970 y la "tribuna del no-tiempo".

Los íconos como los Beatles, Chaplin, Lenin y Marilyn cohabitan en una obra postmoderna y burlona, ambigua y plural que aún no tiene su puesta en escena o al menos una representación que esté a la altura de las expectativas suscitadas por el texto, que apela a una dirección escénica capaz de desentrañar sus nuevos nexos. Un juego sobre el tiempo cíclico, repetido, en el cual los personajes encarnan ideas de otros, como dice Francis: "No somos nosotros, son los cuerpos de otra época a los que nosotros damos vida hoy con nuestras ideas". Una obra que expresa el rechazo a una visión edulcorada, "los coros felices de la nueva vida", el "héroe colectivero", "las marchas y los finales épicos". Para Cano el pasado sólo existe como presente. El clamor por el espacio de la individualidad, se corporiza en la "desilusión del Charro Jiménez": "Quiero una canción donde haya una polaca que no sabe hablar, un inventor que no tiene piezas para experimentar, un payaso inútil en un circo solemne". El rechazo a la cotidianeidad vista desde ángulos estrechos, el realismo como ilustración y copia, el lenguaje coloquialista se expresa en la ingenua poesía de Joel, sus audaces soluciones escénicas, que sitúan a *Time Ball...* más próximo al texto "por venir" que a los precedentes.

En *Time Ball...* aparece el rechazo al estereotipo, la retórica vacía, el panfleto, la falsa unanimidad. Quizás Cano es quien está más lejos de la veneración y el respeto hacia moldes viejos y en su *Comodín atravesando caballerizas y paisajes desiertos*, en su alucinada poesía, delirante y despiadada como en las piezas juveniles de Nicolás Borr, esté proponiéndose una nueva figuración, el camino hacia otro paradigma.

Notas

1. Georges Banú: "Derrota y victoria". En *Primer Acto*, Nº 248, marzo-abril, 1993, Madrid, España, p. 8.
2. Armando Correa: "El vértigo de la ironía". En *Revolución y Cultura* Nº 4, 1990, p. 36.

3. *Morir del texto. Diez obras teatrales.* Ediciones Unión, 1995.
4. Rine Leal: *La dramaturgia del Esambray.* Editorial Letras Cuanas, La Habana, 1984.
5. Abilio Estévez: *Hoy tuve un sueño feliz.* En *Tablas* 2/89 (abril-junio).
6. Amado del Pino: "Perla marina: en hondos mares". En *La Gaceta de Cuba*, mayo-junio 1993, p. 42.
7. Vivian Martínez Tabares: "Supervivencia del ritual en experiencias del teatro latinoamericano" (inédito).
8. Armando Correa: "La otra mirada del texto". En *Tablas* 2/90 (abril-junio), p. 13.
9. Margarita Mateo: "Una travesía sin tempestades ni naufragios". En *Tablas* 2/90 (abril-junio), pp. 26-30, y Salvador Redonet: "¿Cuánto le das marinero?". En *Tablas* 1/90 (enero-marzo), pp. 17-20.
10. Salvador Renodet: *ob. cit.*
11. Laura Fernández Jubrías al presentar el I Encuentro de Lecturas de Textos Dramáticos, en 1991, escribió en las notas al programa: "Si tuviera que definir con sólo una palabra la dramaturgia de los últimos años en Cuba escogería grito [...] pues ellos con la catarsis del grito, con su estridencia y su imperfección, han dotado a la escena cubana desde mediados de los 80 hasta acá, de una buena dosis de personajes controvertidos, situaciones agónicas y desenlaces poco felices". En él leyeron piezas Salvador Lemis, Alberto Curbelo, Carmen Duarte, Luis Alberto Rivero, Jorge Luis Torres, Joel Cano, Carlos Abad, Liuba Cid, Joel Angelino, Jorge Luis Sánchez, Lira Campoamor, Atilio Caballero, Elizabeth Mena, Marcial Escudero y Laura Fernández.
12. "La acción continuada de viajar y el intento de trascender un espacio rígidamente limitado, que se refiere no sólo por las cuatro paredes recubiertas, sino también por la fragilidad natural del cuerpo humano, [...] me señala la presencia de un conflicto vigente e históricamente condicionado; la búsqueda de la libertad". Eberto García Abreu: "Apuntes personales: *La cuarta pared*", en *Tablas* 4/88 (octubre-diciembre), p. 64.
13. Randy Martin: "El teatro cubano en la rectificación: una Revolución después de la Revolución". En *Conjunto*, 85-86 (octubre-marzo) 1991, p. 52.
14. Nara Mansur, "Mi arca", *Tablas*, 1-2, 1997, p. 77.
15. Ricardo Muñoz, *La gran temporada.* En *Tablas*, 4/87 (octubre-diciembre).
16. *Ibid.*
17. Cf. "El teatro actual". En *Conjunto* N° 94 (julio-septiembre), 1993, pp. 65-83.
18. Cf. Eberto García Abreu: "El actor, la máscara, el tiempo" *Tablas* 4/87 (octubre-diciembre), pp. 37-42.

PANORAMA GENERAL DEL TEATRO ESPAÑOL EN LA DÉCADA DE LOS NOVENTA

César Oliva

1. A modo de introducción

A escasas fechas de echar el telón al viejo siglo, el teatro español se presenta con los perfiles más innovadores de los últimos tiempos. Sobre todo, en lo relativo a la escritura propiamente dicha. Podemos afirmar que los últimos cinco años han supuesto la mayor renovación del teatro español desde la mitad del siglo XX. Nunca como ahora se advierte con mayor incidencia un cambio en la concepción de las formas escénicas, cambio que podríamos condensar en los siguientes puntos:

1. Desaparición de la "generación realista" como tal, al menos, en términos de presencia en las carteleras habituales;
2. Recomposición del grupo de autores que escriben la comedia convencional o burguesa.
3. Consolidación de José Sanchis Sinisterra y Josep Maria Benet i Jornet como dramaturgos de influencia generacional.
4. Aparición de un nutrido grupo de autores jóvenes, de muy diversos estilos y tendencias, unidos por el denominador común de una especial inclinación al teatro de texto.
5. Cierta homogeneización de toda la escritura teatral española, incluyendo a autores y autoras que producen desde las distintas comunidades autónomas.

2. Características del teatro español de fin de siglo.

El desarrollo de los anteriores puntos va a configurar una especie de estado de la cuestión, que sitúe la escena española en el momento en el que nos encontramos ¹. No obstante, es preciso añadir algunas circunstancias que han hecho posible el panorama general antes sintetizado. Circunstancias que vienen del período político y social que vive España en los últimos años y que, necesariamente, tiene su reflejo correspondiente en un área de la cultura con tantas dependencias con su entorno como es el teatro.

A nadie se le oculta que los trece años de gobierno socialista supusieron una auténtica renovación en el campo de las artes escénicas. Renovación y desarrollo que tuvo sus puntos más altos en la rehabilitación y modernización de los teatros del territorio nacional, así como en el impulso otorgado a producciones y compañías que nunca como entonces pudieron disponer de tantos medios económicos para sus proyectos. Cabría añadir otras acciones no menos interesantes, siempre de menor incidencia a nuestras intenciones metodológicas. Ese aumento de actividad, sin embargo, se produjo en los niveles más visibles y espectaculares (fomento de las unidades de producción del sector público, potenciación de los festivales, apoyo a eventos singulares como la celebración del 92, etc.), pero no llevó consigo ningún plan de revitalización de la propia escritura nacional. El teatro clásico, por ejemplo, fue objetivo prioritario de la última década —y bien que lo ha notado la producción sobre autores del Siglo de Oro—; en cambio, no ha tenido correspondencia con el fomento de la creación teatral actual. Signo externo de esta evidencia es la paulatina pérdida de consideración social del autor dramático, olvidado entre un querer y no poder estrenar (Oliva, 1991). Dicho problema tiene como efecto resultante la escasa presencia de estos nuevos dramaturgos españoles en los repertorios de los escenarios subvencionados, e incluso en la llamada Red Nacional de Teatros Públicos, interesante apuesta por homogenizar la oferta escénica española en los teatros de las autonomías que, al menos en sus primeros pasos, no se decanta por la escritura contemporánea ².

Para reducirlos a un esquema fácil de entender, los años noventa, en España, han proporcionado una espléndida caja-continente de espectáculos teatrales, con alguna que otra producción de especial valor, pero escasa en contenidos de obras teatrales firmadas por dramaturgos de aquí. En los próximos epígrafes procederemos a desarrollar la naturaleza de tan pobres ingredientes.

3. Paulatina desaparición de la generación realista.

En otro lugares (Oliva, 1978; 1979) he tratado del declive de la llamada "generación realista", y siempre con la tristeza del movimiento inconcluso. Los realistas —y no entraremos en delimitaciones estéticas más o menos impropias—, no han tenido la fortuna que quizá otras circunstancias les hubiera otorgado. Renovadores imprescindibles de la escena española, utilizaron lenguajes que, salvo excepciones, no siempre contaron con el favor de los nuevos públicos a los que iban dirigidos. Tampoco reiteraré más que, tras una esperanzadora acogida durante la transción política (*Las arrecogías* [1977], de Martín Recuerda; *La condecoración* [1977], de Lauro Olmo; *Tragicomedia del Serenísimo Príncipe don Carlos* [1980], de Muñiz; *Bodas que fueron famosas del Pingajo y la Fandanga* [1978] y *Flor de otoño* [1982], de Rodríguez Méndez; *Ahola no es de leil* [1979], de Sastre; *Jueces en la noche* [1979] y *Caimán* [1981], de Buero Vallejo), la llegada del socialismo supuso el principio del fin de tales autores. Pocos estrenos tuvieron acogidas parangonables en esos posteriores años: *El carnaval de un reino* (1983), de Martín Recuerda, *Pablo Iglesias* (1984), de Lauro Olmo, *La marca del fuego* (1992), de Rodríguez Méndez, *Los últimos días de Enmanuel Kant contados por Teodoro Amadeo Hoffmann* (1990), de Sastre, y los Bueros postreros, cada vez más espaciados y con menor aceptación crítica, sobre todo desde *Lázaro en el laberinto* (1986). Habría que dejar al margen fenómenos puntuales, como *La taberna fantástica*, de Sastre, escrita en 1966, pero estrenada con gran éxito en 1983, como excepción que confirma la regla. La celebración del 92 supuso la recuperación de un par de textos de estos autores (*La Trotsky*, de Martín Recuerda, y *El viaje infinito de Sancho Panza*, de Sastre) que poco o nada aportaron a sus anteriores trayectorias. Ni siquiera Buero Vallejo estrena ya con comodidad, tal es la circunstancia que rodeó su último título, *Las trampas del azar* (1994), programado inicialmente por un teatro público, pero resituado después dentro de la actividad de una compañía privada.

En este apartado podemos hablar del regreso de dos autores ligados de alguna manera a esta generación realista, Ricardo López Aranda y Agustín Gómez Arcos, aunque con profunda evolución en el segundo caso. Ambos vivieron durante años fuera de España –en Méjico y Francia respectivamente–, y ambos recuperaron su contacto con las carteleras nacionales en las décadas de los ochenta y noventa. Ricardo López Aranda estrenó con cierto éxito *Isabel, reina de corazones* (1983), y Agustín Gómez Arcos hizo lo propio con *Interview de Mrs. Muerta Smith por sus fantasmas* (1991).

De difícil contacto con este grupo, pues aunque parta de planteamientos más o menos realistas trasciende dicha estética las más veces –como precisamente hacen todos aquéllos a partir de los años setenta–, está Francisco Ors. Desde el primer y muy notable estreno, *Contradanza* (1978), ha visto disminuir su presencia en las carteleras: *El día de gloria* (1983) y *Vientos de Europa* (1985).

El caso de Antonio Gala –nunca exactamente realista, pero ligado de siempre a estos dramaturgos–, con su tránsito hacia otros géneros literarios (novela y poesía) añade un signo de crisis a esta importante etapa del teatro español. El autor de *Petra Regalada* (1980) prefiere el éxito editorial (muy personal) al de los escenarios (pendiente siempre de equipos de producción). O mucho nos equivocamos o estamos hablando ya de clásicos contemporáneos.

4. Nuevas tendencias de viejas formas teatrales.

Hasta hace bien poco, comedia burguesa (o de salón, tresillo, evasión, etc.) era sinónimo peyorativo de teatro convencional. Su principal valor radicaba en la pericia con que era interpretado por una generación de actores salidos de la más pura tradición naturalista española. Para comprobar su presencia y efectividad no es necesario remontarnos a los años cincuenta, en que aparece (Pemán, Ruiz Iriarte, López Rubio, Mihura...) en clara dicotomía con el teatro de compromiso (Buero, Sastre, Martín Recuerda...). Hace apenas diez años, a finales de la década de los ochenta, dicha dicotomía seguía siendo evidente. La zanja establecida entre Santiago Moncada o Alonso Millán con Francisco Nieva y Antonio Gala parecía sostener la mentada tradición. Sin embargo, hoy día los límites son cada vez más tenues e imprecisos. Tan próximo está a ese público habitual de los teatros comerciales, propio de la comedia burguesa, *Dígaselo con valium* (1993), de Alonso de Santos, como *Casi una diosa* (1993), de Jaime Salom, *Las cometas* (1986), de Teófilo Calle, *Noches de amor efímero* (1990), de Paloma Pedrero, *Una farola en el salón* (1989), de Santiago Paredes, *Ultima parada, felicidad* (1992), de Eduardo Ladrón de Guevara o *Cristal de bohemia* (1994), de Ana Diosdado. Lo cual empieza por motivar un cierto cambio semántico, que hace que "comedia burguesa" sea ya un término habitual, no tan peyorativo como hace escasos años podía resultar.

En otras palabras, ¿qué otra cosa escriben muchos de los autores jóvenes (María Manuela Reina, Eduardo Galán, Javier García Mauriño, Paloma Pedrero...) sino comedias burguesas? Hay que insistir en que, en los noventa, el hábito de la escritura convencional, tradicional en el mundo de la escena a lo largo de siglos, se corresponde con la decadencia de la izquierda, como forma de comportamiento político. Por otra parte, también la comedia burguesa contiene ciertas dosis de denuncia social, pues aparece en la propia estructura del género. Y, a veces, en sus más actuales temáticas, como sucede en *Trampa para pájaros* (1991), de Alonso de Santos, *Comisaría especial para mujeres* (1992), de Alberto Miralles, o *Castillos en el aire* (1995), de Fermín Cabal.

5. Maestros en escritura dramática o cabezas generacionales.

Los últimos años han consolidado al menos dos dramaturgos que, si bien iniciaron su producción en años muy anteriores, nunca como ahora se reconoce su influencia tanto social como teatral. Nos referimos a José Sanchis Sinisterra y Josep Maria Benet i Jornet. Ambos escapan, por fin, a tópicos clasificaciones de manuales, aunque cada uno siga una línea de creación personal e intrasferible. Su condición de guías generacionales se debe, sobre todo en el caso del primero, a su constante labor docente sobre la escritura teatral, cifrada en multitud de cursos y seminarios. Ha impartido clases, en el Institut del Teatre, en centros teatrales de toda Latinoamérica, en el Aula de Teatro de la Universidad Autónoma de Barcelona y, más recientemente, en la Sala Beckett. Como creador ha dado textos de gran nivel dramático, como *Ñaque o de piojos y actores* (1981), *¡Ay, Carmela!* (1987), *Lope de Aguirre, traidor* (1992), *Perdida en los Apalaches* (1992) y *El cerco de Leningrado* (1994).

También Benet dispone de amplia experiencia en el ejercicio de la transmisión de conocimientos teatrales, aunque su influencia no es docente sino que surge de los propios textos. Su amplia trayectoria desde el realismo castellano, la oportuna adaptación a nuevas tendencias, lo sitúa como uno de los principales referentes estéticos del autor actual. Entre sus estrenos más recientes destacamos *Deseo* (1989), *Página de sucesos* (1989), *E.R.* (1994) y *Testamento* (1996).

Emparentado a esta dimensión didáctica tenemos a Alonso de Santos y Fermín Cabal, a cuya sombra han nacido no pocos autores jóvenes. El primero ejerce la enseñanza en la Real Escuela Superior de Arte Dramático, bien que en materia de dirección escénica. Sus últimos estrenos son *La sombra del Tenorio* (1995), *Hora de visita* (1996) y *Yonkis y jankis* (1996). Cabal, mediante cursos de dramaturgia y escritura, ha influido en autores como Ernesto Caballero, Ignacio del Moral, Paloma Pedrero, Marisa Ares y Margarita Sánchez. A su vez, él mismo se ha enriquecido con la influencia de nuevos dramaturgos americanos, entre los que hay que citar a David Mamet. *Travesía* (1993) y *Castillos en el aire* (1995) son sus últimos estrenos.

Sanchis, Benet, Alonso de Santos y Cabal siguen resistiéndose a clasificaciones más o menos tópicas, pues aunque usen el realismo como elemento de partida, suelen desarrollar estructuras dramatúrgicas alternativas. Es lo que sucede con otros autores, sin apenas repercusiones didácticas, pero con notables aportaciones contemporáneas, aunque procedan de generaciones anteriores. Es el caso de Jaime Salom, en una espléndida madurez, y el pertinaz rigor de Domingo Miras, Jerónimo López Mozo e Ignacio Amestoy, pese a que estén menos presentes en las carteleras. Cada uno de ellos continúa aportando textos de gran interés, como es el caso de *El otro Will*, de Salom, *El doctor Torralba*, de Miras, *Eloídes*, de López Mozo, o *La reina austriaca de Alfonso XII*, de Amestoy.

6. Los nuevos nombres.

De entre los jóvenes autores se podría hablar de dos generaciones, más unidas que separadas en sus planteamientos y búsquedas estéticas. Una de creadores que a final de siglo pasarán los cuarenta años, la mayoría surgidos de la influencia de los arriba citados (Ernesto Caballero, Paloma Pedrero, Ignacio del Moral, María Manuela Reina, Luis Araujo, Antonio Onetti...), y otra menos dependientes del quehacer de los anteriores dramaturgos (Ignacio García May, Alfonso Plou, Rodrigo García, Antonio Fernández Lera, Alfonso Armada...) (Miralles, 1994). Dentro de éstos, aproximadamente una década más jóvenes, los hay con débitos expresos de autores como Sanchis Sinisterra (Joan Casas, Josep Pere Peyró, Lluisa Cunillé y Sergi Belbel), o que proceden de la escuela del dramaturgo chileno Marco Antonio de la Parra (José Ramón Fernández, Raúl Hernández, Juan Mayorga y Luis Miguel González, el llamado grupo "Astillero"). También los hay que proceden de dramaturgias periféricas, pues desarrollan su trabajo teatral generalmente fuera de Madrid, como Manuel Lourenzo, Euloxio Rodríguez Ruibal y Roberto Vidal Bolaño, tres grandes veteranos que realizan su labor en Galicia, Maxi Rodríguez en Asturias, Xavi Puerta en el País Vasco, Alfonso Plou en Aragón, Cirilo Leal o Ernesto Abad en Canarias, Sara Molina, Antonio Alamo o Alfonso Zurro en Andalucía, y Carles Alberola, Rafael González y Paco Sangino, en el país valenciano, entre una amplísima nómina de autores. No insistiremos en los catalanes, cuyos nombres aparecen aquí en repetidas ocasiones [3].

Unos y otros muestran excelentes condiciones para la escritura teatral, incluso para la dirección, en la que muchos se desenvuelven. Salvo excepciones, la esperanza del estreno convencional apenas si les anima, aunque son capaces de proyectar sus obras para las llamadas salas alternativas. Prefieren darse pronto a conocer (estrenar) en círculos minoritarios que aguardar oportunidades que saben escasas. Pese al ingente material que producen, en el que se mezclan estilos, modas e influencias, podríamos citar —como hicimos en el anterior apartado— una decena de títulos sin duda excelentes, que hubieran merecido la oportunidad del estreno convencional. Por ejemplo: *Auto*, de Ernesto Caballero; *La mirada del hombre oscuro*, de Ignacio del Moral; *Días sin gloria*, de Vidal Bolaños; *Proyecto Van Gogh*, de Antonio Fernández Lera; *Caricias*, de Sergi Belbel; *El traductor de Blumenberg*, de Juan Mayorga; *Para quemar la memoria*, de José Ramón Fernández; *Rodeo*, de Lluisa Cunillé; *Notas de cocina*, de Rodrigo García; y *El alma de los objetos*, de Alfonso Armada.

Si los que entraron antes en el mundo del teatro se vieron influenciados por dramaturgos como Sanchis, Benet, Cabal o Alonso de Santos, los más jóvenes se apartan de aquellos débitos, y prefieren referirse a: 1) el cine, sobre todo el de directores de cierta modernidad (Tarantino, los Coen, Lynch...), así como a la modalidad estructural del video-clips; 2) de manera más o menos directa, propuestas de teatro-danza, en las que Pina Baush puede ser la creadora más notable; 3) el sistema de instalaciones o *performances*, que distribuye la obra dramática hacia una fragmentación o parcelación nueva y original; y 4), quizá la principal influencia, el propio teatro, pues muchos autores y autoras son intérpretes o directores y directoras en las llamadas salas alternativas, lo cual concede estatuto especial a escrituras que no olvidan la generalidad de los lenguajes escénicos, aunque el verbal sea al que den especial atención. A estas inclinaciones podemos añadir un gusto por las pequeñas escenas, de inclinación minimalista, que necesitan ser completadas por el propio espectador, así como la obsesión por mostrar en sus obras ciertas obsesiones propias del momento, que proporcionan una temática urbana: violencia, droga, paro, etc.

En la actualidad, hablar de teatro español significa hacerlo del teatro que se escribe en todo el Estado, de ahí que especificáramos antes los dramaturgos que procedían de las periferias. Este fenómeno multiplica las posibilidades de estrenar, porque no se trata de presentar las obras en salas comerciales, sino en espacios alternativos, muestras o festivales. Lo que no impide suponer que la aspiración de todo dramaturgo, como la de cualquier profesional del teatro, sea darse a conocer en la capital.

7. Identidades en la nueva escritura escénica española.

Dejando a un lado a aquellos autores que todavía manejan estructuras escénicas herméticas (sintácticas, técnicas, referenciales...), como Francisco Nieva, Luis Riaza o Miguel Romero Esteo, y otros que, por su larga trayectoria no parece lógico que varíen sus estilemas, el teatro español de los noventa remite a una suerte de homogeneidad. Dicho factor igualatorio procede de la búsqueda de un lenguaje teatral que domine a otros de rango espectacular. No se trata, pues, de la servidumbre con los grandes inventos escénicos, sino de que el propio escenario sea el que provoque el conflicto dramático. Más que una simple vuelta a la palabra –como comúnmente se saluda a este fenómeno de contemporaneidad– diríase que es una vuelta al escenario como referente directísimo de la acción. Un escenario en donde se habla. En *Auto* es la ambigüedad de una comisaría/sala de espera/sanatorio; en *La mirada del hombre oscuro* es la amplitud del simbolismo de una playa; en *Rodeo*, una funeraria ciertamente alegórica; la terraza de un rascacielos, único lugar de encuentro de una sociedad de fumadores reprimidos, el espacio de *Después de la lluvia*, etc.

Esta búsqueda del escenario no sólo como referente directo de la acción, sino como parte esencial de la misma, tiene excepciones. Es el caso de autores que no han perdido contacto con estéticas de años anteriores, como Alberto Miralles y, quizá el ejemplo muy revelador, Jerónimo López Mozo. López Mozo, sobre todo, se mantiene fiel a la estructuración brechtiana (o valleinclaniana) en cuadros, tanto en *Eloídes* (1992) como en *Ahlán* (1996), dos espléndidos dramas de madurez, aún sin estrenar. En ambos no ha perdido el tono de denuncia social que caracterizara a la generación del último teatro en el franquismo, aunque acomodándola a las modernas lacras de nuestra sociedad, como es el fracaso vital por el despido libre o la intolerancia producida por una poco disimulada xenofobia.

El resto se expresa mejor en escenarios únicos, a veces de una ambigüedad tal que sirve para cualquier desarrollo de la acción. Por supuesto que es la tendencia general de Alonso de Santos, Fermín Cabal y Sanchis Sinisterra, también de Ernesto Caballero, Ignacio del Moral y Paloma Pedrero, así como de Benet, Belbel, Cunillé, Onetti, Plou, etc. Es lógica esta comprensión de espacios, pues hemos dicho que la mayoría de los jóvenes buscan su estreno en salas pequeñas, en las que el tradicional cambio de decorado es imposible. Incluso los más veteranos, conocedores de la necesidad de partir de producciones que han de ser itinerantes, tampoco buscan dificultades en la expresión escenotécnica.

Todo lo cual da un tono igualatorio al nuevo teatro español, que busca los conflictos en el propio planteamiento dramatúrgico, más que en las soluciones espectaculares en las que habían basado su escritura generaciones anteriores.

El nuevo teatro español, liberado de los condicionantes estéticos, políticos e incluso económicos del pasado, dispone de una completa libertad artística para producir su escritura. Nada más que acepta la viabilidad de estreno como horizonte de referencia. Por eso inventa espacios, comprime historias, alarga tiempos, alterna acciones y, en general, permite soñar desde sus escenarios. De ahí que apenas aparezcan influencias directas de las estéticas más consolidadas por la historia (Sastre, Nieva, Romero Esteo...), ni del realismo tradicional (de Buero a Chejov), ni incluso de los grandes renovadores (Brecht a la cabeza). La innovación de los nuevos autores, reservada a un grupo no muy amplio (Marquerie, Fernández Lera, Armada, Rodrigo García...), procede de creadores contemporáneos representativos por sus rupturas con la propia concepción del drama (Heiner Müller, Koltés, Botho Strauss, Kroetz, Pina Bausch, Jean Fabre).

8. El teatro de grupos a final de siglo.

No podría concluir este breve recorrido por la escena española finisecular sin dar cuenta de uno de los fenómenos más importantes del último teatro, el de grupos o colectivos, que basan su trayectoria en una serie de rasgos estilísticos y promocionales que hacen reconocibles sus propuestas antes y después de contemplarlas. Son colectivos que se han valido de sistemas de producción distintos a los habituales y buena parte de su éxito procede, precisamente, de la estabilidad económica lograda por la defensa de una marca o identidad muy definida. Estamos hablando de Joglars, Comedians, La Cubana, Dagoll Dagom, Xarxa Teatre, La Cuadra y La Zaranda, como compañías ya veteranas en las carteleras de todo el Estado español. Los noventa aportan algunos modelos renovados, como es el caso de Ur, en el País Vasco, y consolidan los anteriores como empresas de gestión.

Sin embargo, lo que ha hecho esta década ha sido decantar, a unos y otros, hacia dos polos de expresión bien diferente. Joglars y La Cuadra reafirman a sus directores-creadores como verdaderos autores de las obras que estrenan, aunque éstas no se puedan considerar exclusivamente como textos literarios. Albert Boadella y Salvador Távora pueden ser, y de hecho lo son, "escritores" de sus espectáculos. *Yo tengo un tío en América* (1992) y *Ubú, president* (1995) son trabajos que proceden de propuestas textuales de Boadella, como *Identidades* (1993) y *Carmen* (1996) lo son de Távora.

Si estos modelos proceden de compañías encabezadas por un autor-creador, La Cubana y Comedians son colectivos que, pese a contar con una personalidad a la cabeza (Jordi Millán y Joan Font, respectivamente) no han perdido la identidad grupal. Está en *El llibre de les bésties* (1995), por Comedians, y está en *Negro, cómeme el coco* (1989) y *Cegada de amor* (1994), de La Cubana. Dagoll-Dagom, colectivo que tiene sus orígenes en un célebre *No hablaré más en clase* (1977), dirigido por Joan Ollé, ha desembocado en productora de espectáculos musicales. No es un grupo, ni siquiera una compañía, sino una empresa que genera títulos espléndidos, como *Mar i cel* (1988), pero también otros como *Te odio, amor mío* (1995), de discutibles resultados. La Fura dels Baus, colectivo que sorprendió por su vigor y fuerza en la década de los ochenta, ha iniciado un cierto declive en los noventa, en una sociedad que no admite con igual resignación la provocación que hacen estos "ejecutantes" –que no actores– desde espacios atípicos para el teatro. La Zaranda, con un tipo de teatro más intimista, mantiene un tono constante, sin perder su peculiar e irónica mirada sobre el mundo de hoy, desde la perspectiva sureña. *Perdonen la tristeza* (1992) y *Obra póstuma* (1995) indican los límites de su originalidad.

Este teatro de grupos se ha caracterizado por la ausencia de altibajos en su oferta estética y, por consiguiente, su constante nivel de recepción. Por ello han contado con un público fiel, que aguarda con interés cada producto que les ofrece, y que rara vez decepciona. Esa constancia y calidad en la oferta hace que, aunque sean trayectorias que se remontan al franquismo, traspasen décadas sin la menor dificultad.

Ur es una compañía que gestiona y dirige la Escuela de Teatro de Rentería, bajo la dirección de Helena Pimenta. Consiguieron un gran éxito con una versión libre de la obra de Shakespeare *Sueño de una noche de verano* (1992). Es otro modelo de gestión, con apoyo inicial institucional, pero posterior desarrollo empresarial.

9. Dos fenómenos dramatúrgicos finiseculares.

Los ochenta fueron testigo de dos curiosos fenómenos en la escena española, aunque no originales. Uno, la eclosión de obras escritas por mujeres; el otro, la llegada de autores procedentes de otros géneros, como la novela. Ambos casos han pasado de manera menos sorpresiva al final de siglo, pues si bien no han sido pocas las autoras que se han consolidado en la escena nacional, la experiencia de la adaptación novelesca ha disminuido claramente.

La mujer ha llegado con rotundidad a la escritura teatral cuando los escenarios comenzaron a reclamar temas que, por su minuciosidad o discreto nivel crítico, eran aptos para un peculiar desarrollo intimista. Ello, unido al deseo de afirmar un papel hasta el momento alejado de su campo de acción, hizo que aparecieran numerosas obras concebidas y expresadas por mujeres. Colaboró en este desarrollo el éxito casi coincidente de algunas de estas obras, como las de María Manuela Reina (*La cinta dorada* 1989, *Alta seducción* 1989, *Reflejos con cenizas* 1991, *El hombre de cinco estrellas* 1992), Paloma Pedrero (*El color de agosto* 1988, *Invierno de luna alegre* 1989, *Noches de amor efímero* 1990), Carmen Resino (*Pop y patatas fritas* 1991, *Los eróticos sueños de Isabel Tudor* 1992), Concha Romero (*Juego de reinas* 1991), Lluisa Cunillé (*Rodeo* 1992), entre una amplia lista de títulos y dramaturgas. También las hay ajenas a cualquier consideración comercial, o convencional, ligadas siempre a estéticas innovadoras. Es el caso de Marisa Ares (*Negro seco* 1986), Sara Molina (*Esta noche* 1993), Itziar Pascual (*Fuga* 1995) o Yolanda Pallín (*Los restos de la noche*, 1995).

En cualquier caso, los noventa sirvieron para normalizar el desembarco de muchas mujeres inmersas en el fenómeno de la escritura teatral. Normalización que debe llegar al campo de la crítica, pues aquella eclosión fue poco o mal entendida, ya que dio lugar a algunos estudios basados en criterios metodológicos impropios de final de siglo. Bastaría aplicar sistemas de generalización para valorar en su justa medida que la llegada de la mujer a la autoría española no deja de ser el fin de una situación absolutamente desequilibrada a lo largo de siglos. Tampoco podemos olvidar precedentes tan significativos como Ana Diosdado o María José Ragué, en años anteriores, por no citar la amplísima nómina de mujeres que escribieron para el teatro antes de la guerra civil española.

La llegada de novelistas fue interpretada, años atrás, como un deseo de dotar a la cartelera del atractivo de nombres conocidos, aunque procedieran de otros espacios culturales. En principio se buscó aquellas obras que contuvieran posibilidades dramáticas novedosas, como es el caso de *Cinco horas con Mario* (1979), de Miguel Delibes, cuya estructura posibilitaba ofrecerla como auténtico monólogo, o *Las guerras de nuestros antepasados* (1989), del mismo autor, concebido como un diálogo entre dos personajes aptos totalmente para el drama. Ese criterio –monólogo o diálogo– fue el prioritario en ese momento, pues la mayoría de los títulos desembocaban en un espectáculo teatral íntimo, con excelente literatura, y ricos personajes llenos de matices. También influyeron en el énfasis de este fenómeno éxitos como *El grito* (1982), de Fernando Quiñones, o *Amado monstruo* (1989), de Javier Tomeo, irrepetibles en otros intentos con los autores.

La otra perspectiva del caso está no en la adaptación de textos narrativos, sino en la propia escritura escénica a cargo de novelistas reputados, como Carmen Martín Gaite (*A palo seco*, 1987), Alvaro del Amo (*Geografía*, 1985; *Motor*, 1987), Eduardo Mendoza (*Restauración*, 1990), Lourdes Ortíz (*Fedra*, 1984; *Pentesilea*, 1991), Javier Maqua (*La soledad del guardaespaldas*, 1987; *Coches abandonados*, 1992), Juan José Millás (*Ella imagina*, 1994), Fernando Sabater (*El último desembarco*, 1987; *Guerrero en casa*, 1992), Vicente Molina Foix (*Don Juan último*, 1992; *Seis armas cortas*, 1997), Manuel Vicent (*Borja Borgia*, 1995), entre una amplísima lista de nombres y títulos, que dan somera idea de lo que ha representado, y sigue representando, la llegada de narradores a los escenarios.

10. A modo de conclusión

No se puede decir que el teatro español de fin de siglo contenga elementos plenamente originales. A partir de las más recientes innovaciones en el mundo de los lenguajes teatrales, nuestros dramaturgos han conformado un aparato expresivo que, aplicado a nuevos temas, resulta sumamente interesante. No se desaprovecha, por ejemplo, la intersección entre géneros como el drama y la danza, entre aquél y las artes plásticas o la música y el cómic. Afirmada la mayoría en comportamientos propios de la comedia convencional, es en este mestizaje en donde se advierten las innovaciones más sugestivas. Sin recoger el testigo de la vanguardia que dejara un día Brossa o Romero Esteo, la escena española finisecular se alimenta, como moderno Saturno, del propio teatro. Lo cual ofrece un curioso panorama en el que la palabra tiene gran protagonismo, aunque su función no sea siempre la tradicional. Aparece en diálogos, sí, pero también en salmodias, recitados o cantatas. Se desenvuelve en espacios ambiguos, con constantes referencias realistas, presentadas, no pocas veces, bajo apariencias minimalistas, sin elementos emotivos. Rompen esquemas de convención dramática, a los que introducen nuevos códigos de expresión. En suma, y desde la vertiente innovadora que no siempre logra, el teatro español de los noventa ha sido permeable y receptor a corrientes estéticas de creadores europeos, adoptados con buena dosis de originalidad y provecho.

Notas

1. Sobre el fenómeno de la escena española finisecular se puede manejar, entre otros, Oliva (1992); Pérez-Rasilla (1993) Ragué-Arias (1996) y la Revista *ADE* n° 50-51.
2. Un panorama de tales circunstancias se ve Cabal en (1994).
3. Amplio catálogo de los nuevos nombres da Gómez García (1996).

Bibliografía

Cabal, Fermín, 1994. *La situación del teatro en España*. Madrid: Asociación de Autores de Teatro.
Gómez García, Manuel, 1996. *El teatro de autor en España (1901-2000)*. Madrid: Asociación de Autores de Teatro.
Miralles, Alberto, 1994. *Aproximación al teatro alternativo*. Madrid: Asociación de Autores de Teatro.
Oliva, César, 1992. *Los nuevos nombres*. HCLE 9, 432-507.
─────,1991. "Hacia un escenario muerto: teatro español de los ochenta", *Gestos*, 12, 167-174.
─────,1978. *Cuatro dramaturgos realistas en la escena de hoy*. Murcia: Universidad de Murcia.
─────,1979. *Disidentes de la generación realista*. Murcia: Universidad de Murcia.
Pérez Rasilla, Eduardo. 1993. "Nueva literatura dramática. Entre la farsa y la vanguardia". *Primer Acto*, 249, 25-30.
Ragué-Arias, María José, 1996. *El teatro de fin de milenio en España*. Barcelona: Ariel.
Revista *ADE*, 1996, n° 50-51 (Monográfico sobre el teatro español contemporáneo).

LA DRAMATURGIA ESPAÑOLA ACTUAL (1985-1995)

Josep Lluís Sirera

Una década conflictiva

Una de las primeras cosas que resulta casi inevitable pensar a la hora de trazar un bosquejo de lo que han representado para el teatro español estos últimos años, es que se han quemado etapas con una celeridad digna de mejor causa. Nada tiene de extraño, en consecuencia, que resulte bastante difícil hablar de una década, entendida ésta como unidad de organización del tiempo. Por el contrario, y si queremos ser rigurosos en el manejo de la secuenciación temporal, tendríamos que referirnos a una primera etapa, que se extendería hasta 1992 (y cuyos inicios habría que retrotraerlos hasta 1982, por lo menos), y una segunda -de características completamente opuestas- que se extiende hasta hoy día sin que tenga visos de concluir por el momento.

Corresponde la primera de ellas al período de auge del modelo de los **teatros públicos**, cuyo paradigma lo constituye el **Centro Dramático Nacional**,[1] al frente de un nutrido grupo de centros autonómicos y teatros municipales (en Madrid, por ejemplo, el Ayuntamiento gestiona el **Teatro Español** y el **Centro Cultural de la Villa**). Modelo que empezará a hacer aguas a principios de los noventa, para entrar en franca crisis cuando los recortes presupuestarios, fruto de la recesión de 1992, obligaron a hacer economías en todas las instituciones públicas. Como veremos, sin embargo, pecaríamos de simplistas si atribuyésemos toda la responsabilidad de esta crisis a causas puramente externas. Y es que no podemos dejar de lado la insatisfacción que había ido acumulándose en buena parte de la profesión teatral a lo largo de años caracterizados, al decir de muchos, por un abrumador dominio del teatro público. El ácido análisis de Fermín Cabal (1997) es, a este respecto, sumamente revelador al referise al teatro público en términos como los siguientes: "Un teatro cortesano de aire babilónico, apto para satisfacer los caprichitos de artista de los privilegiados, pero estéril a la hora de la creación viva y, por tanto, enemigo de la dramaturgia nacional" (Cabal, 1997, 430).

Marginales y marginados

Cabe preguntarse, sin embargo, si esta contundente condena no es el resultado de una visión teñida de subjetivismo y muy alejada de la realidad. Al fin y al cabo, de las tres unidades de producción incluidas en el INAEM, una de ellas (la Compañía Nacional de Teatro Clásico) estaba específicamente orientada hacia el montaje de textos de nuestro teatro clásico, por lo que no se le podía achacar especial desinterés hacia la dramaturgia española de los ochenta.[2] Y de las otras dos, el Centro de Nuevas Tendencias tenía como función precisamente apoyar el nacimiento de una nueva escritura y de una nueva dramaturgia española.

¿Dónde estaba, pues, el problema? Para empezar, en el carácter excesivamente marginal que se otorgó a dicho Centro. Y es que, pese a los esfuerzos de Guillermo Heras, su director, no se logró en ningún momento superar los inconvenientes de su ubicación en una sala de la periferia teatral madrileña (la **Olimpia**), ni tampoco la desconfianza -cuando no enemistad manifiesta- de una parte relevante de la crítica teatral.[3] En segundo lugar el Centro se encontró, desde su creación en 1984, sometido a un dilema de difícil solución: dado que su hermano mayor, el Centro Dramático Nacional orientó su producción prácticamente desde el primer momento hacia el gran repertorio universal, el de Nuevas Tendencias tuvo que asumir la difusión de los nuevos autores occidentales; tarea esta esencial sin lugar a dudas, pero que supuso una forzosa restricción de los montajes de autores españoles, propiciando así los desencantos y reticencias de los excluidos. ¿Simple problema, pues, de frustraciones personales? Por supuesto que no: al lado de los que, con razón o sin ella, podían sentirse marginados por los centros públicos, se alinearán aquéllos que se plantean la profesión desde la **marginalidad**, entendiendo este término como renuncia voluntaria a integrarse (que no a participar o a colaborar) en los circuitos del teatro público, al que tildarán de freno a la creatividad, si no de peligro para la imprescindible libertad de creación.

Esta renuncia, que encuentra sus precedentes teóricos en el ejemplo y la obra de Peter Brook, comportará igualmente la renuncia a la separación de funciones y a los encasillamientos profesionales. Así, una parte considerable de los nuevos dramaturgos surgidos dentro de esta tendencia combinarán la escritura con la puesta en escena (como directores, pero también como responsables del diseño escenográfico) y, en más de un caso, no le harán ascos a intervenir en la representación. Ni que decir tiene que esta vuelta a una concepción mucho más artesana del teatro conferirá a los productos resultantes una solidez y una autenticidad con la que no podrán competir los nacidos de las factorías del teatro público.[4]

Esta concepción del teatro como actividad global, que se corresponde -por otra parte- con una tendencia común a todo el teatro occidental (Valentini, 1991, 39-43), se traducirá en la formación de compañías más o menos estables, que recuerdan en algunos casos las del histórico **teatro independiente**;[5] compañías que desarrollarán su actividad en salas alternativas y recorrerán la Península por circuitos igualmente alternativos. Salas como La cuarta pared (fundada en 1986 por Ángel Ruggiero), la Pradillo, Ensayo 100, Triángulo, Teatro Estudio... todas ellas en Madrid, o como la Sala Beckett de Barcelona, animada por uno de los nombres claves de la renovación teatral española: José Sanchis Sinisterra. En todos los casos, estas salas -con capacidades que no superan las ciento cincuenta plazas- se constituirán en una alternativa **off** a los grandes locales teatrales, contarán con un público adicto y (esto es lo más importante) se vincularán con frecuencia a algún director, autor o taller de formación de prestigio.

Dramaturgias ya consolidadas

Parecería bastante claro, por lo que acabo de indicar, que este fenómeno de la marginalidad voluntaria como respuesta a una marginación oficial (con la notable excepción de la labor como gestor y director de Guillermo Heras) estuviese vinculado, en lo que a la escritura se refiere, a una serie de nuevos nombres, de valores jóvenes del teatro español, mientras que los de generaciones anteriores gozarían de los privilegios inherentes a la fama y al prestigio alcanzado. No siempre ha sido así, y esto revela lo preocupante de la política oficialista antes comentada. Por citar sólo casos significativos, Francisco Nieva -el gran autor redescubierto en la década de los setenta- habrá de montar una compañía para estrenar alguna de sus obras.[6] José Luis Alonso de Santos, otro de los autores consagrados ya a principios de los ochenta con *La estanquera de Vallecas* (1981), ha continuado estrenando fuera de los circuitos oficiales, gracias -sobre todo- a su entrada en el mundo empresarial teatral; recordemos su gran éxito, *Bajarse al moro*, estrenado en 1985 con dirección de Gerardo Malla. Otro es el caso de Fermín Cabal, que si ha continuado estrenando es, en parte, gracias a su colaboración con Angel Ruggiero (*Ello dispara*, 1990), y asumiendo él mismo la dirección en otras ocasiones (*Travesía*, 1993).

Pero no se crea que esta marginalidad, más o menos forzada (en el caso de Alonso de Santos existe también una clara opción profesional)[7] se reduce a los autores de los setenta y primeros años de los ochenta. Resulta sumamente ilustrativo, a este respecto, el cotejo de los libros de Marcos Ordóñez (1996) y

Enrique Centeno (1997). En efecto, podemos comprobar, a través de la revisión que el primero hace de los estrenos barceloneses entre 1987 y 1995, cómo el teatro público catalán asumió, de una forma u otra, a la mayoría de los autores catalanes importantes, y estimuló -incluso- a autores consagrados en otros géneros a que probasen la aventura teatral, caso de los novelistas Manuel Vázquez Montalbán y Eduardo Mendoza, y del poeta Narcís Comadira. Como excepciones quedarían los nombres de José Sanchis Sinisterra, fiel a su apuesta de marginalidad,[8] y Joan Brossa, demasiado moderno sin duda.[9]

En el caso de Madrid (Centeno reseña las temporadas de 1984 a 1994) sin embargo, encontramos ausencias significativas (Arrabal, el gran desaparecido de nuestro teatro, pero también Lauro Olmo o José María Rodríguez Méndez), así como marginaciones no menos llamativas: Antonio Buero Vallejo,[10] José Martín Recuerda o Jerónimo López Mozo. El primero de los acabados de citar, a raíz del estreno madrileño del montaje reseñado en la nota [10] afirmaba que "vivimos una situación muy enrarecida, y tanto las empresas privadas como los organismos administrativos no se animan a reposiciones de autores vivos. Seguramente piensan que no son rentables" (Centeno, 1997, 141). Este miedo a las reposiciones de obras de autores vivos, atinadamente apuntado por Buero, se hará patente también en casos como el de Alfonso Sastre, de quien el Centro Dramático Nacional estrenó *Los últimos días de Emmanuel Kant* en 1992, con dirección de Josefina Molina, estreno absolutamente justificado, desde luego, pero que no puede suplir la ausencia de otras obras suyas ya clásicas en los repertorios de los teatros públicos. En este sentido, pues, podemos concluir que durante estos años, el Centro Dramático abandonó una de las líneas de actuación que parecían claras desde sus orígenes: contribuir a la difusión del teatro español contemporáneo. De todo él sólo sobrevivirán los **ilustres muertos** de que hablaba Buero; lo cual, desde luego, no es poco: ahí es nada haber convertido a Valle-Inclán y a García Lorca en autores actuales para disfrute de un muy numeroso público.

Autores para una década

Así las cosas, ¿qué dramaturgos podemos calificar como los más significativos de este período? Si recurrimos, por ejemplo, al monográfico que la revista *El Público* dedicó a la década de 1981 a 1990 (1991, 57-65), nos encontraremos, en el apartado de autores, con muy pocos nacidos después de 1955; enumerémoslos: Marisa Ares, Alfonso Armada, Sergi Belbel, Ernesto Caballero, Ignacio García May, Ignacio del Moral, Antonio Onetti, Paloma Pedrero, Alfonso Plou, María Manuela Reina, Antón Rexa y Maxi Rodríguez. Estadísticamente: doce de una lista de noventa y uno; es decir: poco más del trece por ciento. Se puede aducir, claro está, que esto de las edades es meramente coyuntural, y que autores nacidos antes de ese año, (pienso muy especialmente en Alvaro del Amo, Ignacio Amestoy, Antonio Fernández Lera, Javier Maqua o el mismo Sanchis Sinisterra) son infinitamente más jóvenes, teatralmente hablando, que María Manuela Reina. Aún así, sin embargo, no alcanzaríamos el veinte por ciento dentro del conjunto de autores estrenados a lo largo de la década de los ochenta.

Si repasamos ahora la vida teatral madrileña, tal y como se nos ofrece en la recopilación de críticas de Enrique Centeno (1997), la lista se enriquecería con un par escaso de nombres: Rodrigo García y Juan Mayorga. ¿No hay más? Por supuesto que sí, la lista se centra en aquellos autores que han estrenado en Madrid, quedando fuera los que lo hacen en Barcelona, Valencia o cualquier otra ciudad española. Es por esto por lo que la macroencuesta realizada recientemente entre los dramaturgos más jóvenes por María José Ragué-Arias (1997, 9-25) rebasa con creces los ochenta nombres.[11] Un listado en el que aparecen todos los nombres reseñados hasta ahora, y otros nuevos que irrumpen con fuerza en el panorama teatral español, como Rafael González, Yolanda Pallín, Itziar Pascual, Paco Sanguino o Paco Zarzoso, por no citar sino unos cuantos. Y excluyendo, por descontado, los que escriben en catalán, que son muy numerosos como consecuencia de la riqueza y complejidad de la vida teatral catalana en estos últimos años.[12]

Esta abundancia de autores impide cualquier intento de encuadrarlos en un grupo generacional e, incluso, resulta harto problemático agruparlos en función de sus (posibles) rasgos comunes. A lo primero renuncia Ragué-Arias en la presentación de la encuesta, que cierra con estas palabras:

> Lo que más puede unirles es su utopía, su utopía personal del éxito de su teatro, su utopía global de un planeta socialmente justo, sano y culturalmente vivo. ¿Son una generación? El interrogante se mantiene. Los encuestados tienen edades similares, pertenecen al mundo del teatro y sus obras tienen interés y contemporaneidad. ¿Son una generación? (1997, 9)

En efecto, puestos a buscar rasgos comunes a la mayoría de estos autores (no me atrevo a decir a la totalidad) veremos que éstos serían su concepción del hecho teatral y el papel que ha de jugar en nuestra sociedad. Una concepción del teatro basada en los dos rasgos anteriormente apuntados: marginalidad voluntariamente asumida y presencia del autor en el proceso de gestación del espectáculo. Un papel que se presume, a su vez, trascendente: la mirada lúcidamente crítica que proyectan sobre la sociedad lleva a estos autores a potenciar al máximo lo que de hecho comunicativo tiene el teatro. Se pretende comunicar o, mejor, estimular, los mecanismos de comunicación de (y con) los espectadores, a través de la representación de personajes que, en su mediocridad, tratan desesperadamente de establecer contacto con sus semejantes. Ni que decir tiene que las raíces existenciales de esta visión del mundo hace que muchos de estos autores no se consideren tanto rupturistas con el teatro anterior, como acumulen las aportaciones del mejor teatro europeo y, especialmente, de autores como Beckett o Pinter.

Así las cosas, y puestos en la tesitura de reseñar aquellas voces que aparecen en el panorama teatral español contemporáneo como las más sólidas,[13] forzoso será citar en primer lugar a Ernesto Caballero, autor y director escénico de sólida formación que abarca tanto el teatro clásico español como el contemporáneo, con una innegable deuda hacia los dramaturgos europeos acabados de citar. Caballero, tras el éxito de una obra emparentada con las pretensiones populistas del neosainete[14] (*Squash*, 1988) ha decantado su escritura hacia temas que revelan las frustraciones y contradicciones del hombre contemporáneo, el absurdo de su existencia en definitiva. *Retén* (1991), *Auto* (1992) y, sobre todo, *Rezagados* (1993) son obras que se mueven en la dirección acabada de apuntar, al tiempo que textos de gran solidez y, por qué no, de regusto clásico. Y es que la formación de este autor lo aleja de rupturas demasiado evidentes, buscando, alternativamente, una recepción donde el carácter reconocible de la propuesta (a nivel de situaciones, personajes o diálogos) vaya dejando paso a la desazón ante un mundo hostil e incomprensible.

Con algunos elementos comunes, pero con las diferencias que nacen de una escritura realizada desde una perspectiva femenina, Paloma Pedrero es un buen ejemplo de la irrupción de toda una promoción de autoras de teatro que han seguido los pasos más convencionales de Ana Diosdado o mucho más renovadores de Lourdes Ortiz, (Ragué-Arias, 1996, 189-199; Serrano, 1996).[15] Entre todas las citadas, Paloma Pedrero sobresale por su capacidad para combinar el tratamiento de temas cotidianos contemplados con ironía y humanidad (*El pasamanos*, 1995) con esa visión femenina sobre las relaciones hombre-mujer: *Noches de amor efímero* (1991) y, especialmente, *Invierno de luna alegre* (1987).

Más reciente es la dedicación al teatro de Yolanda Pallín, aunque ya destaca no sólo por esa visión femenina sino también por su capacidad para elaborar diálogos sintéticos pero llenos de fuerza. *La mirada* (1995) es un buen ejemplo de ello, así como de la característica estructuración de buena parte del teatro más reciente: descomposición de la obra en unidades autosuficientes; falta de definición de los personajes (que carecen a menudo de nombres) y de motivación de sus relaciones; fragmentación, en fin, de los diálogos, en función de esa necesidad de establecer una comunicación que se presume terriblemente difícil, a causa de la deshumanización de la sociedad y de la marginalidad y mediocridad de la gran mayoría de los personajes.[16]

Llegados con posterioridad a Caballero y Pedrero, otros autores han desarrollado su dramaturgia de forma paralela a su trabajo como directores y animadores de proyectos escénicos (grupos y salas alternativas). No hacen en esto sino seguir ejemplos anteriores, como el ya citado de Sanchis Sinisterra, con su histórico **Teatro Fronterizo**, o el de Ernesto Caballero.[17] En todo caso, comparten todos la defensa de una concepción artesanal del hecho teatral frente a otros fenómenos espectaculares y comunicativos mucho más industrializados (cine o televisión, por ejemplo). De aquí el auge de las salas pequeñas que priman la proximidad y el contacto entre actor y espectador, la mirada crítica de éste sobre la propuesta en su globalidad y en sus detalles, y el rechazo, en definitiva, a cualquier otro mecanismo de sugestión que no sea el texto y quien lo representa. Teatro de mínimos que estos autores saben rentabilizar de una forma que parece exceder las capacidades -y posibilidades- de los dramaturgos de generaciones anteriores.

Valgan como ejemplos de esta labor, siempre vinculada estrechamente, al grupo que pone en escena sus propuestas, Alfonso Armada[18] y Rodrigo García. Al primero, se deben textos como *La edad de oro de los perros* y *Sin maldita esperanza* (publicados en 1996) o *El alma de los objetos* (1997). Plenamente volcado al teatro, Rodrigo García ha reiterado en bastantes ocasiones la preeminencia de la función del director sobre la del dramaturgo, lo que no le ha impedido ofrecernos textos impecables: *Macbeth imágenes* (1987), *Acera derecha* (1988), *Los tres cerditos* (1993), *Notas de cocina* o *Matando horas* (1995). Obras todas ellas llenas de referencias culturales de gran complejidad, a menudo aparentemente heterogéneas, pero estructuradas con notable habilidad. Las posibilidades de su propuesta escénica, aparentemente poco visibles en su escritura, salen a la luz apenas se las analiza con algún detenimiento (Galán-Naranjo, 1996). Otro de los rasgos más peculiares del teatro de García es la utilización de recursos sensoriales y sensitivos de gran efectividad; los culinarios, en lo que tienen a la vez de sofisticación (gastronomía) y de actividad primaria del ser humano, son quizá los más llamativos.

No quisiera concluir este repaso sin aludir a la emergencia de nuevos autores, que están llamados, con toda probabilidad, a consolidarse a lo largo de los próximos años, con unos planteamientos -eso sí- semejantes a los aquí expuestos. Valga como ejemplo el último Premio Marqués de Bradomín[19] (*Umbral*, 1997), Paco Zarzoso, autor con una ya notable trayectoria: *L'afilador de pianos* (1992), *Un hombre, otro hombre* (1994), *Cocodrilo* (1995) *Valencia* (1997)... obras que se destacan no sólo por el deseo imperioso de comunicación que tienen los personajes, sino -muy especialmente- por la elaboración de la obra en estrecha relación con el espacio dramático que enmarca la acción (y que la determina). Sin olvidar que, como apunta Sanchis Sinisterra:

> Su teatro posee [...] una de las vitudes mayores de lo teatral: la imprevisibilidad. El permanente deslizamiento entre lógicas distintas genera a cada paso leves sobresaltos de humor y desconcierto, crepitaciones líricas y trágicas que mantienen al lector / espectador en un perenne estado de gozosa incertidumbre. (1997, 13-14)

Hacia el fin de la década... y del milenio

Como ya he indicado en la nota 13, es casi seguro que en los próximos años asistamos a la aparición de nuevos nombres, a la consolidación de bastantes de los aquí citados y (¿por qué no?) a la desaparición de otros que parecían muy prometedores. En todos los casos, no creo que vayan a sufrir grandes modificaciones las grandes líneas que he intentado trazar aquí. Es cierto que el teatro público tendrá que replantearse su función en un contexto que ha dejado de confiar (incluso de creer) en él (Sirera, 1994), pero esto no tiene porqué significar forzosamente su desaparición, o su **privatización**, víctima de los embates que sufre la cultura española por parte del neoliberalismo y del conservadurismo más recalcitrante. De la misma forma los autores aquí citados irán, a la par que consolidan su trayectoria y ganan años y experiencia, enriqueciendo sus propuestas escénicas y, sobre todo, su visión del mundo. Una visión que muchos de ellos plantearán como alternativa frontal a la posmodernidad imperante en los años ochenta...

O no. Es posible que el teatro español entre en el nuevo milenio por un camino que se aleje completamente de todo lo aquí expuesto. En cualquier caso, lo que sí es indiscutible es que existe un grupo numeroso de autores cuya forma de entender el teatro está llena de interés. Un grupo, y quiero insistir en este importantísimo elemento para poner punto final a este artículo, que ha sabido contactar con las generaciones anteriores y con el teatro contemporáneo occidental. Tenemos derecho, creo, a encarar los próximos años con optimismo, aunque sea éste tan crítico como el que estos autores muestran en sus obras.

Notas

1. Al que habría que unir la **Compañía Nacional de Teatro Clásico**, el **Centro Nacional de Nuevas Tendencias** y el **Centro de Documentación Teatral**, en tanto en cuanto todos ellos forman parte del mismo organismo superior: el **Instituto Nacional de Artes Escénicas y Música** (más conocido como INAEM), del cual dependen, por si fuera poco, aspectos tales como la política de subvenciones y concertaciones a compañías, locales y espectáculos privados. Es decir, que acumula en sus manos toda la política teatral del Gobierno central, lo que equivale a decir que maneja presupuestos de centenares de millones de pesetas. Por ejemplo, para 1989, el presupuesto del Centro Dramático Nacional fue de cuatrocientos cuarenta millones de pesetas (en los que no se incluyen los sueldos del personal técnico y de servicios, ni lo destinado a la reforma de locales), el de la Compañía de Teatro Clásico ascendió a casi ciento dieciséis, y el del Centro de Nuevas Tendencias se situó en los ciento sesenta y cinco millones (*El Público* nº: 78, 1991, 72, 75 y 79).
2. Pero tampoco se libró esta compañía de polémicas, aunque fuesen a un nivel más académico y minoritario. La decidida voluntad de no correr riesgos de su primer director, y responsable de su orientación, Adolfo Marsillach, dirigió el repertorio

hacia obras clásicas o muy conocidas o muy digeribles. El recurso a directores consagrados con amplia capacidad de maniobra (y arropados por escenógrafos de no menor prestigio) hizo que, al final, los riesgos asumidos fuesen mínimos, y los montajes se llenasen de guiños poco **clásicos**, si vale la expresión. Fuera de la Compañía quedaban, en consecuencia, directores jóvenes con visiones del teatro clásico mucho más ricas y sugerentes, de la misma forma que quedaban fuera adaptadores/ dramaturgos que no fuesen renombrados escritores, pero no específicamente profesionales del teatro.

3. El papel de la crítica teatral española en estos años merecería un estudio en profundidad que fuese más allá de plantamientos generales. Y es que, a diferencia de los sectores de la profesión, se puede llegar a ser crítico (no en el campo universitario, por supuesto) de mil maneras y, evidentemente, sin tener que demostrar conocimiento previo, y suficiente, de la materia a juzgar y, ni siquiera, ausencia de intereses personales en su ejercicio. O con otras palabras: no todos los críticos teatrales en activo podrían firmar, sin ruborizarse, el manifiesto ético de José Monleón, una de las más claras y dignas excepciones a cuanto vengo diciendo (Monléon, 1994).

4. Por supuesto la respuesta de los espectadores será semejante a la que se produce en las sociedades industrializadas: el disfrute de lo artesanal será privilegio de unas minorías (crecientes) con un alto nivel cultural y de concienciación (y con un nivel adquisitivo más bien alto en muchos casos) mientras que las mayorías continuarán sintiéndose atraídas por los productos **en serie**, o deslumbradas por espectáculos visualmente más atractivos y más fácilmente inteligibles. El goce cultural auténtico será en este caso substituido por la conformidad con criterios de valor (los **clásicos**, los **autores universales**, la Cultura con mayúsculas en definitiva) aceptados de forma acrítica. Resumiendo: lo que ninguno de los que critican los teatros públicos podrá discutir a éstos es que atraen un alto número de espectadores, y son sólo superados por los productos más comerciales del teatro privado (revista musical, vodevil...), mientras que el teatro de los dramaturgos marginales (aún en el caso de ser montados por el Centro de Nuevas Tendencias) será mucho más minoritario.

5. Es decir, el teatro surgido durante los años finales de la dictadura franquista (años sesenta y setenta) como superación del teatro puramente comercial, y con una clara voluntad de renovación estética y de alternativa ideológica. Como indica Cabal (1997, 427-428) y como todos los investigadores han puesto de relieve, este tipo de teatro fue la cantera de donde salieron la mayoría de los cuadros del nuevo teatro público. El resultado de este continuo trasvase de nombres no pudo ser otro que el estrangulamiento de unas propuestas que se basaban en el voluntarismo y en el amateurismo. Dos ejemplos harto conocidos: Guillermo Heras pasará del grupo **Tábano** a dirigir el Centro de Nuevas Tendencias; Moisés Pérez Coterillo dejará de dirigir la revista *Pipirijaina*, dedicada de forma preferentemente a difundir el teatro independiente hispánico, a hacer lo propio con *El Público*, revista institucional del **Centro de Documentación Teatral**. En ambos casos, *Tábano* y *Pipirijaina* acabaron por desaparecer.

6. En 1988 presentó de esta forma *No es verdad* y *Te quiero, zorra*. Posteriormente, y aunque contando con apoyo institucional, se responsabilizaría de la compañía,

dirección y escenografía de otros dos espectáculos sobre obras suyas: *Corazón de arpía* (1989) y *Los españoles bajo tierra* (1992). Montaje plenamente institucional fue, en cambio, el de *Aquelarre y noche roja de Nosferatu* (1993), dirigido por Guillermo Heras para el Centro que dirigía. Convertido ya en clásico, en el mejor sentido de la palabra, su *Pelo de tormenta* se ha convertido en el primer gran éxito de la nueva etapa del Centro Dramático Nacional; la dirección en este caso ha corrido acargo de quien lo es del Centro: Juan Carlos Pérez de la Fuente. Revela esto una actitud en principio **diferente** por parte de los nuevos gestores del Centro Dramático; actitud reflejada en estrenos recientes como el de *El rey negro* de Ignacio del Moral.

7. Se trata de un caso realmente interesante de interacción de todos los elementos que entran en juego en el teatro: la búsqueda de un público amplio (y nuevo) por parte de este autor (Oliva, 1989, 447-450) conduce su escritura hacia un terreno lindante con lo que tópicamente se conoce como comercial. Eso se convierte, sin duda, en demérito que obstaculiza su paso a los teatros institucionales. En consecuencia, y al tener que trabajar dependiendo de la respuesta de público, su escritura va supeditándose cada vez a este factor, en perjuicio de otros aspectos, lo que lo aleja todavía más de las programaciones oficiales...
8. Sin renunciar a él, el montaje de una de sus obras, *Ay, Carmela* (1988) estaba destinado, sin embargo, a convertirse en uno de los grandes éxitos de la década. La coherencia de su propuesta dramática, por otra parte, está en la base de uno de sus mejores y más conseguidos textos: *El cerco de Leningrado* (1994).
9. El mejor ejemplo de esta voluntad de integración sería el que hasta el **enfant terrible** del teatro catalán, Albert Boadella (**Els Joglars**) haya acabado montando su última obra -*La increïble història del doctor Floïd i Mister Pla*- en el Centro Dramático de la Generalitat Catalana.
10. Es de justicia recordar, sin embargo, que el Centro Dramático de la Generalitatd e Valencia, montó en 1993 *El sueño de la razón*, única obra de Buero gestada y producida en su integridad por un centro público a lo largo de estos años.
11. Aunque sólo sea respondida por treinta y cinco de los autores citados inicialmente.
12. Los hay también bilingües como Josep Pere Peyró, otro de los nuevos valores a tener en cuenta tanto en catalán como en español. Añadiré que tampoco son los únicos. Fuera de la lista han quedado otros autores, de proyección **todavía** insuficiente, como Alejandro Jornet.
13. Quiero dejar constancia del carácter forzosamente provisional que tienen los siguientes párrafos. Es muy posible que en los próximos años la trayectoria de los autores aquí citados sufra cambios que priven de sentido a lo que a continuación se indica. Y casi seguro que varios de los aquí preteridos por motivos de espacio se conviertan en dramaturgos indiscutidos. Esta es una de las servidumbres de tratar sobre nuestra época más inmediata.
14. Como es bien sabido, este término se aplica a aquellas obras escritas a principios de los ochenta y en las que se combina una estructura dramática con reminiscencias del sainete de comienzos de siglo (cuyo máximo representante sería Carlos Arniches) con elementos de la cultura propia de los jóvenes de las capas populares de las grandes ciudades.
15. Sería injusto, ya que de escritura **femenina** hablamos, no citar aquí a la dramatur-

ga catalana Lluïsa Cunillé, un sólido valor que llega a la totalidad del público español gracias a las traducciones de sus obras.
16. En una reciente conferencia, el autor Paco Zarzoso planteó el tema con gran lucidez. Los personajes de sus obras, anónimos y grises tratan de comunicarse por encima de todas las cosas (importa bien poco el qué), aunque para ello tengan que borrar de su interior todas las barreras que lo imposibilitan, y entre las que destacan de forma muy especial los conocimientos adquiridos a través de los mecanismos de aprendizaje social impuestos. De aquí que rechace la etiqueta de **pesimista** para su teatro, y defienda la contraria. Optimismo lúcido e hipercrítico, matizaríamos nosotros quizá.
17. Es igualmente significativo que uno de los directores más importantes de las dos últimas décadas, José Luis Gómez, sea el alma del **Teatro de la Abadía**, a la vez taller de experimentación, escuela y centro de producción del que han salido alguno de los espectáculos más bellos de la década (pienso por ejemplo en el *Tablado de la lujuria, la avaricia y la muerte* de Valle-Inclán o en los *Entremeses* cervantinos). Claro que, puede pensarse, no es esto tan nuevo: el **Teatre Lliure** de Barcelona ha superado los veinte años de existencia. Y la escuela de **Willian Layton** se ha revelado, así mismo, un vivero de actores, directores y dramaturgos. Son, en definitiva, los **pequeños formatos** los que demuestran ser más fructíferos para la vida teatral.
18. Aunque por edad habría que situarlo más bien en el grupo de Caballero, las fechas de publicación de sus obras me inclina a hacerlo aquí.
19. En Ragué-Arias (1996, 233-264) podemos encontrar una excelente visión de conjunto de lo que la autora califica de generación nacida en torno a dichos premios, convocados reveladoramente por el Instituto de la Juventud. Sobre el concepto de **generación**, ver, sin embargo, las matizaciones de la misma autora (1997).

Bibliografía

Aznar Soler, Manuel, 1996, coordinador de *Teatro y democracia en España, 1975-1995*. Barcelona, Cop d'idees.
Berenguer, Ángel y Pérez, Manuel, 1996, "Panorama del teatro español entre 1983 y 1995". *Libros en España*, Madrid, Ministerio de Cultura, 61-94.
Cabal, Fermín, 1997, "Epílogo" a Centeno, Enrique, 1997, *La escena española actual (crónica de una década: 1984-1994)*. pp. 427-431.
Centeno, Enrique, 1997, *La escena española actual (crónica de una década: 1984-1994)*. Madrid, Sociedad General de Autores y Editores.
Galán, Marta y Naranjo, Pilar, 1996, "*Notas de cocina*, de Rodrigo García: la transgresión al texto y al espacio". *Teatro y democracia en España, 1975-1995*, 231-239.
Monleón, José, "Las razones de la crítica". *Diablotexto*, nº:1, 51-64.
Oliva, César, 1989, *El teatro desde 1936*. Madrid, Alhambra.
Ordóñez, Marcos, 1996, *Molta comèdia. Cròniques de teatre, 1987-1995*. Barcelona, La Campana.
Pérez Coterillo, Moisés, 1990, coordinador del dossier "Teatros públicos. La crisis de un modelo". *El Público*, nº: 78 (mayo-junio), 61-107.
Pérez Coterillo, Moisés, 1991, coordinador de "1981-1990: Memoria de una déca-

da". *El Público,* n°: 82 (enero-febrero), 8-89.
Pérez Coterillo, Moisés, 1991, coordinador del dossier "El precio de las estrellas". *El Público,* n°: 83 (marzo-abril), 6-25.
Ragué-Arias, María José, 1996, *El teatro de fin de milenio en España (de 1975 hasta hoy).* Barcelona. Ariel.
Ragué-Arias, María José, 1997, "¿Una generación? Encuesta a jóvenes autores". *Escena,* n°: 42 (setiembre-octubre), 9-25.
Sanchis Sinisterra, José, 1997, prólogo a Paco Zarzoso: *Cocodrilo, Nocturnos, Valencia.* València, Universitat de València.
Serrano, Virtudes, 1996, "Teatro de autora, hoy". *Clarín,* n°: 1 (enero-febrero), 12-14.
Sirera, Rodolf, 1994, "Teatro español: 1978-1992". *Diablotexto,* n°:1, 41-50.
Sulleiro, José María y Fernández Torres, Alberto, 1991, "Retrato robot del espectador teatral". *El Público,* n°: 86 (setiembre-octubre), 68-81.
Valentini, Valentina, 1991, *Després del teatre modern.* Barcelona, Institut del Teatre.
VVAA, 1997, "Nous autors. Poètiques". *Assaig de teatre,* n°: 5-6, 83-158.

ABIGARRADOS CAMINOS DE LA DRAMATURGIA MEXICANA CONTEMPORÁNEA

Alejandro Ortiz Bullé. Goyri

En Méjico lo común es que el teatro esté en crisis. Lo común es que los dramaturgos se quejen de que nadie monte sus obras, y de que no hay presupuesto para editarlas. Lo común es que se declare a los cuatro vientos que no hay buen teatro, que no hay actores, dramaturgos, directores; o que hay muchos pero la mayoría son de un pobre nivel de calidad artística. Cíclicamente se organizan conferencias, polémicas, se publican libros y se discute en torno a esa crisis y a la necesidad de refundar el teatro de México, de salvarlo del estado de postración en que supuestamente se encuentra. (Cf. Meyran, 1994 y Margules, 1994).

Pero lo cierto es que, a fuerza de ser sinceros y de mirar el panorama de la realidad teatral de México, encontramos que el país sigue siendo, como siempre lo ha sido, una de las plazas teatrales de mayor potencial y tradición en América Latina. Baste mencionar si no la cantidad de publicaciones y de investigaciones que europeos y norteamericanos realizan en torno del teatro mexicano y en especial de sus dramaturgos. Casi podemos decir que cada dramaturgo mexicano consagrado (y no son pocos) tiene junto a sí a un prominente investigador desentrañando, reflexionando y siendo testigo de su acionar en el arte dramático dentro y fuera de México. ¿No se deberá esto justamente a la resonancia que por su propia causa ha alcanzado el teatro mexicano?

En la última década de teatro en México (1985-1995), por añadidura hemos asistido a un fenómeno inusual: los maestros dramaturgos que se iniciaron en el medio siglo (Carballido, Magaña, Luisa Josefina Hernández, Ibargüengoitía, y otros más que iniciaron sus carreras años después como Argüelles, López, Tovar, etc.) estrenan sus obras, en algunos casos algunas de sus mejores producciones[1], junto con sus alumnos de la llamada Nueva Dramaturgia Mexicana, (Liera, Rascón Banda, Berman, Carlos Olmos, etc.); quienes a su vez estrenan junto con sus respectivos alumnos o continuadores (Salcedo, Azcárate, Chabaud, Moncada, etc.). Y más aún; encontramos a dramaturgos de gran trayectoria como Vicente Leñero (1933) estrenando en igualdad de circunstancias que su propia hija Estela Leñero (1960). Sin contar con los creadores y movimientos teatrales en provinca que aún no han sido alcanzados por el huracán del éxito o al menos por la mirada de investigadores, como el caso de dramaturgos como Hernán Galindo del norte del país, o del teatro indígena y campesino, creándose así una efervescencia teatral o al menos dramatúrgica impresionante.

Mencionemos algunos de los aspectos más destacados en el campo de las nuevas generaciones de dramaturgos como el citado movimiento de Nueva Dramaturgia Mexicana, impulsado tanto por universidades como la UNAM o la Universidad Autónoma Metropolitana, como por casas editoriales que han publicado y difundido su obra, hecho que significó una revitalización en la dramaturgia mexicana contemporánea. Pero más allá de establecer las diferencias entre la "Vieja" dramaturgia mexicana y la "Nueva", cabe decir que este fenómeno de revitalización fue generado a partir de un hecho que se ha vuelto tanto benéfico como tradicional en el teatro mexicano, como es el caso de que los dramaturgos consagrados impartan cursos y talleres de dramaturgia con los que forman nuevos cuadros. Si en los años cuarenta y cincuenta de los cursos y padrinazgos de Usigli y Novo surgieron autores como Carballido, Ibargüengoitía, Luisa Josefina Hernández, Sergio Magaña, etc., en los años setenta y ochenta se da el mismo fenómeno, sólo que en este caso los maestros son Emilio Carballido, Luisa Josefina Hernández, Hugo Argüelles y Vicente Leñero. De sus talleres surge nueva simiente teatral de reconocida calidad, que supo continuar con el camino trazado por sus antecesores ampliando y diversificando la creación dramática mexicana, al mismo tiempo que incorporando nuevas propuestas formales a su dramaturgia. Destacan, ya sea por su resonancia en el medio teatral como por el discurso teatral de sus propias producciones, autores como Juan Tovar, Oscar Liera, Jesús González Dávila, Víctor Hugo Rascón, Sabina Berman, Carlos Olmos y Gerardo Velázquez, entre muchísimos más que sería imposible mencionar aquí.

Pero ensayemos pasar revista a algunos de ellos y comentar algunas de las obras quizás más significativas de los últimos años.

A Juan Tovar puede considerársele como un personal continuador de las propuestas de teatro antihistórico de Rodolfo Usigli. En la mayor parte de su producción dramática está siempre presente la obsesión por recuperar la memoria histórica y hacer una revisión de los hechos y acontecimientos, sin intentar hacer un teatro histórico que procure retratar fielmente una determinada realidad, sino más bien reelaborar teatralmente los acontecimientos para confrontarlos con la realidad actual. Lo más significativo de su producción hasta el momento está contenido en obras como *Coloquio de la rueda en su centro* (1970), en donde reflexiona sobre el movimiento del 68; *La madrugada* (1980), en donde partiendo del hecho histórico, el asesinato de Francisco Villa y de su correspondiente transformación en mito cantado en corridos tradicionales, diserta sobre aspectos de la identidad y la lucha por el poder y su ejercicio en México; en *El destierro* (1982), recupera momentos y circunstancias de la relación entre José Vasconcelos, uno de los grandes idalistas impulsores de la cultura mexicana del siglo XX, y María Antonieta Rivas Mercado, mecenas de varios grupos de artistas mexicanos de los años veinte, para realizar una especie de fresco dramático en donde el espectador pueda ver las contradicciones y los valores humanos de aquellos míticos y ejemplares personajes de la cultura nacional. En *Las adoraciones* (1983 y reestreno 1993) recurre a los primeros años de la Conquista a partir de un juicio inquisitorial contra un cacique indígena, para realizar un discurso teatral en torno a los orígenes del mestizaje y su vinculación con la realidad actual, y en *Manga de clavo* (1985), describe a un personaje mítico en la historia de México, Antonio López de Santa Anna, recordado por sus atrocidades y por haberse perdido bajo su mandato la mitad del territorio mexicano en manos de las ambiciones expansionistas norteamericanas. Con *Manga de Clavo*, Tovar explora diversos rasgos, actitudes y sobre todo coincidencias actuales con personajes del México contemporáneo. Juan Tovar es además un notable traductor y ha colaborado muy estrechamente en ese sentido y en las tareas dramatúrgicas con directores como José Caballero y Ludwik Margules, comprendiendo que la labor del director de escena es fundamental en el resultado de un espectáculo teatral. Por ello también las interpretaciones que ellos y otros directores han hecho de sus obras han culminado con hallazgos escénicos notables.

El caso de Oscar Liera es el de una gente de teatro completa que posee por añadidura un gran talento dramatúrgico. Muchas de sus propias obras las dirigió y estrenó el mismo con buena fortuna. Liera retoma el hilo temático del mundo de la provincia mexicana, en su caso el Estado de Sinaloa, imbuido en varias de sus obras de un estilo cercano al realismo mágico. Sentido de humor y de teatralidad, rigor literario y exploración formal son los rasgos característicos de su obra, sin evitar los retratos de costumbres familiares, en ocasiones cómicos o risueños y en otras tendientes hacia lo grotesco y lo fársico, con diálogos chispeantes o poéticos según sea el caso. En *Cúcara y Mácara* (1980) aborda con cierto afán crítico el fanatismo religioso a través de una parodia de las apariciones de la Virgen de Guadalupe, en cambio en *Las juramentaciones* (1983) se inscribe de plano en el estudio de caracteres de un clan familiar gobernado por mujeres, en donde las historias de familia se suceden unas a otras, con parodias de normas de conductas absurdas o decadentes o de extrañas costumbres rituales para fortalecer el árbol familiar. Podría verse también en esta obra, un juego chocarrero de imitación de la obra de García Lorca *La casa de Bernarda Alba.*

Posteriormente Liera aborda con gran fortuna ya no sólo personajes pertenecientes a los grandes mitos nacionales sino también a los mitos populares y regionales, con personajes recopilados de la cultura popular del noroeste de México, como fue el caso de *El jinete de la divina providencia* (1984), en donde por añadidura incorpora a la historia de un ladrón popular y justiciero, elementos del teatro documental, simulando una suerte de reportaje periodístico en torno del popular héroe. Con *Los caminos solos* (1983), y *El camino rojo a Sabaiba* (1987), se acercó más al terreno del realismo mágico en el teatro con buena fortuna, creando ambientes y atmósferas de gran poeticidad. Con *Dulces compañías* (1988), Liera gira hacia el realismo y presenta a los ojos del espectador el mundo de las pasiones, la sexualidad y el vivir el filo la navaja hasta llegar a la propia muerte o al asesinato. Cabe destacar también el conjunto de obras en un acto titulado *La piña y la manzana*, que han funcionado como repertorio de multitud de grupos de teatro.

Otro de los autores representativos de la Nueva Dramaturgia Mexicana es Víctor Hugo Rascó, quien al igual que Oscar Liera proviene de uno de los estados del norte de México, Chihuahua. Rascón, inició su carrera como dramaturgo cuando aún estudiaba en la Facultad de Derecho de la UNAM, con obras estudiantiles vinculadas a temas relacionados con el Derecho y la impartición de justicia, como fueron *Nolens volens*, primer lugar del concurso convocado por el Instituto Nacional de la Juventud (INJUVE), 1974, *Las fuentes del derecho, De lo que aconteció a Litigonio y a su esposa Prudencia con Fraudonio.* Las cuales mostraban ya a un futuro dramaturgo de gran intuición teatral, al mismo tiempo que planteaban varias de las preocupaciones temáticas del autor: el mundo de la moralidad y la legalidad, el mundo y la mentalidad del criminal, la corrupción, temas que en sus mejores obras logra combinar con los temas tradicionales de la dramaturgia mexicana, como las relaciones familiares, la pareja, la provincia, la podredumbre en el gobierno mexicano, etc.

Víctor Hugo Rascón, después de sus primeros éxitos dramatúrgicos decide ingresar a los talleres de composición dramática de Vicente Leñero y Hugo Argüelles e inicia una sólida carrera que ha brindado frutos de gran valía con obras como *Los ilegales* (1979), en donde refiere las desventuras de los mexicanos que cruzan el río Bravo en busca de oportunidades de trabajo en Estados Unidos, *El baile de los montañeses* (1982) en la que realiza un testimonio dramático de la represión gubernamental contra un movimiento social en Chihuahua. Pero es a partir de *Armas blancas* (1982) y del trabajo de interpretación que hace de su trilogía, el director Julio Castillo, quien logró escénicamente hacer una exposición con ciertos tintes hiperrealistas del ambiente sórdido que rodea a los tres asesinatos que refiere Rascón en su trilogía *(El abrecartas, La navaja, La daga,* de la que suele incluirse una más llamada *El machete),* cuando Rascón Banda toma conciencia de las posibilidades teatrales de su propia obra y continúa y profundiza en esa línea, con obras como *Manos arriba* (1984), *La razón de Elvira* (1985), en donde recurre con gran influencia de su maestro Vicente Leñero al teatro documental, al reseñar el asesinato que una joven madre proletaria realiza sobre sus propios hijos. Una de sus obras mejor logradas es *Playa Azul* (1990), en donde Rascón realiza un meticuloso estudio realista de los conflictos familiares de un político acusado de corrupción. También Víctor Hugo Rascón ha tenido notables aciertos en la descripción de ambientes populares como los de la lucha libre en *Máscara contra cabellera* (1985) o de palenques de gallos con *¡Cierren las puertas!* (1988). A Rascón Banda puede caracterizársele como un dramaturgo que escarba en aspectos relativos al crimen o a la nota roja, a los que les da un tratamiento realista, no siempre alejado de sensacionalismo.

Jesús González Dávila se inicipó como dramaturgo después de haber trabajado como actor durante algunos años. Su preocupación por retratar el mundo sórdido y duro de la vida mexicana contemporánea lo ha llevado a explorar la realidad del niño de la calle y todo el marco de descomposición social que lo rodea, la escoria que produce una ciudad y una sociedad marcada por la crueldad, la injusticia y la falta de oportunidades para el desarrollo del ser humano, que lo lleva a vivir auténticamente en la jungla de asfalto. Esto es *De la calle* (1985), una obra en donde el protagoniosta es Rufino, un niño de la calle que se empeña en buscar el rastro de su verdadero padre, quizás con la intención de reordenar el caos de su núcleo familiar. Pero en su recorrido, lo único que encuentra es un proceso cada vez mayor de degradación humana que culmina con la propia muerte. La obra fue también estrenada por Julio Castillo, alcanzando con ello una magnífica interpretación escénica, que ha permitido a González Dávila, al igual que Rascón Banda, reconocer en el escenario posibilidades expresivas de su propia obra, que en trabajos posteriores han ido recuperando con mayor conciencia. Otra obra interesante de González Dávila es *Muchacha del alma* (1986) en donde recupera ambientes e ideales de los jóvenes del '68; con *Pastel de zarzamora*, aborda el problema de la homosexualidad de un joven que tienen que enfrentarse a los prejuicios y neurosis clasemedieros dentro del círculo familiar que le sirve a González Dávila para reflexionar sobre la confrontación entre moral individual y moral social. Otras obras suyas son *Crónica de un desayuno*, *Los niños prohibidos*, o *Luna negra* (1994), de lo más reciente de su producción, en donde procura describir el ambiente de violencia y corrupción en el norte de México, debido al narcotráfico.

Carlos Olmos es también un dramaturgo de gran presencia en el teatro mexicano contemporáneo, quien ha abordado diversos juegos dramáticos, procurando señalar la vaciedad de cierta superficialidad en las relaciones interpersonales, los prejuicios sociales, etc. Entre sus obras se destacan *El brillo de la ausencia*, *Lenguas muertas*, *La rosa de oro* y *El eclipse*, en donde recoge la antinomia provincia-ciudad de México, clásica del teatro mexicano de las últimas décadas, aunque en este caso explora también el problema de la confrontación de un joven homosexual con su medio social y con sus aspiraciones personales.

Tomás Urtusástegui ha buscado por su cuenta el camino de la sátira de la problemática urbana, llevándola a terrenos del humor negro y la escatología con humor y conocimiento de efectos y recursos teatrales, con obras como *¡Huele a gas!* (1981), *Agua clara, Cupo Limitado* (1989). Esta última describe con gran pericia dramatúrgica el ambiente de un grupo de personas atrapadas en un ascensor. También de él cabe mencionar su habilidad por recuperar el género tradicional de la pastorela con su obra *Cuando veas la cola de tu vecino cortar* (1984), etc.

Entre otros muchos dramaturgos del último tercio del siglo XX, hay que citar a Gerardo Velázquez, quien sin apartarse de la tradición dramatúrgica logra realizar dos obras de gran valor testimonial y de reflexión histórica: *Vía libre*, que aborda el problema del trabajador ferrocarrilero y *Aunque vengas en distinta figura, Victoriano Huerta*, en la que realiza una crítica semblanza del general usurpador que asesinó a Francisco Madero, prócer de la Revolución Mexicana. Así como *Juego de dados* (1995), de lo último en su producción dramática.

Un caso interesante es Sabina Berman, quien ha abordado temas que van desde la problemática del individuo con *Yankee* (también conocida como *Bill*), la persecución ideológica y la represión a través de la Inquisición Novohispana con *En el nombre de Dios (Los Carvajales)*, hasta la complejidad de las relaciones de pareja combinada con la parodia de la historia con *Entre Villa y una mujer desnuda* (1992).

Esta obra es, sin lugar a dudas, uno de los ejemplos más importantes de la dramaturgia mexicana de la última década del siglo, no solamente por su extraordinario éxito de público, sino por el sentido testimonial en el México de fin de siglo, de la situación social del individuo frente a su historia y sus mitos y frente a sus relaciones de pareja. *Entre Villa y una mujer desnuda*[2] confronta los conceptos y prejuicios en torno a una pareja de jóvenes intelectuales mexicanos, que tiene que asumir el peso de la tradición en cuanto a los roles que cada uno ha de cumplir, y los nuevos paradigmas en cuanto a la situación de la mujer. Para ambos, el peso de la historia y de los modelos preestablecidos es difícil de evadir, particularmente en el personaje de él, a quien justamente la imagen y la personalidad de Pancho Villa lo acosa sin cesar; de ahí que a lo largo del conflicto entre la pareja, aparezca el espectro del prócer revolucionario reivindicando los valores del macho; aunque al final hasta el propio héroe termina derrotado.

Bien puede verse en esta obra un ejemplo de teatro feminista, pero también podemos observar ante todo, la mirada crítica y humorista de una dramaturga que antes de enarbolar las banderas de la militancia feminista, hace uso del teatro para hacer un testimonio de los nuevos conflictos de las parejas mexicanas de la pequeña burguesía y de alto nivel intelectual[3]. Mientras que el hombre es un periodista e investigador de renombre que está por publicar una novela sobre Pancho Villa ella está inmiscuida en proyectos fabriles, como la instalación de una maquiladora en el norte del país.

Entre las obras y montajes que vale la pena citar en los primeros años de la década del 90, cabe mencionar *Lo que calan son los filos* (1988 y 1992) de Mauricio Jiménez, que conjugó en su propuesta teatral el trabajo dramatúrgico con el de puesta en escena y de trabajo de grupo.

El trabajo de Mauricio Jiménez está ubicado dentro de la llamada corriente de teatro de grupo. Esto es: se trata de una creación teatral producto del esfuerzo metodológico de un equipo de trabajo, que en forma independiente a las producciones institucionales, llega a la creación de un texto para un espectáculo teatral partiendo de una búsqueda alternativa de un lenguaje escénico, un espacio teatral. La obra es una reflexión, con la mirada contemporánea en torno al gran mito de la Conquista de México en el siglo XVI, llena de ironías en torno a la mirada alucinada de los españoles en su llegada a las costas de Veracruz y su internarse por las entonces tierras ignotas. Todo ello con el fin de intentar dar un cierto balance actual del acontecimiento y sus –inevitables en México– connotaciones identitarias.

Un autor importante entre la pléyade de dramaturgos de los años noventa en México es Hugo Salcedo, quien con su obra *El viaje de los cantores* ganó en 1990 el Premio "Tirso de Molina" que convoca el Instituto de Cooperación Iberoamericano del Ministerio de Cultura Español. Salcedo recupera como material dramático una nota del periódico en donde se reseña la muerte por asfixia de un grupo de indocumentados mexicanos abandonados en un furgón de carga en una zona desértica del sur de los Estados Unidos. Mediante el recurso de exposición de escenas, sin un orden cronológico específico, que funcionan casi como secuencias cinematográficas; el autor nos va desentrañando en un ambiente poético, con tintes populares, la muerte y sus respectivas circunstancias de los infortunados migrantes. Acertado resulta el juego en que se presentan ocasiones donde aparecen los personajes, casi como evocación rulfiana, sin saber o sin tener claro aún si viven o están muertos.

En cuanto al balance del teatro mexicano de los años ochenta y noventa, más allá de las pavorosas crisis económicas y morales en la sociedad mexicana y de la dolorosa carencia y descenso de públicos en los escenarios establecidos, podemos decir que asistimos a una enorme diversificación y a una explosión de dramaturgos[4] como nunca antes la hubo[5]. Curioso es que en buena parte de los casos se continúe con un común denominador del teatro mexicano del siglo XX: la crisis en el núcleo familiar o de la pareja y la ineludible presencia de la historia, como lastre, como recurso identitario o como espejo. Aunque es evidente que han surgido nuevos temas y nuevos tratamientos.

Es difícil establecer juicios y comparaciones ante el abigarramiento de la cartelera teatral de la ciudad de México y ante la complejidad de ofertas teatrales que no provienen solamente de los estratos culturales más favorecidos (el teatro patrocinado por el Estado, la Universidad o los espectáculos y obras urgidas bajo el amparo del sistema de becas a creadores artísticos), sino también de todos los ámbitos que conforman la propia diversidad de México como nación. Así encontramos manifestaciones de teatro comunitario o de teatro de arte o de experimentación o de aficionados como de reinterpretación del teatro clásico, teatro gay, lésbico, infantil, de niños para niños, teatro postmoderno o multimedia (aquel que se apoya en la utilización de videos, computadoras, música electrónica y demás); hasta las consabidas experiencias de teatro frívolo heredero de los viejos vodeviles franceses o de comedietas y sainetes españoles, sin que olvidemos el que se hace en cocheras, espacios alternativos, teatro-bares, cabarets y calles, plazas, canchas, cruceros y jardines del país entero.

Notas

1. Carballido, por ejemplo, estrena en 1985 *Rosa de dos aromas*, uno de los más grandes éxitos no sólo del autor sino del teatro mexicano contemporáneo, prolongándose la temporada por más de 2.500 representaciones y siendo llevada a la pantalla posteriormente. Poco después estrena todavía dos obras fundamentales en toda su producción dramática: *Los esclavos de Estambul* (1991) y *Escrito en el cuerpo de la noche* (1992). Hugo Argüelles hace lo propio con obras como *Los gallos salvajes* (1986), *Escarabajos* (1991) y *El vals de los buitres* (1993). Vicente Leñero, por su parte, estrena *La noche de Hernán Cortés* (1992) entre varios trabajos más de su autoría.
2. En 1996 la obra fue llevada a la pantalla con similar éxito de público y de crítica.
3. Ronald Burgess hace una crónica de la puesta en escena de *Entre Villa y una mujer desnuda*, que vale la pena citar aquí: "Sabina Berman's *Entre Villa y una mujer desnuda* (in the Teatro Helénico) was easely the hit of the season, media reaction was positive, and on the night of the 150th performance (and the play had alredy been scheduled trugh 250 performances) an enthusiastic audience filled the theatre. Diana Bracho was the "name" attraction in this case, but Berman herself was the real star. She not only wrote the play, she directed it, and the direction had a professional fell to it. (Burgess, 1997, p. 64).
4. Quizá habría que repetir lo dicho por el dramaturgo del siglo XVI novohispano Fernán González de Eslava a través de uno de sus personajes. En México "hay más poetas [*dramáticos*] que estiércol".
3. Burgess en el artículo anteriormente citado hace también su propio balance, con una mirada muy alentadora: "We know that Mexican theatre has not died. There are more dramatists at work than at any other time, certainly in this as half-century (...) The economy, while a factor, has not become a determining factor

(...) In short, Mexican theatre seems to be in good shape, if it does not dilute itself in the ocean of new plays, and if it does not price itself out of the market. (Burgess, 1997, p. 72).

Bibliografía

Antología de Teatro Mexicano Contemporáneo, (Fernando de Ita, ed.) Madrid, Centro de Documentación Teatral, 1991.

Beardsell Peter, 1996, "Crossing the border in three plays by Hugo Salcedo", Latin American Theatre Review 29/2 Spring, 1996, pp. 71-86.

Bixler, Jaqueline, "The Postmodernization of History in the theatre of Sabina Berman", Latin American Theatre Review, 30/2, Spring 1997, pp. 45-60.

Burges, Ronald, "El nuevo teatro mexicano y la generación perdida" en Latin American Theatre Review, núm. 18/2 (1985), pp. 93-99.

Burges, Ronald, "Five summers of mexican theatre", Latin American Theatre Review, 30/2, Spring 997, 61-72.

Compton, Timothy, "México City theatre in summer of 1993" Latin American Theatre Review, 27/2 Spring, 1994, pp. 133-138.

Compton, Timothy, "México City theatre in summer of 1994, Latin American Theatre Review, 28/2, Spring 1995, pp 141-145.

Compton, Timothy, "México City theatre in summer of 1995 and 1996, Latin American Theatre Review, 30/1, Fall 1996, pp. 135-150.

Costantino, Roselyn, "Theatre in Mexico: new Challeges, Nex visions", Latin American Theatre Review, 28/2 Sping 1995, pp. 133-139.

Enciclopedia de México, México, Compañías editora de enciclopedias de México, 1987 14 v.

Enríquez, José Ramón, 1996, Teatro para la escena, (ant. pról. y notas de), México, Ediciones El Milagro-CNCA, 583 pp. 1996.

Frischmann, Donald, 1990, El nuevo teatro popular. México, Instituto Nacional de Bellas Artes/Centro Nacional de Investigación Teatral Rodolfo Usigli, 1990, 310 pp.

Lara, Josefina, 1988. Diccionario bio-bibliográfico de escritores contemporáneos de México, México, INBA, 1988, 247 pp.

Magaña Esquivel, Anonio. Teatro mexicano del siglo XX. v. V. (intr. selecc. y notas de), Mécico, Fondo de Cultura Económica, 1980 [1a. reimp. de la 1a. ed. 1970], 483 pp.

Magnarelli, Sharon, "Tea for two: performing History and desire in Sabina Berman's Entre Villa y una mujer desnuda", Latin American Theatre Review, 30/1, Fall 1996, pp 55-74.

Margules, Ludvik, 1994; "Algunas reflexiones en torno a la puesta en escena mexicana de los años cincuenta a los años noventa", en El teatro mexicano visto desde Europa, (Daniel Meyran y Alejandro Ortiz Ed.) Perpigan, Presses Universitaires de Perpignan/CRILAUP, 1994, pp. 279-289.

Meyran Ortiz, 1994, El teatro mexicano visto desde Europa, (Actes des 1res. journèes internationales sur Théâtre Mexicain in France, 14, 15 et 16 juin, 1993, Universi-

té de Perpignan), (Daniel Meyran et Alejandro Ortiz ed.), Perpignan, Université de Perpignan-CRILAUP,1994, 316 pp.

Meyran, Daniel,. 1996. *Tres ensayos sobre teatro mexicano.,* Roma, Bulzoni Editore, 1996, 141 pp.

Musacchio, Humberto. *Diccionario enciclopédico de México,* México, Andrés León editor, 1990 [2a. reimp.de la 1a. ed. 1989], 4 v.

Ocampo Gómez, Aurora M. y Prado Velázquez, Ernesto, *Diccionario de escritores mexicanos,* México, UNAM, 1967, 420 pp.

Ortiz, Alejandro, 1993, "La conquista en la escena mexicana: Lo que cala son los filos" en *La Escena Latinoamericana,* núm. 2, año 1, octubre 1993, pp. 64-67.

Pineda, Miguel Angel, 1995. *Temas de teatro,* México, CNCA (colecc. periodismo cultural, 1995, 231 pp.

Solórzano, Carlos, 1996, "Section Mexico", in *The World Encyclopedia of Contemporari Theatre,* v. 2, (Americas) (Don Rubin, ed.) London/Toronto: ITI-World Encyclopedia of Contemporary Theatre Corporation, 1996, pp. 311-330.

LA DRAMATURGIA
PUERTORRIQUEÑA ACTUAL

Roberto Ramos-Perea

Aún cuando la situación política de Puerto Rico, como país latinoamericano y colonia a la fuerza de los Estados Unidos, no ha cambiado ni un ápice, los remezones para que el espinoso asunto se resuelva de una vez y para siempre han sido en extremo fuertes y han determinado el pensar y el hacer de todos los puertorriqueños, tanto los que residen en Estados Unidos (quizás unos dos y medio millones), como los que residen en esta Isla del Caribe (tres y medio millones).

Puerto Rico, como la menor de las Antillas Mayores, fue descubierta por Colón en 1493, colonizada por España hasta 1897, siete meses de soberanía y luego invadida militarmente por el ejército de los Estados Unidos desde el 12 de mayo de 1898 hasta este momento en que esto se escribe. Y perdonando el relampagueo histórico, caemos de inmediato en el tema para afirmar que si algo ha sido la dramaturgia puertorriqueña, no es tanto el mudo testigo de este cruento proceso, sino su fiscal, a veces interesado acusador, otras cínico, indiferente y ajeno, y en otras, paradójicamente todo lo anterior a un tiempo.

Tomamos la fecha impuesta de 1985 como punto de partida y exploremos un poco dónde nos encontramos poco antes de allí. Lo que conocemos como "Nueva Dramaturgia Puertorriqueña" (NDP) ha sido, tanto por mí como por varios críticos[1], señalada a partir de 1968 con el nacimiento de un nuevo teatro de abierta confrontación con las formas del realismo poético de los años 50 y del teatro del absurdo de los 60. Confrontación entre autores de un frente hegemónico como René Marqués (1919-1978), Francisco Arriví (1915), Luis Rafael Sánchez (1934), Manuel Méndez Ballester (1909), Myrna Casas (1934), con autores de un frente hegemónico en ascenso, como ha desarrollado el teórico chileno Juan Villegas[2], entre los que se encontraban Lydia Milagros González (1948), Jacobo Morales (1934), Luis Torres Nadal (1945-1986), Walter Rodríguez (1945), y los Grupos de Teatro Socialista y Colectivo como Anamú (1970-1975), Morivivi (1971-1974) y muchos otros.

Esta confrontación dejó muchos muertos, pero sobrevivieron los textos de los primeros como escuela y punto de admiración de un nuevo ciclo de jóvenes dramaturgos que dejaron su huella en la historia del teatro. Esto se conoció como el "Segundo Ciclo de la Nueva Dramaturgia Puertorriqueña" y se extiende su participación desde 1981 hasta el presente, aunque es obvio que actualmente se refiere a sí mismo como "dramaturgia puertorriqueña contemporánea".

Los factores para la aparición de este segundo grupo de la NDP fueron muchos, pero pueden resumirse en el hecho de que la ausencia de textos nuevos en los Festivales de Teatro auspiciados por el Gobierno, así como de otras instituciones académicas y educativas, además de la gran escalada de montajes de obras nuevas en teatros alternativos, abrió el espacio para que estos autores empezaran a reconocerse unos en otros en sus innumerables afinidades: entre ellas, la inquietud por la inestabilidad política, la revisión de la gran "Historia", la ambición del contenido ideológico, homosexual y feminista, el espectáculo provocador del inconsciente, la desintegración moral y social manifiesta a través del crimen, y posteriormente el esoterismo.

Este Grupo, que formalmente comienza su trabajo con la Primera Muestra de Joven Dramaturgia Universitaria de 1982, está compuesto por autores como Abniel Marat (1958), Teresa Marichal (1956), Aleyda Morales (1955) y Roberto Ramos-Perea (1959), y los que luego se añadirán de otros frentes, como Carlos Canales (1955), Angel Amaro (1944), José Luis Ramos Escobar (1950), Antonio García del Toro (1950), Zora Moreno (1956), Pedro Santaliz (1942), entre otros.

Una vuelta de página había sido dada desde el comienzo de la década y el año de 1985 consolida una serie de eventos que aseguran el nacimiento de una nueva forma, unitaria, consecuente y bastante homogénea, –ya veremos más adelante cómo esto último se invierte– que se determina de forma muy general y confusamente, como "la nueva generación de dramaturgos".

Sucesos teatrales de gran importancia

La más antigua y prestigiosa institución cultural del país, el Ateneo Puertorriqueño (fundado en 1876), responde al llamado de la NDP para la realización de una muestra de estos trabajos. La Oficina de Teatro del Instituto de Cultura Puertorriqueña (ICPR, fundado en 1959), del Gobierno anexionista –que pretende la anexión de Puerto Rico como el estado número 51 de los Estados Unidos–, desarrolló una violenta campaña de invalidación del nuevo fenómeno teatral, cuya carta de presentación fue la sonada representación, mediante más de una docena de obras teatrales del alto contenido social, denunciatorio y político, de la dictadura de Carlos Romero Barceló, entonces Gobernador de Puerto Rico. Este primer Festival del Ateneo programa obras de Carlos Canales, Roberto Ramos-Perea y Zora Moreno.

A partir de allí, y de las innumerables columnas y manifiestos que Ramos-Perea, Canales y otros dramaturgos publican en la prensa, se realiza la presión suficiente para que el ICPR convoque al Primer Festival de Nuevos Dramaturgos en 1986. La empresa no fue fácil, pues la oposición a estructuras, estrategias, influencias, así como las argumentaciones entre la crítica periodística y los autores teatrales establecidos contra los dramaturgos de la NDP, llegaron a niveles de violencia verbal insospechados[3].

Este primer Festival de Nuevos Dramaturgos estrenó obras de Josefina Maldonado (1958), Antonio García del Toro, Carlos Canales y Teresa Marichal. Y quedó instituido cada año, pero la manipulación gubernamental terminó utilizándolo para que en él fueran montadas las obras rechazadas del gran Festival de Teatro Puertorriqueño, reservado para autores "consagrados" o los de la hegemonía.

En 1985, otros sucesos importantes para la dramaturgia toman forma. Al calor de la Fundación René Marqués (fundada en 1984), Roberto Ramos-Perea, Edgar Quiles (1944) y José Luis Ramos Escobar fundan el Archivo Nacional de Teatro Puertorriqueño, especializado en la recopilación de textos de autores dramáticos nacionales. Una de sus mejores colecciones es la de la Nueva Dramaturgia y la del Siglo XIX. Este archivo es visitado de manera constante como centro de afirmación de nuestra trayectoria histórica. Ese año, este mismo grupo funda la primera Revista de Teatro Puertorriqueño, *Intermedio de Puerto Rico*, que sirvió de órgano de difusión de la NDP.

De la misma forma, comienza un furor crítico en los Estados Unidos con el nacimiento de la NDP, iniciado por la especialista en teatro puertorriqueño contemporáneo, la Dra. Bonnie H. Reynolds, de la Universidad de Louisville, en Kentucky, que comienzan a publicar en prestigiosas revistas académicas de Estados Unidos, trabajos de difusión y análisis sobre esta generación. Pocos años más tarde seguirán sus pasos la Dra. Grace Dávila López de la Universidad de California, la Dra. Lauritz Seda de la Universidad de Kansas, la Dra. Ana María Rodríguez Vivaldi de la Universidad de Washington, la Dra. Carmen Montañez de Indiana State University y la Dra. Rosalina Perales de la Universidad de Puerto Rico en Humacao.

En los inicios de la NDP en Puerto Rico, el silencio crítico era muy elocuente. Pero de él excluimos a la máxima autoridad en historia de la literatura puertorriqueña, la Dra. Josefina Rivera de Alvarez (1919), que en su imponente *Literatura Puertorriqueña, su proceso en el tiempo*, (1983)[4], da cuenta detallada de esta nueva generación que acababa de comenzar. Edgar Quiles, por su parte, se coloca como crítico defensor e impulsor de esta nueva generación, así como su más solicitado director, llevando a escena las más controvertibles obras de Roberto Ramos-Perea y Carlos Canales, entre otros.

En 1985 se crea con inmenso entusiasmo y participación de un nutrido número de dramaturgos, la Sociedad Nacional de Autores Dramáticos (SONAD), desarrollada con el propósito de que la NDP tuviese un frente oficial de protesta y un espacio de discusión sobre temas y acercamientos de carácter teórico al fenómeno de la dramaturgia. Hasta cierto punto, la organización se convirtió en fiscalizadora de las acciones que se realizaban para la eliminación e invalidación del "grupito de teatreros comunistas", (como fue apelado en innumerables ocasiones), que atacaba con sus textos las acciones sociales, culturales y políticas del Gobierno. El primer presidente de SONAD, fue Roberto Ramos-Perea y desde 1985 a 1990, SONAD realizó innumerables actividades, conferencias de prensa y manifestaciones en defensa y búsqueda del apoyo del público teatral a los nuevos trabajos.

Con los cambios de gobierno –de anexionismo a autonomismo– los vaivenes de la cultura, presupuesto teatrales e incluso la actitud del puertorriqueño ante los fenómenos llamados culturalmente "nacionales" determinaron mucho la expresión de esta generación.

Recordemos que la práctica de la dramaturgia en Puertro Rico ha dependido constantemente de este aire político. Cuando el anexionismo domina el poder, el arte, y en especial el teatro, buscan fiscalizar esa influencia que es por consenso, maligna, sin que por ello dejen de aparecer dramaturgos, productores y teatristas propulsores y colaboradores de la anexión, en su mayoría extranjeros exilados.

Cuando el autonomismo gobierna, se respira cierta tranquilidad "cultural", e incluso es patente la abierta cooperación económica para el arte pues los autonomistas son partícipes de una defensa tímida de nacionalidad puertorriqueña –sin que por ello signifique que los artistas, en su mayoría simpatizantes de la independencia o socialismo democrático– acepten el *status quo* colonial propuesto por ellos.

En 1987 hubo dos eventos que marcaron esta historia: la realización de la Primera Muestra de Teatro Puertorriqueño Contemporáneo y la realización del IV Seminario de Dramaturgia Puerrorriqueña auspiciado por SONAD.

En el primer evento estrenaron piezas Roberto Ramos-Perea, Carlos Canales y Aleyda Morales, logrando el aval de importantísimas figuras teatrales como Francisco Arribí, quien se alió, como dramaturgo de generación anterior, a los propósitos de la NDP.

Frank Dauster, de la Universidad de Rutgers, Bonnie Reynolds de la Universidad de Kentucky, y un nutrido grupo de dramaturgos de la NDP, así como varios solidarios actores, se reunieron en San Juan, y con clara y resonadora voz autentificaron la existencia del movimiento y enviaron un mensaje claro a las generaciones anteriores y a las autoridades culturales de que era hora de tomar en cuenta la participación de la NDP en los festivales subvencionados. La fuerte voz, sin embargo, no fue escuchada y el Gobierno continuó su política de invalidación, que en última instancia, lograba lo opuesto. El Ateneo Puertorriqueño, por su parte, con la complicidad de su Presidente, el Lic. Eduardo Morales Coll y el Director y Fundador del Teatro Experimental José M. Lacomba, vuelven a abrir el espacio para la NDP a través de certámenes, simposios, y ofreciendo gratuitamente el Ateneo como centro de reunión y discusión de los issues más candentes del teatro de ese momento.

Aquí apuntamos varias prácticas que se dieron en muchos de los miembros de la NDP, y que fueron motivadas por las obvias circunstancias narradas, principalmente por la imposibilidad de combatir las asfixiantes estructuras económicas que el teatro profesional imponía sobre los dramaturgos. En primer lugar, la gran mayoría de los dramaturgos de la NDP tuvieron que producir sus propios trabajos. Tenían por fuerza que conseguir el dinero para alquilar los teatros y producir la puesta en escena de la pieza, pues la abierta censura del gobierno impedía siquiera la consideración de propuesta alguna. Los productores independientes por su parte rechazaban las propuestas de la NDP por considerarlas ajenas a lo "comercial" y "conflictivas" y no faltó quien las acusara de "densas", y este rechazo era extensivo incluso a dramaturgos "consagrados". Se dio en el teatro nacional una súbita escalada —que aún perdura— de teatro extranjero, evidentemente comercial y vulgar *(Machos, Sexo, pudor y lágrimas, Hotel La Hamaca, La Zorra, Se renta por horas, Ellas son ellos,* etc.).

Los NDP se vio obligada además a dirigir sus propios trabajos, puesto que los directores reconocidos rechazaban las ofertas, primero por falta de paga y segundo por no arriesgar su prestigio con obras "desconocidas". Esto podía costarles simpatías con el ICPR y el teatro "profesional". De esta forma, los dramaturgos de la NDP desarrollaron además una estética directorial algo heterogénea, híbrido de realismo con expresionismo, pero las más veces, un nuevo realismo directorial se impuso, infuenciado por un mal aprendido Brecht y un obsesivo Ibsenismo. En otras, la libertad de creación de una puesta en escena de gran plasticidad hacía sucumbir los textos. La NDP se constituyó también en su editor y relacionista público tratando de allegarse espectadores de lugares poco comunes como los centros académicos, los residenciales y envejecientes. De publicaciones, los primeros en hacerlo lo fueron Canales y Ramos-Perea, robando las galeras del periódico donde trabajaba este último, pues las negativas editoriales eran monumentos al eufemismo. La primera casa editora de la NDP fue Ediciones Gallo Galante, que publicó seis textos de la NDP.

En 1988, la Productora Nacional de Teatro, organismo privado que reúne a las siete compañías teatrales más antiguas y solventes del país, abre su espacio a dos autores de la NDP, Aleyda Morales y Roberto Ramos-Perea, e inicia con sus obras una gira nacional. Posteriormente y hasta 1997, este prestigioso grupo teatral ha ofrecido espacio, año tras año, por lo menos a dos autores nacionales contemporáneos en sus giras anuales y en ocasiones a más.

La década del 90 inicia con nuevos directivos teatrales en el Gobierno y los hechos sociales van alejando a los autores de circunstancias meramente políticas que invadieron sus trabajos desde antes de 1985. El Departamento de Teatro del ICPR, bajo la dirección de Eduardo Bobren, crea las Muestras de Dramaturgia Nacional, que dura apenas tres años (interrumpida por los anexionistas que vieron en ella un peligro para sus deseos de control de la agenda cultural nacionalista) y en ellas fueron comisionados autores como Jaime Carrero, Carlos Canales, Aleyda Morales, Angel Amaro, José Luis Ramos Escobar, Antonio García de Toro y Roberto Ramos-Perea.

El 1992 fue año de graves discusiones en torno a la afirmación nacional, el Quinto Centenario y la participación en el país, con fondos de gobierno, de grupos teatrales del extranjero que fueron protestados pues con ello se continuaba la marginación de los grupos locales. Este asunto, arquetípico en toda Latinoamérica, en Puerto Rico tomó serios visos de confrontación y dividirá a muchos de los miembros de la NDP. Este mismo año SONAD queda inactiva.

Por otro lado, el Gobierno se desentiende de la gesta de la NDP y vuelve a comisionar autores "consagrados", mientras una severa crisis de espacios alternos de representación provoca una ausencia de producción. No había teatros disponibles que no fuesen los del Estado. A falta de productores interesados en obras nuevas y del comercialismo y la vulgarización de los espectáculos teatrales, la situación del teatro en Puerto Rico pasa de una defensa a ultranza de los valores de una generación, a una dispersión inmediata. La NDP deja de existir como grupo y cada uno de sus miembros desarrolla una carrera como "dramaturgos profesionales" al margen de un frente y causa común.

El Ateneo Puertorriqueño sin embargo, consciente de esta situación y en su deseo de seguir apadrinando estas nuevas manifestaciones que ahora nacían separadas, convoca a la creación de un taller institucionalizado de dramaturgia, que es encargado a Roberto Ramos-Perea, quien desarrolla en 1993 la Primera Muestra de Joven Dramaturgia Puertorriqueña en la que se estrenan siete obras de las escritas en Taller. Una nueva generación se presenta a un público motivado, en las voces de Angel Elías (1956), Pedro Juan Avila (1945), Rosita Archevald (1965) y Angel Santiago (1964). A la par de éstos, Adriana Pantoja (1970) y Carlos Raúl Acevedo (1972), estrenan obras en los teatros laboratorios de la Universidad de Puerto Rico.

Las discusiones políticas sobre el estatus de Puerto Rico motivaron obras que anunciaban que se "acercaba" el final. Pero la falacia de una definición cercana, y al mismo tiempo la estrangulación cultural del país, terminó por agotar algunas fuerzas y el teatro puertorriqueño que durante décadas había sido vocero de las injusticias y del deterioro de nuestra vida social y política, busca otros derroteros. Los ya "viejos" miembros de la NDP y los novísimos, renegaron de sus trincheras ideológicas y enfocaron sus cañones a otros temas. La política y los asuntos de la cacareada "identidad nacional" –"O yanquis o puertorriqueños"– había desaparecido del teatro bien por ya resuelta a favor de un neonacionalismo o bien por agotamiento ideológico, pero sí se iniciaba una nueva era, un nuevo planteamiento dramatúrgico poco visto en el país: la metáfora.

Los autores de este período tuvieron más contacto que los anteriores con lo que se hacía en el resto del mundo. Muchos obtuvieron premios internacionales de teatro, otros encontraron nuevos productores a lo que se aliaron, solidificando relaciones económico-teatrales que han demostrado ser muy productivas. Ahora los aliados al gobierno siguen su escalada contra todo lo que signifique "nacional", mientras el Ateneo trabaja una serie de festivales para los nuevos autores y grupos de teatro regionales y universitarios que han acumulado extenso material.

Veamos a vuelo de pájaro quiénes fueron los dramaturgos más destacados de esa década y algo de sus obras.

Myrna Casas (1934)

Tras un primer auge en su creación dramática en el tardío absurdo, Casas da un nuevo giro a su teatro, y sin proponérselo se colocó en el "aire" que proclamaba la NDP. Sus obras de los últimos diez años, *El Gran Circo Eucraniano* (1990), *Este país no existe* (1993), *Al garete* (1994), la revisión de *No todas lo tienen* (1995), y su última *Flash* (1997), revelan su amplio nivel de comunicación con lo "puertorriqueño". El desarrollo de su trabajo entroncó más en la paradoja social, en la cínica contradición del puertorriqueño con respecto a la influencia norteamericana, y la diversificación destemplada de su valores. Casas desarrolla una obra que da justo en el centro de nuestras divergencias culturales y morales. Recrea en ocasiones una nostalgia histórica, mientras critica de manera cínica nuestra desintegración moral, y en esto su mejor obra de ese período, *El Gran Circo Eucraniano*, es hasta este momento, un ícono de ello.

Roberto Ramos-Perea (1959)

Desde 1985 a 1990, el grueso de la creación dramatúrgica de Ramos-Perea desarrolló textos eminentemente sociopolíticos como *Cueva de Ladrones* (Premio René Marqués 1984, 1985) sobre la corrupción religiosa, *Malasangre* (1987) sobre la emigración a EU, *Golpes de Rejas* (1987) sobre los presos políticos en EU, *Censurado* (1987) y *Crimen y Castigo* (1984 y 1996), sobre represión en Latinoamérica, *Camándula* (1985) y *Llanto de Luna* (1989) ambas sobre la lucha por la independencia. A la par de ello desarrolla un teatro de corte más popular y crítico-político, con comedias como *A puro bolero* (1989), *Las amantes pasan el año nuevo solas* (1990), *Motel* (1992), *Así somos* (1984 y 1993), *El Narcisista* (1995) y dramas de suspenso como *Obsesión* (1988) así como obras que indagan sobre el acto literario mismo como *Melodía salvaje* (1992) y *Tuya siempre, Julita* (1993), este último sobre la malograda vida de la poeta Julia de Burgos.

En 1992 Ramos-Perea gana el Premio Tirso de Molina con *Miénteme más*, (sobre las pruebas realizadas en Puerto Rico con los prototipos de pastillas anticonceptivas en 1959), y en ese mismo concurso, su obra *Morir de Noche* (una fantasía "posmoderna" sobre la vida de Van Gogh) queda finalista.

A partir de 1992, principalmente con *Mistiblú* (obra metafórica sobre la situación colonial) su obra se despide de sus aspectos sociales y políticos y trabaja en otras direcciones, más asociadas a una búsqueda interior de los límites de su humanidad. Así, obras como *Callando amores* (1994) (sobre pugnas de familia), *Tragedia guja* (1996) (sobre brujería y folclore), *Más allá de tí* (1997) (sobre enfermedades terminales) y finalmente *Vida de un poeta romántico* (1996) y *Avatar*, andan tras rumbos que unifican lo social-humanístico con lo esotérico.

Reposiciones de sus obras políticas anteriores a 1985 han sido celebradas por el público como la de *Módulo 104*, Premio René Marqués 1982, (1983, 1991 y 1997) sobre los asesinatos y motines en las cárceles de Puerto Rico y *Revolución en el infierno* (1982, 1987 y 1994), (sobre la Masacre de Ponce de 1937). Las obras de Ramos-Perea han sido estrenadas en Latinoamérica, así como en España y Estados Unidos.

Carlos Canales (1956)

Ningún autor dramático había expresado la desintegración moral y social del puertorriqueño como Carlos Canales. Desde *Corrupción* (1984 y 1986), (sobre los robos de los funcionarios públicos) y *María del Rosario* (1985) (el mundo de los hospitales psiquiátricos), hasta su más reciente *Se formó la rumba* (1997), el teatro de Carlos Canales ha sido llamado "descarnado", "soez", "vulgar"; sin embargo, éste como ningún otro, resume nuestra actual degradación social.

Entre sus obras más importantes tenemos que mencionar la ganadora del Premio del Ateneo René Marqués *Tiempo siniestro* (1988), (sobre la represión policial), siguiendo con *Vórtice* (1991) en la que revela la disfuncionalidad de la religión y la mundanalidad en el seno de un hogar puertorriqueño. Otra obra, que juzgamos de una calidad superlativa es *Margie* (1993), en la que vemos el sórdido mundo de la droga colarse en una familia, y en la que presenciamos una de las más pavorosas escenas de violentación que se hayan presenciamos en nuestros escenarios. *Vamos a seguir bailando* (1993) corrió igual suerte de éxito, al presentarnos la inmoralidad y poderío del machismo nacional, tema que ha había trabajado en su elocuente pieza corta *Juego peligroso* (1987). *Especialmente para tí* (1992), y *Se formó la rumba* (1997), nos presenta esta misma destrución de valores en el seno de la clase alta. Obras de corte político satírico lo son *La primera vez* (1989) y *Los tres reyes magos del plebiscito* (1993). Los demonios interiores en paradójico caos con la imposición religiosa se nos muestran en piezas importantes como *Me gustan las películas de Charles Bronson* (1995) y *Bajo fuego celestial* (1997), esta última de próximo estreno. Canales ha sido una de las voces más constantes de la NDP y su trabajo ha sido apreciado y montado en el extranjero. *La casa de los inmortales* (1986) inició a Canales en los aspectos esotéricos en interesante unión con lo político. Esta combinación, detenida brevemente, se retoma en sus próximos trabajos.

José Luis Ramos Escobar (1950)

Su trabajo a partir de 1985 trae la marca de los años de teatro colectivo, político y popular en las que participó como dramaturgo y actor. Su pieza premiada por el Ateneo, *Mascarada* (1988), inicia su carrera como dramaturgo "solista". *Indocumentados* (1989), sobre la inmigración dominicana, le gana un importante espacio en el nuevo teatro de denuncia que se gesta. Obras suyas posteriores solidifican la corriente social que siempre lo ha caracterizado, como en *Mano Dura* (1994) donde toma el crimen rampante de nuestra sociedad como punto de partida para una reflexión sobre el estado moral de la misma. Luego, obras como *Valor y sacrificio* (1992) retoman la figura histórica de Pedro Albizu Campos para ejemplificar con él un señalamiento sobre el presente.

En esa misma tesitura, *El Olor del Popcorn* 1993) se convierte en su obra más importante a la fecha, pues en ella, con juegos metadramáticos, retoma el tema del crimen y lo ajusta a la intervenida psique de dos personajes en una situación sin salida: una actriz y un violador. Esta obra es la que hasta la fecha, más nos ha representado en festivales internacionales.

Al ganar el Premio Sánchez de Badajoz en España con la pieza *El Salvador del Puerto* (1995), Ramos Escobar resume su gran tratamiento sobre el crimen como temática pues es la historia de Michel Texidor, un jefe puertorriqueño de la mafia y su auge y caída en el submundo de drogas del Bronx. Otras obras de Ramos Escobar son *Genie y el Zepelin* (1993) (Premio de la Universidad de Huelva) y *Bohemia 18 altos* (1996).

Juan González (1942)

Aunque se desarrolló bajo la sombra de los "clásicos", tanto como actor y productor, su trabajo como dramaturgo es uno de los más importantes del país. Desde sus piezas donde elabora profundos planteamientos sobre la condición de la vida de los homosexuales en Puerto Rico, en la década de los setentas, hasta la falsa moral de las clases sociales de hoy, González ha sido un severo crítico de nuestras costumbres y valores, así como un fiero defensor de nuestra genuina y heterogénea puertorriqueñidad. Destacamos sus comedias –género en el que ha forjado mayormente– *La Pepa está en la Ashford* (1985), *Palomas de la noche* (1992), *Despedida de una soltera* (1993), *El aniversario de Pepe y Luis* (1996) y *La clase graduada de 1969* (1997), así como sus notorios y aclamados dramas *Flor de presidio* (1989 y 1991) y *Palacios de cartón* (1994). De próximo estreno la comedia *Divorcio a lo puertorriqueño* (1997).

Antonio García del Toro (1950)

Dramaturgo muy premiado en el exterior, ha mantenido su creatividad en el Grupo de Teatro Universitario que dirige. Sin embargo, estrenos comentados suyos han sido *Hotel Melancolía* (1989), *Donde reinan las arpías* (1991), *La primera dama* (1992), *Los perros del Obispo* (1994), *El cisne de cristal* (1990), *Juegos en el espejo* (1997), así como la consecuente publicación de casi la totalidad de sus piezas. Sus temas bordean el realismo poético con preocupaciones de carácter moral y altamente político, así como gusta del juego metadramático, influenciado por Luigi Pirandello.

Teresa Marichal (1956)

Fue uno de los miembros más activos y prolíficos de la inicial NDP, con obras muy aplaudidas por la crítica relacionadas al conflictivo mundo de la mujer y sus demonios interiores como en *Las horas de los dioses nocturnos* (1986) y *Paseo al atardecer* (987). La temática femenina no se ha apartado nunca de su obra y en piezas como *Boy George se está dejando barba* (1991), elabora profundos planteamientos sobre la realidad social y el papel de la mujer ante la imposición de mores y valores sociales. Su capacidad para la metatrealidad y el teatro de imágenes y su estruendosa entrada en aspectos de la posmodernidad teatral, han sido reconocidas en antologías y trabajos críticos realizados en el extranjero como se ve en sus piezas *TV* (1991) y *Amor de medianoche* (1990). En los últimos seis años, Marichal no ha estrenado ninguna pieza de significación, dedicándose por entero a la televisión y al teatro infantil.

Aleyda Morales (1955)

Con *La obsesión de María* (1987 y 1993) Aleyda Morales consagró su obra a la reflexión sobre la contradicción de la mujer en la sociedad puertorriqueña.

Esta obra que causó gran impacto tras su estreno, fue la predecesora de otras piezas –no necesariamente feministas– que hicieron de su teatro un constante proceso de búsqueda y reflexión, como *Historia de Ananda* (1992), *Enigma de una mujer* (1995), *Quiero decirte de lo que no podemos hablar* (1997), donde la comunicación entre hombre y mujer es uno de sus temas fundamentales. Esta prolífica dramaturga, que ha sido poco estudiada por la crítica a falta de publicaciones accesibles, es una de las más interesantes manifestaciones de la DP y su transformación. Es la actual presidenta de CINAD (Círculo Nacional de Autores Dramáticos).

Otros dramatrurgos

Angel Amaro Sánchez con su obra juvenil *Pepe* 1993) marcó una interesante bifurcación entre el teatro infantil comercial y el esencial teatro infantil puertorriqueño. Mientras Abniel Marat, destacadísimo miembro de la inicial NDP con las piezas incluidas en *Dios en el Playgirl de noviembre* (1989) y otras, tras haber estado autoexiliado en Estados Unidos, regresó con el estreno de *Tres Lirios de Cala* (1992), y la publicación de *La Madre Tierra* (1994), piezas de singular importancia como metáforas de nuestra situación política.

Zora Moreno, Moncho Conde (1953) y Pedro Santaliz, han continuado un teatro de amplia exposición de las diferencias e injusticias sociales a un nivel denunciatorio en las áreas marginales de nuestra capital. Una suerte de dramaturgia de imágenes, que reniega abiertamente de la palabra escrita, mezclada con técnicas de expresión corporal, danza mderna, performance y happenings se ha desarrollado en actores como Javier Santiago, Rosa Luisa Márquez, Carola García, Teresa Hernández, Daisy Mora de León, entre otros, pero dichos trabajos no han sido publicados, aunque son defendidos por un sector de la crítica.

Los novísimos

Angel Elías, Carlos Raúl Acevedo, Adriana Pantoja, Rosita Archevald, Raiza Vidal (1964), Carmen Zeta Pérez (1949) y Pedro Juan Avila encabezan la más segura y nueva generación de dramaturgos puertorriqueños. Sus temas son muy variados, pero pueden centrarse en una dramaturgia de la familia, de relaciones interpersonales, que va desde la sordidez del crimen, pasando por algunas preocupaciones de carácter social, hasta los aspectos del esoterismo más en boga.

Esta generación ha sido criada al calor de los talleres de dramaturgia del Ateneo Puertorriqueño y de la Universidad de Puerto Rico.

Conclusión

En 1993 y 1997 se celebraron en San Juan el I y el II Congreso del Autor Dramático Iberoamericao. En el II, se añadió el Taller Superior de Dramaturgia de San Juan, que seguía el modelo del Taller Superior de Dramaturgia de Caracas ideado por Rodolfo Santana y puesto en práctica allí en 1994. En este Taller Superior de San Juan, los dramaturgos argentinos Mauricio Kartun y Eduardo Rovner, el dramaturgo mexicano Guillermo Schmidhuber, el dramaturgo venezolano Rodolfo Santana, el dramaturgo español Fermín Cabral, el dramaturgo chileno Marco Antonio de la Parra y el dramaturgo puertorriqueño Roberto Ramos-Perea, miembros del Grupo de Estudios Dramatúrgicos Iberoamericano (G.E.D.I.) compartieron procesos, informaciones y devoluciones comentadas con catorce dramaturgos puertorriqueños. Era la primera vez que se realizaba un contacto con Latinoamérica que tuviese esta impresionante tesitura pedagógica. Del I Congreso salió la idea de armar y publicar el *Itinerario del Autor Dramático Iberoamericano*, uno de los pocos textos atemperados da la realidad iberoamericana que ofrecía un acercamiento personal de sus autores al acto dramatúrgico.

Si bien la NDP nunca tuvo una oportunidad como ésta, formó sus conocimientos y prácticas en un autodidactismo vehemente, hijo de su momento y de su urgencia y que por obra y gracia de la evolución natural del pensamiento contemporáneo, llegó a la metáfora y a la búsqueda interior como tablas de salvamento ante el ya agotado discurso sociológico y político con que había comenzado.

La generación de "los novísimos", que se caracteriza por la variedad, la multiplicidad y el riesgo, goza de estos talleres, goza de maestros nacionales que crean y proveen los recursos para que el intercambio entre unas generaciones y otras se dé de manera amable y solidaria. La enseñanza de los dos talleres de dramaturgia activos en Puerro Rico, el del Ateneo Puertorriqueño dirigido por Roberto Ramos-Perea y el de la Universidad de Puerto Rico dirigido por José Luis Ramos Escobar, buscan abrir caminos hacia Iberoamérica y luego el mundo, a conocer los rumbos del misterio y la libertad creativa.

En este proceso hay formación, educación, confrontación, hay estímulo que vence el estancamiento y el aislamiento que vivir en una apartada isla del Caribe usualmente puede producir.

Concluyo que estos diez años han sido de una agitada evolución hacia una magna apertura. De la cerrazón de la impuesta y obligada búsqueda de una identidad, hasta la transgresión de los límites del alma humana, y este proceso, natural para muchas culturas, estimulado por el aparente "final" de algunas utopías, y el propio fin de siglo con su pesada carga de obligada espiritualidad, han hecho de la dramaturgia puertorriqueña un espacio de inifinita variedad de acercamientos, receptivo a todas las influencias y deseoso de saber hasta

dónde puede llegar.
Y ya se ve que es lejos, más allá de su propia identidad ya descubierta y afirmada. Y tenemos que estar de acuerdo en que ir más allá de la identidad y ser uno con el resto, es el mejor indicio de evolución, transformación y cambio del que podamos disfrutar. El riesgo ha sido tomado y la Nueva Dramaturgia Puertorriqueña ha salido, creo, airosa.

Notas

1. Ramos-Perea, Roberto, *Perspectiva de la Nueva Dramaturgia Puertorriqueña*, Cuadernos del Ateneo, Serie de Teatro Número 1, Ateneo Puertorriqueño, San Juan de Puerto Rico, 1989, 93 pgs.
   La jugosa cantidad de trabajos de la Dra. Bonnie Reynolds sobre autores y temas de la Nueva Dramaturgia Puertorriqueña, se encuentra dispersa en revistas como *Latin American Theatre Review, Hispania, Gestos* y otras. Se espera que para 1998, el Ateneo Puertorriqueño publique en un volumen todos los trabajos de Reynolds sobre Nueva Dramaturgia difundidos en congresos y revistas. Para consultar: Reynolds, Bonnie, *La Nueva Dramaturgia Puertorriqueña en el contexto Latinoamericano*, Programa del XVII Festival de Vanguardia del Ateneo dedicado a la Nueva Dramaturgia Puertorriqueña, Ateneo Puertorriqueño, 1985, pg. 7-12.
   Otro importante trabajo a citar es Quiles Ferrer, Edgar, *Teatro Puertorriqueño: dramaturgia y escenificación* (1982-1989), Cuadernos del Ateneo, Serie de Teatro Número 3, Ateneo Puertorriqueño, San Juan de Puerto Rico, 1991, 198 pgs.
2. Expresado en "La especificidad del discurso crítico en el teatro hispanoamericano", *Gestos*, Universidad de California, Irvine, 2, noviembre 1986, p. 57.
3. Ramos-Perea, Roberto,"Historia Personal del Festival de Nuevos Dramaturgos de 1986", *Revista Intermedio de Puerto Rico*. Revista de Teatro Puertorriqueño. Año 2, Vol. I, Número 2, enero a marzo de 1986, pgs. 10-14.
4. Rivera de Alvarez, Josefina, *Literatura Puertorriqueña: su proceso en el tiempo*, Madrid, España, Ediciones Partenón, 1983, 780 pgs.

VOCES ENCONTRADAS EN LA DRAMATURGIA URUGUAYA CONTEMPORÁNEA: 1985-1996

Roger Mirza

El sistema teatral uruguayo de la última década está marcado por la caída de la dictadura y la instalación de un gobierno democrático en 1985, lo que produce un reagrupamiento de elencos y actores, con una nueva orientación del repertorio y de la relación con el público, así como una particular expectativa y entusiasmo que pronto cercenarán algunos actos del nuevo gobierno y particularmente la llamada "ley de impunidad" un par de años después. En el teatro, la intensa movilización de energías que produjo esa recuperación democrática se caracterizó por la diversidad de propuestas y de estilos, tanto en la escritura como en las escenificaciones de textos de la literatura universal, desde Sófocles a Lorca, o de latinoamericanos y uruguayos, en una variedad que era síntoma de desorientación pero también de exploración de la nueva realidad y de los medios escénicos, con una creciente jerarquización del espacio físico y una atención mayor a la puesta en escena misma y a la elaboración progresiva del texto (a veces por creación colectiva) con autores jóvenes que frecuentemente dirigieron sus propias obras.

Regresan del exilio Atahualpa del Cioppo y El Galpón, así como varios actores, autores y directores. Las primeras preocupaciones de El Galpón serán las de recuperar su sala y reorganizar al grupo incorporando a algunos de los anteriores integrantes, así como presentar las obras creadas en el exterior: *Artigas, general del pueblo*, de Milton Schinca y Ruben Yáñez (sobre creación colectiva), de fuerte carga didáctica, *Puro cuento* sobre textos breves de la narrativa latinoamericana, o *Voces de amor y lucha* que reúne diferentes fragmentos para protagonistas femeninas.

Entre los dramaturgos debe mencionarse a Mario Benedetti, quien también vuelve a Montevideo y del que se estrena *Pedro y el capitán* (El Galpón,

1985; ya estrenada en México en 1979), bajo la dirección de Atahualpa del Cioppo. Otros salen de prisión como Hiber Conteris y Mauricio Rosencof, después de años de terrible cautiverio, y vuelven a estrenarse con mayor profusión obras de Carlos Maggi y de Milton Schinca.

Sin embargo, en este reencuentro que permitirá la reanudación del diálogo entre distintas generaciones, los grupos deberán enfrentar la necesidad de un cambio de lenguaje ante el nuevo contexto político y cultural, la desaparición de la censura y otras prohibiciones, y también el problema de la pauperización del país y de la población, víctima del desempleo, el subempleo, el crecimiento del trabajo llamado "informal", el deterioro de la educación, el descenso del salario y nuevamente la emigración, esta vez por razones económicas, que afectará sobre todo a los jóvenes.

Desde la perspectiva del imaginario colectivo y sus efectos simbólicos, se puede señalar la pérdida de varios mitos convertidos en clisés vacíos de contenidos por la falta de referente contemporáneo, como "la Atenas del Plata", "la Suiza de América, "Como el Uruguay no hay", los triunfos de Maracaná, el orgullo por la tradición democrática del país, su amplia clase media que creaba una importante nivelación social, su estabilidad y su nivel cultural. A todo lo cual se agrega el problema de la retracción del público que reencontraba sus canales de expresión y de comunicación en otras actividades sociales y políticas, antes controladas o prohibidas.

Frente a esta situación los teatros independientes intentaron sostenerse por medio de socios permanentes (como es el caso de El Galpón, Teatro Circular, La Gaviota y La Candela) que aportaban una mínima cuota mensual que también resultó insuficiente, mientras todo el movimiento teatral reclama una ley que lo apoye. La precariedad de los medios, el deterioro de algunas salas y la condición obsoleta de la infraestructura técnica, se reflejaron, a pesar de todos los esfuerzos, en muchos de los montajes de estos elencos que siguen sin percibir ninguna subvención, salvo la Comedia Nacional, subsidiada desde su creación por la Intendencia Municipal de Montevideo y un intento de profesionalización de El Galpón que duró desde su regreso hasta 1992.

En la dramaturgia, se acentúa la presencia de los textos nacionales y de las adaptaciones libres de textos de la gran narrativa universal, escritos en español (de Cervantes a García Márquez) o traducidos (de Melville y Tolstoi a Kafka y Heinrich Böll), destacándose particularmente las versiones de *El coronel no tiene quien le escriba* de García Márquez en adaptación de Mercedes Rein y Jorge Curi con el Teatro Circular (Montevideo, 1988) bajo la dirección de Curi, y *El Castillo* de Kafka en adaptación y dirección de Nelly Goitiño con la Comedia Nacional (1989). Pero también la reescritura de textos dramáticos clásicos con importantes modificaciones textuales o espectaculares, como fue el caso de *La boda* sobre *La boda de los pequeños, burgueses* de Brecht adaptada y dirigida por Héctor Manuel Vidal (Comedia Nacional, Sala Zavala Muniz, 1985) o del

Macbeth de Shakespeare, el *Don Juan* de Molière y *La Celestina*, de Rojas, adaptados y dirigidos por Alvaro Ahuncháin (Teatro del Anglo, 1986, Teatro Circular, 1990 y El Galpón-Sala del Anglo, 1994, respectivamente) o de *Casa de muñecas* por Richard Ferraro (Teatro del Anglo, 1990) y *Ricardo III* por Sergio Blanco (1991), o la de *Romeo y Julieta* (1992) por Horacio Buscaglia.

Han surgido algunas obras que intentan elaborar algunos de los aspectos más dolorosos y traumáticos del período de la represión y la dictadura, como la tortura, el miedo, la amenaza, el encierro, y que aparecen en *Pedro y el capitán* (1985) de Mario Benedetti, *El combate del establo* (1985) de Mauricio Rosencof, *Crónica de la espera* (1986) de Carlos Manuel Varela (quien ya había presentado en plena dictadura *Alfonso y Clotilde*), pero también la locura como en *Cuando el olvido no alcanza*, creación colectiva por el Teatro La Comuna a partir de una investigación concreta, o la angustia y el silencio como en *El silencio fue casi una virtud* (Teatro El Galpón, 1990) de María Azambuya, también a partir de una encuesta social, en una puesta que privilegia los gestos, las miradas, el silencio, las risas y palabras ahogadas, el tono sombrío pero expresivo, el canto apocado, para expresar la parálisis del miedo ante la represión, la violencia y la censura. El tipo de teatro testimonial cambia de forma, se vuelve menos discursivo, busca el impacto sensorial, apela a la intuición del espectador, al poder de las imágenes y de las sensaciones, más que a lo racional, a la deducción y la intelección.

Por otra parte, la búsqueda de nuevos lenguajes escénicos con arraigo nacional y popular se manifiesta a través de múltiples temas y estilos como en *Salsipuedes* de Alberto Restuccia (Teatro Uno, 1985), sobre el exterminio de los indios charrúas en nuestro país en la primera mitad del siglo pasado, en una puesta que se despliega en todo el ámbito de la sala y aún en el foyer, con escenas superpuestas, que se apoyan en imágenes, movimientos, una música compuesta en base a percusión y frotación de elementos naturales primitivos, y fragmentos de diálogos.

Después de *El saco de Antonio* (Teatro del Notariado, 1986) de Mauricio Rosencof, que marcaba de manera decisiva el regreso de un importante dramaturgo y uno de los más talentosos de la generación del sesenta, con una pieza que exploraba el universo interior, los recuerdos felices y las esperanzas de un personaje, en contraste con las estrecheces de un presente amenazado por la locura (Cf. Fernández,1987: 224-225), *El regreso del gran Tuleque* del mismo autor (Teatro La Gaviota, 1987), opta por un teatro de corte popular. El espectáculo incorpora una murga en vivo, con música de Jaime Roos y todo el despliegue visual de su coreografía y sus trajes, en poderoso contraste con un mundo de seres marginados, con sus carritos de juntapapeles, su hambre, los enfrentamientos con el poder, pero también con sus esperanzas y sus sueños, a través de una visión que fusiona escenas realistas, con cantos y bailes de la murga, que invaden toda la sala. El espectáculo, que tuvo mucho éxito, construye un doble nivel de ficción y de estilos de representación contrastados, con situaciones y diálogos grotescos, surrealistas o poéticos, en una ruptura no arbitraria de las convenciones y de la verosimilitud y un fuerte arraigo popular.

En otro estilo que encubre bajo un aparente absurdo la crueldad y los extremos de sufrimiento de dos hombres encarcelados y los efectos del encierro, la humillación y el destrato que amenazan con la deshumanización de las víctimas (presentada en forma literal en la obra), *El combate del establo* y más recientemente *Bataraz*, también de Rosencof, prolongarán el tratamiento del tema de la prisión y la tortura.

A su vez, los temas criollos y la conexión con el origen de nuestro teatro gauchesco encuentra en la revisión de *Juan Moreira* de De Cecco (Teatro Circular, 1987) un audaz montaje, dirigido por Carlos Aguilera, que se inicia con una farándula callejera. Las leyendas y el cuento popular criollo darán origen a *Entre gallos y mediasnoches* de Mercedes Rein y Jorge Curi (El Galpón, 1987) sobre la leyenda de Don Juan el Zorro. Con un humor socarrón y un estilo de fábula campera, incorporando personajes mitad animales y mitad humanos, el espectáculo está muy bien resuelto bajo la dirección del propio Curi.

Desde otro punto de vista, pero en estrecha conexión con nuestra historia, *Frutos* de Carlos Maggi (Teatro Circular, 1985) propone la revisión de una de las principales y más controvertidas figuras históricas del país. La obra explora las contradicciones de una personalidad carismática, con sus miserias y su poder, su intenso apetito de vida y sus claudicaciones, a través de sus recuerdos y ensoñaciones, en una buscada complejidad. El montaje de Stella Santos responde a una poética de sueño, convirtiendo el espacio en el escenario de los pensamientos y recuerdos del personaje, con varios aciertos en el montaje, aunque la puesta no colmó todas las espectativas. Del propio Maggi es también *El patio de la torcaza*, en una nueva versión reescrita por el autor y dirigida —como la anterior— por Ruben Yáñez (El Galpón, 1986) que prolonga la vigencia de la primera versión (1967) que Pellettieri (1994: 26 y ss.) considera clave para la transición del realismo crítico rioplatense a su segunda fase mucho más corrosiva. La obra retoma varios recursos, personajes y tópicos del sainete criollo en forma de parodia, para crear una sombría y mordaz alegoría del país y sus habitantes, de sus miserias materiales y morales, a partir de una imitación irónica que alcanza ribetes grotescos y siniestros, con personajes estereotipados y eficaz humor. Gradualmente el humor paródico y burlón se convierte en sátira despiadada que acentúa los rasgos más caricaturescos y la distorsión expresiva, convirtiendo a los personajes del conventillo, marcados por la miseria y la explotación, en tristes habitantes de un prostíbulo que terminan deshumanizados e identificados con los pajarracos que crían, en una cuidadosa progresión ya preparada por algunos de sus nombres: Churrinche, Gavilán, Zorzal, y Filomena la Torcaza, como eficaz y feroz alegoría de la descomposición de un mundo y la degradación de sus habitantes.

En un estilo más despojado y menos tenso *Viejo smoking* de Ana Magnabosco (Teatro La Candela, 1988) aborda también el tema de la pobreza y el deterioro social retomando el mito de Gardel a través de los sueños de una mujer sumida en la miseria, en una desgarradora visión. Al mismo tiempo, la obra introduce la figura del propio Gardel con parlamentos construidos en base a fragmentos de letras de tango, en una revisión ligeramente irónica. El tema de la pobreza y la evasión ilusoria —en este caso a través de algunas supersticiones— aparecen, también, en otra obra de Magnabosco: *Santito mío* (1989), que denuncia a través de una visión crudamente naturalista la miseria y las supersticiones, mientras que *Las mágicas noches del Pepe Pelayo* (en colaboración con Alberto Paredes, Comedia Nacional, 1989) explora el mundo de los bailes populares, las ilusiones, el desencanto, en un montaje envolvente de Dumas Lerena que incorpora al público mismo. Su última obra *Familiares del Sr. González* (Comedia Nacional, 1991) aborda el difícil tema del Sida, el aislamiento, la marginación, en un cuidadoso texto.

La figura de Gardel y su proyección a mito popular será también presentada en forma crítica y sobre un trasfondo más histórico por *El chalet de Gardel* de Víctor Manuel Leites (Comedia Nacional, 1985). El propio Leites propone también, en *Varela, el reformador* (Teatro Circular, 1990), una revisión de la figura histórica de José Pedro Varela, verdadero fundador a partir de 1878 de nuestro sistema de enseñanza primaria, laica, gratuita y obligatoria, aunque valiéndose de un cargo otorgado por un dictador militar. El espectáculo retoma algunos procedimientos del sistema brechtiano y aprovecha la reciente experiencia de la dictadura militar para plantear un problema ético que adquiere una enorme vigencia en estas circunstancias. El planteo busca enriquecer la conciencia moral y la perspectiva del espectador, enfrentándolo al complejo dilema de tomar posición frente a un héroe mítico como Varela quien, sin embargo, ha aceptado un compromiso con el dictador Lorenzo Latorre para introducir su reforma.

Esta tendencia a la revisión de figuras de la historia y la cultura del país, aparece también en *Delmira*, (Comedia Nacional, 1986) de Milton Schinca, sobre la vida y la trágica muerte de la poetisa Delmira Agustini con acertados recursos escénicos, desdoblando al personaje en dos actrices. La atractiva y destacada figura de la poetisa inspiró también otra versión de Eduardo Sarlós: *Delmira Agustini o la dama de Knosos* (Teatro del Notariado, 1985).

La exploración del mundo interior, con poderosas imágenes que parecen emerger de zonas inconscientes, y una ruptura más radical con lo discursivo aparece en *All that tango* (Teatro Espejos, Sala del Anglo, 1988) de Alvaro Ahunchaín, el más joven y prometedor de los nuevos dramaturgos, prolífico autor de varias obras entre las que debe recordarse *El séptimo domingo* y *Nuestra amante* (Tablas, 1981), *El espíritu de la Navidad* (Paysandú, 1984),

Cómo vestir a un adolescente (1985, por el Teatro Espejos, del que es fundador), *Hijo del rigor* (1988), una versión de *Macbeth* (Teatro Espejos en la sala del Anglo, 1986) que permaneció varios años en cartel, otra del *Don Juan* de Molière (Teatro Circular, 1990) y una amenazante versión de *La Celestina* (1994).

Inspirado en la película de Bob Fosse cuyo título parafrasea, y dirigido por el propio Ahunchaín, como suele hacerlo, *All that tango* proyecta los demonios personales del autor en una profunda ruptura con lo discursivo y lo lineal para explorar un mundo interior con poderosas imágenes oníricas que parecen emerger de zonas inconscientes. Con vigorosa concepción escénica el autor-director cuestiona las convenciones teatrales, incorpora un cantante de rock, escenas grotescas de una pesadilla, figuraciones de la muerte, superponiendo réplicas, fragmentos de diálogo, y transformando el espacio en una retorcida pista de obstáculos fabricada con tubulares (escenografía de Carlos Zino) que circunda toda la escena y por donde evoluciona el actor.

En *Miss Mártir* (Comedia Nacional, 1989), Ahunchaín propone en cambio un punto de vista más exterior, una chirriante y grotesca farsa sobre héroes y mártires de la historia occidental, masacrados primero y venerados después, en una revisión que se proyecta hacia el presente, mezclando los recursos de circo con la farsa, la caricatura, la alegoría, el "grand guignol", el desenfreno, la sátira a los programas de televisión, un deliberado y provocador mal gusto en algunas escenas; pero que incluye, también y como ya ocurría en su pieza anterior, el juego del teatro en el teatro, la alternancia de las ejecuciones sangrientas con las rivalidades entre los actores que culmina con una feroz y progresiva eliminación mutua. Desde el punto de vista escénico, el montaje pone en movimiento elementos tradicionalmente fijos como el piso mismo del escenario cuya progresiva inclinación hacia los espectadores (hasta quedar vertical) se carga de siniestro sentido al ser arrojados poco a poco los actores en un foso delante de la platea.

Posteriormente, *Se deshace más facilmente la vida de un hombre que la casa de un pájaro* (1992), que fuera dirigido por Carlos Aguilera, concentra la acción en un cuarto de baño y se orienta, también, hacia el hiperrealismo, aunque menos sangriento y más alegórico, pero no menos sombrío, ya que la obra termina con un doble suicidio. Su última pieza, *¿Dónde estaba usted el 27 de junio?* (Alianza Francesa, 1995, bajo la dirección del propio Ahunchaín), aborda el tema del golpe de estado de 1973, la rebelión y lucha estudiantil, los infiltrados, las persecusiones, asesinatos y torturas, las mentiras políticas, la intervención de los tupamaros y la represión militar. La obra recurre, también a procedimientos antinaturalistas, al music hall, la caricatura o el circo, en alternancia con otros más convencionales, en un espectáculo que intenta un equilibrio entre las posiciones ideológicas enfrentadas.

Los girasoles de Van Gogh (Teatro Circular, 1989) de Luis Vidal, bajo su dirección, se inscribe, también, en esa tendencia hacia un teatro menos discursivo y racional, que indaga el mundo interior, la fuerza de las pulsiones, la angustia metafísica, y que concibe la escena como un campo de exploraciones, un mundo a descubrir, donde se fusionan la escena exterior con la interior, las emociones, pensamientos e imágenes. El texto que rechaza todo diálogo tradicional así como toda sucesivadad discursiva, se apoya en las cartas de Artaud y de Van Gogh, en las que la intensidad de la tensión creadora llega al borde del delirio.

Un importante ejemplo de esta búsqueda de un teatro antinaturalista, y de esa concepción del espacio y del actor, que transforme la escena en un fragmentado campo de sonidos, imágenes y emociones, nos lo ofrece nuevamente Carlos Maggi con *Un cuervo en la madrugada* por Teatro Eslabón de Canelones (Primera Bienal de Paysandú, 1989), bajo la dirección de Leonel Dardano. El espectáculo propone un extraño baile de máscaras en el refinado salón de un monarca, en tiempos que parecen de revolución (¿cuál? el texto no lo precisa y se habla de corte, del rey, la reina, los nobles, la inquisición), los personajes intercambian frases, pases de baile, en una estética de sueño, con aspectos simbólicos y un montaje que juega con luces, colores, movimientos, maquillaje y máscaras, en un seductor juego escénico de impecable factura.

La mencionada frecuencia de las adaptaciones de textos dramáticos y narrativos de la literatura universal, muchas veces dirigidas por el mismo adaptador, es otro aspecto que refleja la proximidad cada vez mayor que se ha producido entre el emisor del texto y el emisor del espectáculo, como consecuencia de la importancia creciente del espacio escénico, de la orientación hacia el hecho espectacular vivo, la acción física concreta.

Son especialmente ejemplos de esta orientación espectáculos como *Macbeth, La Boda, El Castillo*, por Nelly Goitiño, *Don Juan y Ricardo III* (1993) por Sergio Blanco, pero también *Historia de un caballo* sobre *Jolstomer* de Tolstoi (Teatro Circular, 1988) y *Opiniones de un payaso* sobre la novela de Böll (Teatro Circular, 1990), ambas adaptadas y dirigidas por Luis Vidal, o *La metamorfosis* de Kafka (Teatro del Notariado, 1990) en adaptación de Andrea Blanqué y dirección de Ernesto Clavijo, que privilegian la imagen y el símbolo por sobre el diálogo y lo discursivo, aunque sin renunciar a éste, en un teatro carnal y simbólico que experimenta con las posibilidades expresivas del espacio, los objetos y el cuerpo del actor, mezclando el estilo farsesco con el torturado, en una voluntad antinaturalista que también encontramos en *El segundo pecado original en la era microchipiana* (Alianza Francesa, 1991) de y dirigido por María Dodera.

Se puede observar, también, una tendencia a la experimentación con espacios no tradicionales, ya desde la escritura dramática, en obras que buscan fusionar a espectadores y actores, ficción y realidad, en un solo ámbito teatral como aparece en *La boda* (adaptación del texto de Brecht) donde los espectadores son tratados como parientes y amistades invitados a una fiesta de casamiento, del mismo modo que *Las mágicas noches bailables del Pepe Pelayo* engloba a actores y espectadores en una sala de baile popular, o incluso en obras no uruguayas como *Barro negro* que transcurre en un ómnibus que recorre las calles de la ciudad y donde se encuentran mezclados espectadores y actores.

O también al espectáculo total, que incorpora otras artes y disciplinas como la danza, el circo, la pantomima, las técnicas del clown y de los recitales de rock. Lo cual exige frecuentemente que el actor sea también cantante, músico, bailarín, acróbata o atleta. También se ha producido un acercamiento entre el teatro y el carnaval, con algunos resultados interesantes como los espectáculos escritos y dirigidos por Jorge Esmoris, Tabaré Rivero o Luis Trochón, tendencia que pareció culminar con el espectáculo llamado *La verdad que sí* que se presentó en el Estadio Centenario en diciembre de 1993, con una murga de carnaval, la Troupe Ateniense, y un elenco de actores, bajo la dirección de Trochón, ante 35.000 espectadores, con gran despliegue musical y visual, un permanente humor y un clima de fiesta que finalizó con fuegos artificiales.

Debemos señalar, por otra parte, que las propuestas que apuntan a paradigmas anticonvencionales coexisten, naturalmente, con otras menos transgresoras, en una gran variedad. Así, la presencia del naturalismo o el realismo, aparece en obras como *Los días de Carlitos Molinari* de Rolando Speranza (Comedia Nacional, 1985), *La esperanza, S.A.* (Comedia Nacional,1989) de Carlos Manuel Varela, *Danubio azul* (La Gaviota, 1989) y *Garúa* (Teatro Circular, 1992), ambas de Ricardo Prieto, y tendrá en Eduardo Sarlós a un excelente exponente, de profusa creatividad, con obras como *La pecera* (1987) –de poderosos filos satíricos y rasgos de humor negro–, *Delmira o la dama de Knosos* (1985), ya mencionada, *Amarillo color cielo* (1988), *Negro y blanco* (1991) y particularmente *Mujeres en el armario* (1990), que confronta a dos hermanas que vivieron la dictadura una dentro y la otra fuera del país, en un ajustado planteo, mientras que *Escenas de su majestad la reina Isabel* (1991), crea, a partir de datos y personajes históricos, un universo imaginario más complejo con múltiples transformaciones escénicas.

A estas obras se agrega el realismo o el naturalismo exacerbado de *El desayuno durante la noche* (Comedia Nacional, 1987) de Ricardo Prieto o el de Dino Armas en obras menos intensas que *Susana's tango* (1979) o *Los soles amargos* (1981), de fines de los setenta y principios de los ochenta, pero que se inscriben en la misma tendencia, como *Feliz día papá* (El Tinglado, 1989), dirigida por Hugo Blandamuro.

Esa diversidad se puede observar en la obra de los propios dramaturgos que cruzan estilos e influencias. Y si Rosencof había escrito *Los caballos*, de clara intención social y simbólica, y *El regreso del gran Tuleque*, también estrena *El saco de Antonio* y *El combate del establo*, que reflejan dos estéticas totalmente diferentes, que busca la sugerencia, el clima onírico la primera y la denuncia de la violencia, el abuso del poder, a través de escenas intensas que utilizan los recursos del absurdo con clara intención alegórica, la segunda. Es el caso de Maggi, cuyo *Un cuervo en la madrugada* explora un juego escénico de ribetes fantásticos, con un diálogo de fuerte carga simbólica, mientras que *El patio de la Torcaza* era una parodia que bordeaba lo grotesco, *La trastienda* se mantenía dentro del naturalismo y *Frutos* manejaba cierta ironía histórica. Leites sigue una estética del realismo crítico en varias obras como *Doña Ramona*, *El chalet de Gardel* o incluso en *Varela, el reformador*, pero introduce, sobre todo en esta última, varios recursos brechtianos y una renovada concepción del espacio y del tiempo, con alternancia de fragmentos de diferentes épocas como ocurría ya en una obra anterior, *Quiroga*, construída desde la perspectiva final de la muerte.

Es más compleja aún la producción dramática de Ricardo Prieto, porque a su sólida escritura vanguardista, que deja crecer filos amenazantes con ribetes de teatro del absurdo en *El huésped vacío* o en *Un tambor por único equipaje* (1989), agrega un realismo exacerbado en *El desayuno durante la noche* que se opone al costumbrismo de *Danubio azul* o de *Garúa* y a la tendencia algo mística de *El sabio en el perfecto camino* (Casa del Teatro, 1985). Del mismo modo, un autor como Leo Masliah pasa de un realismo más o menos crítico en *El último sandwich caliente* (La Gaviota, 1988), a su personal toque absurdo con situaciones descabelladas e incongruencias humorísticas en *No juegues con fuego porque lo podés apagar* (1993), utilizando recursos que se acentúan sobre todo en los juegos con el lenguaje de su obra más reciente *Tres idiotas en busca de una imbécil* (1997).

Un claro ejemplo de esos cambios de estilo aparece en Carlos Manuel Varela, quien ha reflexionado, además, sobre las transformaciones en la creación dramática que se le impusieron por el retorno a la democracia y por lo tanto el cambio de las condiciones de recepción, de lo que él llamó "lenguaje enmascarado", al explícito. Después de *Las gaviotas no beben petróleo*, 1979, *Alfonso y Clotilde* 1980, *Los cuentos del final* (1981), y *Palabras en la arena* (1982), que alternaban algunos rasgos del absurdo con cierto realismo crítico, se vuelca al realismo crítico de *Crónica de la espera* y de *La esperanza S.A.*, para incursionar últimamente por una textualidad menos unívoca y lineal, que busca la creación de climas, el predominio de la sugerencia, como en *Emboscada* (1997).

Esta complejidad, bastante frecuente en los sistemas teatrales y en todo sistema cultural, así como la excesiva proximidad del fenómeno, vuelve difícil el análisis, y aún más una evaluación de esa producción de los últimos años. Porque se trata, además, de una creación en pleno proceso, donde apenas podemos señalar algunas características que habrá que evaluar en función de la producción posterior. En esta polifonía de autores, obras y estilos, las principales líneas dramáticas incluyen, además, a escritores de diferentes generaciones, con la omnipresencia de Sánchez y la fuerte incidencia de los integrantes de la Generación del 45 y sobre todo la de Carlos Maggi y Jacobo Langsner, seguidos de Andrés Castillo y Juan Carlos Legido, junto a los más tardíos Rosencof, Leites, Schinca, Curi-Rein, y los dramaturgos de los 60, como Restuccia, Paredes, Prieto, Graña, Denevi, Armas, Varela, Sarlós, y varios de la generación llamada "de la crisis","invisible", "de la dictadura", "fantasma",[1] como Yahro Sosa, Ahunchaín, Juan Graña, Leo Masliah, Ana Magnabosco, o los más nuevos: Luis Orpi (*La metamorpitis*, 1991), Franklin Rodríguez (*Veinte años no es nada* 1990, *Tuya Héctor* 1992), Tabaré Rivero (*La ópera de la mala leche* 1990), Ignacio Cardozo (*Que me quiten lo bailado*, 1991, *Cine, radio, actualidad*, 1992) o Jorge Esmoris (*Papitas y boniatos al horno*, 1991, *Sexo, chocolate y BCG*, 1992, *Sur...realismo y después*, 1993), Ariel Mastandrea (*La otra Juana*, 1993) y Roberto Suárez (*Las fuentes del abismo*, 1993, *Kapeluz*, 1995, *Rococokitch*, 1996), donde se cruza las diferentes generaciones, lo viejo y lo nuevo, sin contar los múltiples intertextos pertenecientes a otros géneros (narrativa, poesía lírica, ensayo) uruguayos y extranjeros que, indudablemente, inciden en el sistema.

Notas

1. "Generación fantasma" es el nombre que le da Alejandro Michelena (*La Plaza*, 1981) y que retoma Moraña (1988) como titulo de una colección de trabajos sobre la literatura uruguaya entre 1973 y 1988. Migdal (1991: 117 y ss.) propone el nombre de "invisible".

Bibliografía

Achugar, Hugo, (ed.) 1991. *Culturas y nación en el Uruguay de fin de siglo*. Montevideo, Fesur-Lagos-Trilce.
Migdal, Alicia, 1991. "Formación de la opinión cultural", en Achugar H. (ed.)*Culturas y nación en el Uruguay de fin de siglo*.
Moraña, Mabel, 1988. *Memorias de la generación fantasma*. Montevideo, Montesexto.
Pellettieri, Osvaldo, 1994. *Teatro argentino contemporáneo (1980-1990). Crisis, transición y cambio*. Buenos Aires, Galerna.

INDICE

Introducción 17

La dramaturgia en Buenos Aires (1985-1998)
Osvaldo Pellettieri 21

Una mirada norteamericana a la dramaturgia argentina
George Woodyard 41

La dramaturgia de las provincias
Liliana Iriondo (coordinadora) 51

La dramaturgia brasileña de la pos-dictadura
David S. George 83

Entre la ficción y la historia. *Una aureola para Cristóbal*
de Daniel Gallegos: texto e intertextos
Mario A. Rojas 95

La dramaturgia chilena actual (1985-1995):
lo privado como metáfora de lo público
María de la Luz Hurtado 105

Dramaturgia cubana de los 90
Rosa Ileana Boudet 117

Panorama general del teatro español en la década de los noventa
César Oliva 131

La dramaturgia española actual (1985-1995)
Josep Lluís Sirera 141

Abigarrados caminos de la dramaturgia mexicana contemporánea
Alejandro Ortiz Bullé. Goyri 155

La dramaturgia puertorriqueña actual
Roberto Ramos-Perea 165

Voces encontradas en la dramaturgia uruguaya
contemporánea (1985-1996)
Roger Mirza 179

Se terminó de imprimir en
los Talleres Gráficos CYAN,
Potosí 4471, Buenos Aires, TEL. 982-4426
en el mes de abril de 1998

PQ7082.D7 D72 1998
La dramaturgia en
Iberoamerica : teoria y
practica teatral

OHIO UNIVERSITY LIBRARY
Please return this book as soon as you have finished with it. In order to avoid a fine it must be returned by the latest date stamped below. All books are subject to recall after two weeks or immediately if needed for reserve.

JUN 2 4 2003

SEP 1 1 2003